Gaston Rébuffat

# In Fels Firn und Eis

Ins Deutsche übertragen
von Konrad Kirch
Akad. Alpenverein München
Groupe de Haute Montagne Paris

BLV Verlagsgesellschaft München
Verlag ›Das Berglandbuch‹ Salzburg
Albert Müller Verlag Rüschlikon-Zürich

# Der Traum

Am Rande der von Menschen bewohnten Welt steht der junge Bergsteiger auf dem Gipfel, der viele seiner Abendstunden verzaubert hat. Er steht hier mit Körper, Herz und Seele, in einem Wirklichkeit gewordenen Traum.
Soweit sein Auge blickt, liegt die schweigende Unendlichkeit einer Welt von Eis und Schnee unter ihm. Die Berge sind eine eigene Welt, weniger Teil unseres Planeten als ein fremdes, ungewöhnliches und geheimnisvolles Reich, in dem sich der Eindringling allein mit den Waffen des Willens und der Hingabe zu behaupten vermag.
Risse, Kamine, Platten, Überhänge... der junge Mensch hat sein Bestes gegeben, sie zu bezwingen. Nun hält er inne, und ein Glücksgefühl steigt in ihm auf, das er bislang nicht gekannt und doch unbestimmt herbeigewünscht hat. Das Blut kocht in seinen Adern, sein Herz klopft stürmisch, die Luft ist klar und frisch, die Sonne streichelt ihn, und er entdeckt die schöne und ernste Freundschaft, die das Seil mit dem Gefährten knüpft.
Wenn dann Nebel und Wolken das bewohnte Land unter ihm einhüllen, dann gehört dieses Reich einen Augenblick lang nur ihm, dieses Reich, das ihn nicht mehr loslassen wird.
Sieg über die Erde, über sich selbst. Lohn des Himmels für seine Mühen.

Jugend braucht zum Leben ein großes Ziel. Mit 15 Jahren war ich schon so groß wie jetzt, nur viel schmächtiger. Ich hatte wenig Kraft in den Armen, und nur mit großer Mühe brachte ich einen Klimmzug zustande. Und doch war es mein größter Wunsch, Bergsteiger zu werden, vielleicht sogar einmal Bergführer.
Klettern ist ein natürlicher Trieb. Kinder klettern gerne auf Fensterbänke, auf Bäume, auf Mauern. Sie haben Freude am Klettern, wollen immer weiter sehen, immer höher hinaus! Ist das im Grunde nicht schon das, was die Erwachsenen »Alpinismus« nennen? Mit 15 Jahren hatte ich das große Glück, daß dieser Trieb wieder in mir erwachte. Vielleicht, weil ich im schönsten Spielgelände aufwuchs, das ein Kind sich erträumen kann, in einem wilden, von Fels und Meer umschlossenen Garten: den Calanques, zwischen Marseille und Cassis.

Bergsteiger werden!
Das Hochgebirge gefiel mir. Oft hatte ich die Gipfel flüchtig vom Tal aus gesehen, von einem Sattel, einer kleinen Bergkuppe aus. Aber das war mir zu wenig! Ich wollte sie richtig kennenlernen, wollte sie ersteigen. Meinem Körper fehlte Kraft und vor allem Zähigkeit, deshalb wußte ich, daß ich mit meinen Kräften haushalten mußte.
Im Leben eines jeden Menschen gibt es glückliche und entscheidende Tage.
An einem Aprilsonntag nahm mich ein acht Jahre älterer Freund, Henri Moulin, mit zum Klettern in die Calanques, zur Grande Candelle...
Gern ließ ich die große Stadt hinter mir. Ich freute mich, auf dem vertrauten Pfad zu gehen. Wie oft schon habe ich von hier aus zur Grande Candelle

Die Kletterei am »Gendarmen« des Pic de Roc ist sehr ausgesetzt, besonders in dem Augenblick, in dem man sich auf der äußersten Spitze aufrichtet, einer kleinen, leicht nach rechts geneigten Stufe, die kaum Platz läßt für beide Füße.

hinaufgeschaut. Heute werde ich sie ersteigen. Verlangen und Furcht überkommen mich abwechselnd.
Wir gehen schweigend dahin, und mein Herz ist voll banger Freude. Bis heute war ich noch nie angeseilt, bin ich noch nie »richtig« geklettert. Jetzt habe ich Angst, so sehr ich mir das auch gewünscht habe. Moulin ist ein guter Freund, aber er flößt mir großen Respekt ein. Er ist ein »richtiger« Bergsteiger. Wie viele Gipfel hat er schon erstiegen! Ich habe großes Vertrauen zu ihm, aber gerade darum flößt er mir um so mehr Respekt ein.
Unbeholfen löse ich am Fuß der Wand das aufgeschossene Hanfseil. Ein wenig ängstlich und aufgeregt seile ich mich an, lasse ich mich vielmehr von Moulin anseilen. Dann beginnt Moulin zu führen. Ängstlich gespannt sehe ich ihm beim Klettern zu, dann verschwindet er hinter einer Felskante.
Nun bin ich allein, und es wird mir klar, was ein Seil bedeutet. Ich greife fester zu, und während das Seil die Wand hinauf und um die Kante gleitet, erkenne ich seinen Wert, erkenne ich, wie schön dieses Band ist.
Endlich ruft mich Moulin, das Seil spannt sich, und ich fange an zu klettern. Mehrmals erspart mir das Seil, die freundschaftliche Verlängerung der starken Hand Moulins, ein Ausgleiten.
Mehr oder weniger mühsam, aber mit viel Freude steige ich weiter und erreiche ihn. Seine Sicherheit vorhin beeindruckte mich, nun flößt mir sein ruhiges Lächeln wieder Mut ein.
Mit jeder Seillänge wird mir diese steinerne Welt, die ich fürchtete und zugleich herbeisehnte, vertrauter. Ich fühle, daß sie mich packt und daß ich ihr lange gehören werde.
Vor uns das Meer und der Horizont, Ausdruck räumlicher Unendlichkeit. Über uns, unter uns die Senkrechte der steilen Felswände, Ausdruck und Symbol der Tiefe des Himmels. Welch Zusammentreffen zweier großer Dimensionen. Welch eindrucksvolles Bild zum Anfang eines Bergsteigerlebens! Der ältere führt einen begeisterten jungen Menschen in eine Welt ein und öffnet ihm das Tor zu seiner Zukunft.
Als ich am Abend nach Hause kam, schien es mir, als habe ich das meiner Natur gemäße, wirkliche Glück gefunden. An all den nächsten Tagen dachte ich nur an diesen ersten Sonntag ...
Die Erinnerung an diese erste Kletterei wurde dann nach und nach überlagert von den Bildern der Alpengipfel, die ich einst flüchtig gesehen hatte, und ich begann Pläne zu schmieden.
Ich würde mir zunächst eine Ausrüstung beschaffen, eine schöne Ausrüstung, die ich schon mit Liebe betrachtete: einen Eispickel – meinen Eispickel –, ein Seil – mein Seil –, meine Steigeisen, meinen Rucksack. Und mit großer Spannung erwartete ich den Aufbruch in die Berge.
Dann würde ich die Technik erlernen, nicht nur die Klettertechnik, sondern die Technik des Bergsteigens. Moulin würde mich in eine Welt einführen, die man nur mit Begeisterung und Ehrfurcht betritt.

Durch Tore aus Eis tritt der Bergsteiger in die Welt des Hochgebirges: Stille und Geheimnis.

# Wie wird man Bergsteiger?

Wer Bergsteiger werden will, muß nicht nur klettern, sondern auch das Hochgebirge kennen und verstehen lernen. Das Bergsteigen ist eine der schönsten Sportarten, aber ohne Technik betrieben, wird es zu einer mehr oder weniger bewußten Form des Selbstmordes. Die Technik weckt Umsicht und Gespür für Sicherheit. Sie verhindert Überanstrengung, überflüssige oder gar gefährliche Zeitverluste, doch ist sie darum kein Feind der Beschaulichkeit, sondern ermöglicht sie überhaupt erst. Die Technik ist nicht Selbstzweck, sondern zwingendes Erfordernis der Sicherheit. Dies gilt nicht nur in der Seilschaft, sondern ebenso beim Alleingang.

Das Hochgebirge verschafft uns eine Fülle von Freuden, deren erste wohl darin besteht, sich in einer unwirklichen Welt des Lichts und des Schweigens zu bewegen. Die zweite ist vielleicht, daß wir in einer Welt von Eis und Fels uns selbst sehen, wie in einem Spiegel, der uns hilft, uns selbst zu erkennen und in der Brüderlichkeit der Seilschaft zu reifen. Aber es gibt noch unmittelbarere Freuden, die Freude am guten Gelingen dessen, was man tut.

Wenn der Kletterer eine Passage studiert, um sich nach den vorhandenen Griffen und Tritten die Folge der Bewegungen zu überlegen, darf er nicht mit dem Oberkörper am Fels kleben. Deshalb muß er die Hände niedrig halten.

Dank der Möglichkeiten des künstlichen Kletterns gelingt es dem Bergsteiger, völlig glatte Granitwände zu durchsteigen. Voraussetzung ist jedoch, daß ein Riß die Wand durchzieht. Mit dem Hakenschlagen ist er so sparsam wie möglich. Jedoch am schönsten ist das freie Klettern. Besonders an Stellen, wo gerade genug Griffe und Tritte vorhanden sind, daß der Kletterer ohne künstliche Hilfsmittel auskommt. Rechts der Lépineyriß an der Aiguille du Peigne: eine heikle, elegante, luftige Kletterei.

## Die Freude, gut zu klettern

Zwischen Himmel und Erde zügig, ohne Stocken zu klettern, kraftvolle und präzise Bewegungen aneinanderzureihen, schafft innere Ruhe und Gelöstheit.
Schwierigkeiten sind Herausforderungen, Hand anzulegen zu ihrer Überwindung ist die Antwort darauf und zugleich Ausdruck der innigen Freude, mit dem Berg in Zwiesprache zu treten. Nicht mit seiner Schönheit und Größe, sondern viel einfacher, viel direkter, nämlich mit seiner Materie wie der Künstler oder der Handwerker in Zwiesprache treten mit dem Holz, dem Stein oder dem Eisen, das sie bearbeiten.
Bevor er einen Riß angeht oder einen Kamin, betrachtet und mißt ihn der Bergsteiger. Er ergründet seine verborgenen Vorzüge und geheimen Schwächen, und in diesem Messen liegt etwas Packendes, das Gefühl einer immer wieder neu entdeckten Zusammengehörigkeit. Dann der körperliche Kontakt mit Fels und Eis. Guten Granit zu berühren, ist ein Genuß und verleiht das Gefühl der Sicherheit, wie es ein Vergnügen ist, die kleinen versteckten Griffe im Kalk und durch sie den Weg zu ertasten.
Wie oft habe ich einen Kameraden sagen hören:
»Das ist eine interessante Führe. Aber ist der Fels auch gut?«
»Es ist ein echter Granit!«

Dann strahlte sein Gesicht. Er sah im Geiste die Farbe der Wand, atmete den Duft des Gesteins, fühlte das Korn des Granits unter seinen Fingern. Ganz andere Freuden birgt die Eistour. Alles erscheint traumhaft in dieser Welt der vom Sturm geformten Wächten, der wild chaotischen Eisbrüche, der fein gesäumten Grate. Gute Steigeisenarbeit in einer steilen Flanke verschafft innere Gelöstheit. Sauberes Stufenschlagen, ohne überflüssige Pickelschläge, gibt die Genugtuung, ein Stück guter Arbeit getan zu haben. Eine schöne Spur gleicht einer schwungvollen Unterschrift.
So löst die alpine Technik Probleme, schafft Genugtuung. Doch – wie in anderen Bereichen – bleibt auch in den Bergen die Technik armselig, wenn sie von dem getrennt wird, was hinter ihr steht. Ein Bergsteiger, der nur um des Kletterns willen klettert, wird den Namen des Gipfels, der ihn begeistern könnte, nicht hören, wird am Ende des Weges kein Ziel erreichen. Doch jeder Mensch hat im Grunde seines Herzens eine empfindsame Stelle, die dem sportlich nüchternen Tun glühende Begeisterung hinzufügt. Auch der Kletterer hat seinen Stil, und dieser ist – ohne daß man ihn überbewerten sollte – Maßstab des »handwerklichen Könnens«. Maßstab für den Stil sind beim Klettern der Abstand zur Wand, das Gleichgewicht und die Präzision des Bewegungsablaufs. Wenn er zügig und geschmeidig klettert, wenn eine Bewegung aus der anderen fließt wie das sprudelnde Wasser der Quelle, dann spürt er tiefe Beglückung.

## Der Sinn für das Gleichgewicht

In den Dolomiten ist mir klargeworden, wie wichtig ein guter Gleichgewichtssinn ist. Wir waren in der Nordwand der Großen Zinne. Unter uns 500 Meter Luft. Ich war glücklich, diese hohe Wand zu durchsteigen, glücklich aber auch, einen so prächtigen Seilgefährten zu haben wie Gino Soldà, Dolomitenführer und brillanten Kletterer. Ich schaute ihm beim Klettern zu. Welch ein Genuß und welch großartiger Anschauungsunterricht! Hoch über mir eine feine Silhouette, die sich vom reinen Profil der Wand gegen den Himmel abhob. Auch an den verzwicktesten Stellen kein Zögern, kein Stocken. Unter seinen Händen schienen Griffe zu wachsen. Souverän durchkletterte er die ganze senkrechte Wand.
An jenem Tag bewunderte ich nicht nur die überragende Fertigkeit Soldàs beim Klettern, sondern es wurde mir klar, daß er vor allem einen ganz ausgeprägten Gleichgewichtssinn besaß und daß hierin der wahre Grund seiner Gewandtheit lag.
Als wir dann nach der Durchsteigung der Nordwand im Laufschritt den Normalweg hinabeilten, bestätigte sich mir, als ich Soldà zuschaute, die Lehre vom Vormittag, und ich wiederholte mir den Satz: Eigne dir den Sinn für dein Gleichgewicht an, und du wirst gut klettern. Das eine bedingt das andere.
Um diese Gedanken zu veranschaulichen, hier einige Ratschläge, die ich im folgenden weiter entwickeln werde:
Man wiederhole im Eis, besonders bei Quergängen, ohne Pickelhilfe die mit Pickel geübten Bewegungen. So erreicht man eine gute Haltung: Körper senkrecht, nicht gegen den Hang geneigt, gerade stehend.
Für den Fels gilt das gleiche. Der Pickel wird hier durch den Griff mit den Händen ersetzt. Sich klarmachen, daß man beim Klettern im – sogar senkrechten – Fels stehen kann, ohne sich krampfhaft an der Wand festzuklammern, solange der Schwerpunkt des Körpers senkrecht über den Füßen

Der Kletterer sollte sich, sooft dies möglich ist, aufrecht auf die Füße stellen und die Hände nur dazu benutzen, das Gleichgewicht zu halten. Manchmal hilft nur die Piaz-Technik: Zug mit den Armen und Gegendruck mit den Füßen. Der Zweite sichert dabei über einen Felszacken. Gaston Rébuffat und Maurice Baquet in der Südwand der Aiguille du Midi auf einer von ihnen erstbegangenen Route.

**Im Granit ist die Routenführung häufig durch Risse vorgezeichnet, die die großen Platten durchziehen.** In anderen Gebirgsgruppen (Kalk, Gneis, Schiefer) ist die Führe dagegen meist weniger offensichtlich. Manchmal muß man suchen, auf jeden Fall ist besondere Aufmerksamkeit angebracht. Hier: Caire de la Cougourde in den Seealpen (rechts).

liegt. Diese tragen das ganze Körpergewicht. Mit anderen Worten: Die Stellung des Bergsteigers an einer senkrechten Wand ist genau die gleiche wie die eines Menschen auf dem Fußboden, nur muß der Bergsteiger die Sohlen steif halten, um mit deren Rändern oder Spitzen auf den Tritten Halt zu finden. Der Neuling muß lernen,daß die Hände nur dazu da sind, seitlich, wie nach vorn und hinten, den Oberkörper im Gleichgewicht zu halten.
Hier liegt der Schlüssel zu allen bergsteigerischen Leistungen von den allerersten Anfängen bis hin zu den ganz großen Touren. Henri Moulin, Eduard Frendo, André Tournier, Alexis Simond, Marcel Bozon, die mich in die Berge geführt und mir später auch den Beruf des Bergführers nahegebracht haben, lehrten mich immer wieder:
»Klettere vor allem mit dem Kopf. Sei dir klar über das, was du willst, wie auch über das, was du kannst. Bergsteigen ist vor allem eine Gewissensfrage.«
Sie sagten mir auch:
»Vorsicht, auch ein ganz kleiner Schritt zu viel ist schon zu viel!«
Oft ist eine Bergfahrt zuerst geträumt worden, einer Schwärmerei, einem plötzlichen irrationalen Wunsch entsprungen: Der schöne Name eines Berges, seine Form, seine Geschichte, eine Erinnerung, und schon sind wir dem Berg verfallen. Dann wird der Plan zur Erwartung, zur Sehnsucht und zur Vorbereitung. Aber es kommt der Zeitpunkt, an dem er ins Stadium der nüchternen Berechnung treten muß, der klaren Gegenüberstellung von

**Ziel** – in Aussicht genommener Weg, Gipfel, Beschaffenheit von Eis und Fels entsprechend Jahreszeit, Höhe und Himmelsrichtung, Schwierigkeit des Abstiegs und, als Inbegriff all dieser Faktoren, die Summe der geforderten Gesamtleistung und

**Mittel** und **Möglichkeiten** des Bergsteigers – seiner Umsicht, seiner Technik, seiner physischen und psychischen Kräfte, seiner Kenntnis vom Hochgebirge, seines Wissens über das Wetter, seiner Erfahrungen und nicht zuletzt seiner Kaltblütigkeit.

Aus diesem Verhältnis zwischen Ziel und Möglichkeiten resultiert die Entscheidung. Der Bergsteiger muß sich immer dieser Formel erinnern. Denn so unangenehm trocken sie klingt, so entscheidend ist sie für den Entschluß zur Tour. In diesem Augenblick verliert das Zauberreich des Hochgebirges seinen Zauber, seine poetische Welt jede Poesie. Von einem nüchternen Kalkül hängt vielleicht das Leben des Bergsteigers oder das seiner Kameraden ab, aber wie schön ist doch auch diese Zwiesprache zwischen dem Menschen und den Kräften der Natur! In der Einsamkeit der Höhe schärft sich ein Gewissen, das abwägt und entscheidet. So erbärmlich die Angst ist, so dumm und vielleicht verhängnisvoll ist die Waghalsigkeit.

Während der ganzen Tour muß der Bergsteiger seine Entscheidung unter dem Einfluß sich verändernder Umstände überprüfen: seine körperliche Verfassung und die seiner Gefährten, Uhrzeit, vielleicht eine Verspätung, durch Sonne und Wind veränderte Schneeverhältnisse, Wetteränderungen ... Kurz unter dem Gipfel zu verzichten, verlangt oft mehr Mut als den Weg weiterzugehen. Wiederum kann es oft der einzige Ausweg sein, den Gipfel zu überschreiten, um jenseits Windstille oder einen kürzeren oder weniger schwierigen Abstieg zu finden.

Solche Erwägungen der Vernunft, in denen allein Umsicht und klarer Verstand zählen, mindern die Begeisterung keineswegs, sie stärken und stützen sie. Ein einziger Mißerfolg ist oft erlebnisträchtiger und lehrreicher als eine Reihe von Erfolgen. Diese geheime Auseinandersetzung des Bergsteigers mit der ihn umgebenden Welt und der dabei gewagte Einsatz haben etwas Großes. So wächst der junge Mensch zum Bergsteiger heran, der gelernt hat, sich zu beurteilen und zu formen. Gewiß, das Hochgebirge ist schön, aber es ist in diesem Augenblick vor allem ein außergewöhnlicher Ort des Lernens und Sichformens für das Leben. Firn, Fels, Sonne, Wind und

Diese Bewegungsfolge muß zügig ablaufen, damit man nicht zu lange an den Armen hängt. Platte in der zweiten Seillänge der Aiguille-du-Midi-Südwand.

Sturm formen zwei Menschen, die durch das Seil auf Gedeih und Verderb verbunden sind, in der Einsamkeit einer schweigenden, eisigen Welt.
Höher noch als das Erringen großer Erfolge schätze ich es ein, daß ein Bergsteiger seine Grenzen erkennt und sich bescheidet. Die Leistungen gewinnen dann ihr richtiges Verhältnis. Der Bergsteiger hat Schwierigstes vollbracht, aber in klarer Erkenntnis dessen, was er sich vornahm. Ich schätze es auch, wenn der Bergsteiger die Leidenschaft, die brennende Lust zu einer schönen Erstbesteigung zügeln und nüchternem Urteil unterwerfen kann, und wenn er sich nicht verleiten läßt, dumm mit seinem Leben zu spielen, denn dazu gehört nichts. Die Gefahr lehrt uns nicht viel: Vor dem Blitz flieht man, wenn man kann. Mit einer Schwierigkeit dagegen und einem Hindernis mißt man sich, sie zu überwinden macht stärker.
Vor jeder Kletterstelle muß der Bergsteiger zuerst schauen, studieren. Dann klettert er mit ruhigen, fließenden Bewegungen, Kräfte sparend und seine Umgebung scharf beobachtend.
Und dann, eine Tour besteht nicht nur aus Klettern in Fels und Eis, man muß den Weg finden, Schwierigkeiten meistern, den Zeitplan einhalten, abschätzen, ob etwa Westwind oder Gewitter drohen oder wann die Nacht hereinbricht. So ist das Klettern nur ein Teilaspekt des Bergsteigens, wie ja auch der Kletterer allein noch nicht den Bergsteiger ausmacht. Man muß die Technik erlernen, aber sich auch die Kenntnis vom Hochgebirge aneignen; es ist nicht sehr schwer, gut zu klettern. Es ist schwerer, sein Gleichgewicht zu finden. Das Wichtigste aber ist es, sich selbst zu kennen, fähig zu sein, in jedem Augenblick das Richtige und Notwendige zu tun, ohne Furcht und ohne Überschwenglichkeit, jederzeit klaren Kopf zu behalten, nie die so verschiedenen Begriffe Gefahr und Schwierigkeit zu verwechseln. Sich einer Gefahr wissentlich auszusetzen ist krankhaft, eine Schwierigkeit zu bestehen gesund und mannhaft. Die Bergsteiger lieben und achten das Schöne, die Freundschaft und das Leben. Die Freude am Risiko erscheint ihnen billig und dumm.
Auf dem Gipfel wird den Bergsteiger eine tiefe Befriedigung erfüllen. Eine unendliche Weite öffnet sich ihm. Die Aussicht hätte er auch, wenn ein Flugzeug ihn auf dem Gipfel abgesetzt hätte. Aber sie wäre niemals so schön. Freundschaft und hartes Mühen sind die Grundlagen. Es genügt nicht, die Augen zu öffnen und zu sehen, man muß sein Herz öffnen.

Die Besteigung des Grand Gendarme am Crépon (unten) ist schwierig und ziemlich schwindelerregend. Die Griffe sind nicht zahlreich, aber der Fels ist sehr fest. Die Hände möglichst niedrig halten, selbst wenn man groß von Statur ist.

# Die Spielregeln

Besteigung der Aiguille du Midi über den Cosmiques-Grat, kurze Kletterei, keine großen Schwierigkeiten. Im Hintergrund der Montblanc.

Das plötzlich auftretende Unwetter, die durchdringende Kälte, der lawinengefährdete Hang, die Vereisung von Griffen und Tritten, der Nebel, oder ganz einfach die hereinbrechende Nacht gehören beim Bergsteigen ebenso zu den Spielregeln wie der trockene, warme Fels und das sichere Eis, auf dem die Steigeisen gut greifen. Darum muß der Bergsteiger eine Technik haben, die solchen Umständen gewachsen ist, und eine tadellose Ausrüstung besitzen.

Eigentlich sollte er seine Ausrüstung bei eisiger Kälte und Sturzregen kaufen. Dann würde er vielleicht nur warme und haltbare Kleidung wählen. Er wird sich an solchen Tagen auch eher vorstellen können, daß beste Qualität unerläßlich ist, wenn auch ein Schlechtwettertag in einer Stadt nicht zu vergleichen ist mit einem Unwetter in 4000 Meter Höhe.

In den Bergen bricht man bei Sonnenschein auf, aber oft hält sich das Wetter während der Tour nicht. Schnee fällt, die Sicht wird schlecht, lähmende Kälte kommt dazu. Ich habe mehr als einmal erlebt, daß in 4000 Meter Höhe die Temperatur innerhalb von zwei Stunden von 30 Grad plus auf 20 Grad minus fiel.

Ein Steigeisenriemen reißt oder lockert sich nur. Es muß angehalten werden. Man versucht, die Sache zu beheben, aber es will einfach nicht gelingen. Die Fäustlinge sind hinderlich. Man muß sie also ausziehen, darf sie aber ja nicht verlieren. Wenn man sie hinlegt, können sie in der Tiefe verschwinden. Steckt man sie in den Schnee, so dringt Schnee ins Innere. Der Hang ist steil. Die Schneeflocken tanzen, die Windböen sind heftig und eisig. Die bloßen Hände im Schnee werden steif, sie kleben an den Eisenteilen. Der gefrorene Riemen ist so steif geworden, daß er sich nicht mehr durch die Ringe der Steigeisen ziehen läßt. Die Schnalle ist festgefroren.

Biwak auf 4000 m Höhe am Walkerpfeiler in der Nordwand der Grandes Jorasses.

Schlechtwetterwolken über den Aiguilles von Chamonix.

Biwak in Hängematten; hier am El Capitan, einer großen Granitwand im Yosemite Valley in den Vereinigten Staaten. In Wänden ohne jeden Felsabsatz ermöglicht die an Haken aufgehängte Hängematte ein ziemlich komfortables Biwak.

Selbst wenn der Bergsteiger seine Ruhe behält, seine Bewegungen werden unbeholfen und zögernd. Seine Finger gehorchen ihm nicht mehr. Er muß sie massieren und mit seiner Körperwärme auftauen.
Die Zeit vergeht, das Schneegestöber wird stärker. Der Wind peitscht ihm Schneekristalle ins Gesicht, dringt überall ein. Jeder Windstoß raubt ihm Wärme und kühlt ihn ein wenig mehr aus. Und so kann aus einem kleinen Zwischenfall ein Unfall werden, der, wenn die Nacht hereinbricht, ein gefährliches Biwak erzwingt.

## Das Biwak

Es ist gut, das Biwakieren zu lernen, zunächst schlicht der Sicherheit wegen. Man muß wissen, was ein Biwak bedeutet, wie eine Nacht in großer Höhe ist, welche Stunde die kälteste, welche die längste ist, damit man nicht überrascht wird, wenn man eines Tages durch Zufall oder den Zwang der Umstände zu biwakieren genötigt wird. Eine harte Prüfung verliert immer ihren Schrecken, wenn man sie schon einmal bestanden hat.
Aber auch des Vergnügens wegen sollte man biwakieren lernen. Es ist ein männliches Vergnügen, denn es ist hart und unbequem, aber es ist auch eine eigene, neue Art, das Hochgebirge kennenzulernen.

Der Bergsteiger, der nur Schönwettertouren macht oder immer nur von einer Hütte aus aufbricht, erlebt wohl die Herrlichkeit des Hochgebirges, doch Geheimnisse ganz anderer Art bleiben ihm fremd. Erst am Abend, wenn die Nacht beginnt ihn einzuhüllen, gleitet der Bergsteiger im Biwak, angeschmiegt an die Felswand, hinüber in eine Art von meditierender Beschaulichkeit, die in gewissem Sinne eine Fortsetzung des Kletterns ist.
Der Kletterer ist natürlich auch während des Tages vom Schweigen der Höhe umgeben, aber er hat anderes zu tun, als ihm zu lauschen, es ist die Zeit des Handelns. Nachts aber hält der Bergsteiger inne, er fühlt sich ein in diese erstarrte Welt von Fels und Firn, die sich nur unmerklich rührt. Gewiß kann es auch jetzt, wenn der Frost wieder alles lähmt, plötzliche Bewegung geben, wenn etwa eine Lawine zu Tal geht oder ein Sérac sein Gleichgewicht verliert und in die Tiefe stürzt. Aber das sind nur Augenblickserscheinungen. Die Nacht in den Bergen ist Raunen und Murmeln. Verblassen der Sonne, Auftauchen der glitzernden Sterne, dann von der anderen Seite das Wiedererscheinen des Lichts und die Wiederkehr der Wärme, die man körperlich spürt.
Manche meiner Freunde sind stolz darauf, alle ihre Touren ohne Biwak gemacht zu haben. Ihre Technik ist über jede Kritik erhaben, ihre Schnelligkeit bietet die beste Gewähr für Sicherheit. Und doch denke ich oft, sie haben auf Wesentliches verzichtet. Das tägliche Dasein zwingt uns schon zum Verzicht auf so viele Dinge des wirklichen Lebens. Warum wollen wir uns hier selbst Grenzen setzen?
Ich habe oft biwakiert, auf die verschiedensten Arten: liegend, sitzend, stehend, schlafend, wachend, glücklich, voller Unruhe, bei schönstem Wetter und im Schneesturm, zum Vergnügen und gezwungenermaßen, ... es geht hiermit wie mit allem!
Am Grand Capucin bei einer der allerersten Wiederholungen von Bonattis Route – ich glaube, es war die vierte – habe ich bei schlechtem Wetter und

Sonnenuntergang hinter dem Matterhorn, rechts der Hörnli-Grat (auch Schweizer Grat), links oben der Furggengrat, dann weiter unten die Schulter des Liongrates (italienischer Grat), auch Pic Tyndall genannt, ganz links die Dent d'Hérens.

Kälte die Nacht in Trittleitern stehend verbracht, manchmal auch auf den Sprossen sitzend. Aber da diese zu schmal sind, schnürten sie mir die Blutzirkulation in den Beinen ab, die wie tote Klötze an mir hingen. Das ist für mich eine ebenso bleibende Erinnerung wie jenes freiwillige Biwak an einem ruhigen Abend auf dem Gipfel des Matterhorn. Der laute und endlose Strom von Touristen, der sich tagsüber den schweizerischen und italienischen Grat hinaufbewegt hatte, war versiegt. Wir waren allein auf dem Gipfel, zwei Gefährten und ich. Die zweifach eingekehrte Stille um uns – wir waren allein und hatten aufgehört zu klettern – verdichtete sich, und das Matterhorn selbst schien zu wachsen, viel stärker noch als damals vor fünf Jahren, als wir auf demselben Matterhorn nicht unter klarem Himmel, sondern in Blitz, Donner und Sturm die Nacht überstanden. In jener Nacht waren wir, obwohl wir nicht kletterten, dennoch höchst aktiv, angespannt wie bei einer extremen Tour, während ständig Spannungen von mehr als 500 000 Volt unsere Körper umzuckten. In dieser Nacht dagegen hatten wir das Biwak aus freien Stücken herbeigewünscht, herbeigesehnt, waren der Welt im tiefsten Frieden aufgeschlossen. Wir schienen nicht Zwiesprache mit dem Matterhorn zu halten, sondern schlicht dazu zu gehören, zu seinem Fels, zu seinem Schnee, so wie man zu seiner Heimat gehört. Vielleicht war das ein Hirngespinst, es hatte sich ja am Matterhorn gar nichts geändert, vielleicht war dieses Biwak auch nur eine Kinderei, aber wir waren doch unendlich glücklich da zu sein oder, noch deutlicher, wir fühlten uns dort durchaus nicht aus Versehen oder durch Zufall, wir waren keine Fremden und keine Zuschauer, nein, wir erfuhren in dieser Nacht ein Glück wie es der Tag nicht geben kann.

Manche denken nicht einmal im Traum an ein Biwak. Für die aber, die einmal biwakiert haben, ist die Erinnerung unvergeßlich. Ich bin nicht der einzige, der so denkt. Um nur ein Beispiel zu nennen: Vor einigen Jahren traf sich anläßlich einer Vortragsreise in den Vereinigten Staaten ein kleiner Kreis von Bergsteigern. Einer von ihnen schoß auf mich zu und sagte: »Ich weiß, Sie biwakieren so gern, ich auch!« Das war Yvon Chouinard, der viele große Erstbegehungen gemacht hat und jetzt als Hersteller hervorragender Haken einen Namen hat. Natürlich sprachen wir über »Schlosserei« und Technik; wir sprachen aber auch über das Biwakieren, und schließlich kamen wir ins Träumen; dies zum Teil natürlich der Sprachschwierigkeiten wegen, wenn es notwendig wurde, exakte Begriffe zu finden, aber auch, weil es schon an sich so schwierig ist, Glück in Worte zu fassen, vor allem aber wohl, weil Männer nur zögernd von Gefühlen und ästhetischen Eindrücken sprechen. Es ist dann eben viel einfacher, von Haken und dergleichen zu reden.

Diese Begegnung spiegelt ein wenig das Leitmotiv dieses Buches wieder.

»In Fels und Firn« ist nicht für den Mann des sechsten Grades geschrieben, sondern für den Neuling, der hier Hinweise zur Technik finden wird – jener, die ich bei meinen Besteigungen anwende, ebenso aber Hinweise für die Begegnung mit dem Hochgebirge überhaupt. Es soll ihm eine Einführung sein in die Welt der Berge.

Die Endphase der Montblanc-Besteigung verläuft über den Bosses-Grat. Dies ist der schönste Teil der Ersteigung. Es ist sechs Uhr morgens, die Sonne wirft ihre Strahlen flach auf die Nordwand des Montblanc (links). Die Südwestflanke liegt noch im Schatten. Dieser Grat bildet die Grenze zwischen Frankreich und Italien.

# Bekleidung und Ausrüstung

Bei der Anschaffung der Ausrüstung muß man bedenken, daß sie sich unter extremen Verhältnissen bewähren muß und darf nur allerbeste Qualität wählen.
Bekleidung und Ausrüstung werden dann auch der jeweils geplanten Tour anzupassen sein. Es ist klar, daß man sich für eine Besteigung des Montblanc über die Normalroute anders anzieht und ausrüstet als für die ernste Tour über den Peuterey-Grat, bei der ein Biwak sicher ist. Oder auch anders für die unschwierige und sonnenbeschienene Südwand der Großen Zinne, als für die technisch schwierige, überhängende Nordwand. Vor allem darf

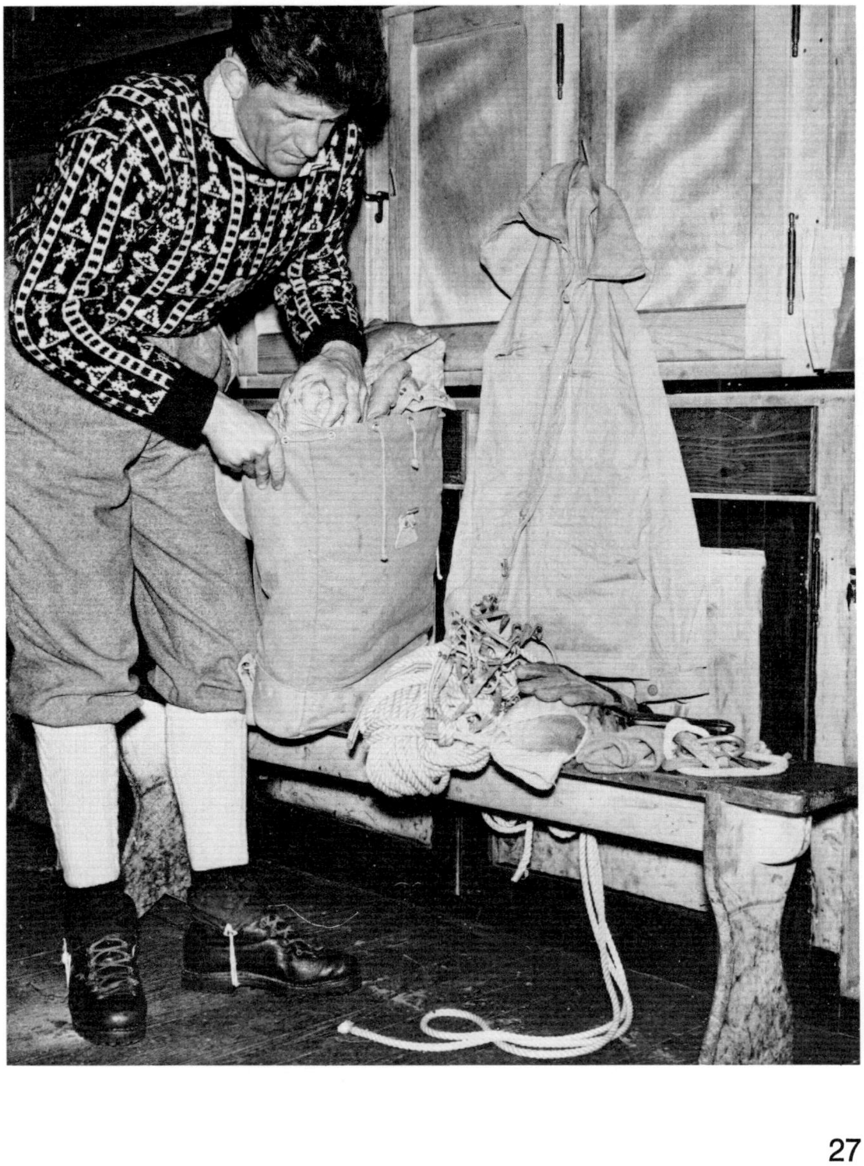

Beim Packen des Rucksacks: Nur das Notwendigste mitnehmen, denn das Gewicht ist der Feind. Aber auch nichts vergessen. Die geplante Tour diktiert Art und Menge der Ausrüstung. Man sollte hier nie fünf gerade sein lassen – sei es im Eis, sei es im Fels, sei es beim freien Klettern oder beim künstlichen (links), wo man Doppelseil, Haken, Karabiner und Trittleitern braucht.

man nie vergessen, daß sich Wetter und Temperatur im Gebirge plötzlich und unvermutet ändern können. Ohne sich mit Unnützem zu belasten, muß der Bergsteiger doch immer die richtige Ausrüstung mit sich führen. Die Art der Bekleidung muß schnelles Anziehen und Ablegen einzelner Kleidungsstücke ermöglichen.

Die Ausrüstung muß, da jede Tour zur Bewährungsprobe werden kann, vorher immer im besten Zustand sein. Es kommt auf jedes Detail an. Schuhwerk, Hosen, Anorak, nirgends darf auch nur die kleinste Naht offen sein. Keine klaffenden Schuhsohlen, keine zu kurzen Pullover oder Strümpfe. Die geringste Nachlässigkeit: ein kleines Loch an der Fingerspitze des Handschuhes, ein gerissener Schuhriemen, können Verdruß bringen.

Wenn man weiß, daß man sich auf seine Ausrüstung verlassen kann, dann fühlt man sich sicher. In zuverlässiger Kleidung fühlt man sich geborgen.

Früher benutzte man weiche Schuhe, ja sogar Turnschuhe. Das war typisch für eine Spreiztechnik, bei der es auf Reibung der Sohle, Druck mit den Füßen und Zug in den Armen ankommt. Dank der festen Schuhe mit steifen Sohlen kann man heute selbst die kleinsten Tritte benutzen. Auf diese Weise tragen die Füße das Körpergewicht, während die Arme den Körper nur im Gleichgewicht halten.

## Bekleidung

Sie muß warm und haltbar und doch sehr leicht sein. Sie darf die Bewegungen nicht hindern und die Blutzirkulation nicht hemmen.

**Strümpfe** Aus Wolle, bis zum Knie reichend. Wenn man das Knie beugt, darf die Haut zwischen Hose und Strumpf nicht zu sehen sein. Bei Eistouren benutzt man manchmal zwei Paar Strümpfe, von denen das eine aus dünner Wolle sein sollte.

**Schuhwerk** So wenig Nähte wie möglich. Die Sohle sollte innen entsprechend der Fußform gewölbt sein – das stärkt den Fuß und verhindert schnelle Ermüdung. Die Ferse muß gut sitzen, damit sie, wenn man beim Gehen den Fuß abrollt, sich nicht auf und ab bewegen kann. Wenn der Fuß im Schuh »herumschwimmt« reibt er sich, und es entstehen Blasen. Darum sollten nicht nur beim Klettern, sondern auch beim Marsch zum Einstieg die Schuhriemen nicht zu sehr gelockert sein. Damit man leicht in die Stiefel hineinkommt, besonders morgens, wenn sie vielleicht gefroren sind, sollte die Schnürung tief bis nahe der Fußspitze offen sein; dadurch kann man der Fußspitze, wenn nötig, durch festeres Schnüren besseren Halt auf sehr kleinen Tritten geben. Auch sollten die Schuhe steife Sohlen haben, was durch eine eingearbeitete Stahleinlage erreicht wird. Dadurch kann man, ohne Zehen, Fuß und Bein übermäßig anzustrengen, mit Sohlenrand oder -spitze auf kleinsten Tritten Halt finden. Aus dem gleichen Grund darf die Schuhsohle nicht zu weit vorstehen, sonst entsteht ein Hebelarm, der das Stehen auf kleinsten Tritten anstrengend und unsicher macht.

Früher waren die Bergstiefel genagelt (mit Flügelnägeln oder Tricouni). Seit etwa 30 Jahren ist die Nagelung außer Kurs gekommen, und zwar zugunsten der Vibramsohlen. Ein Mailänder Bergsteiger, Vitale Bramani, hat erstmals Profilgummisohlen für Bergschuhe verwendet. Diese Erfindung hat sowohl die Freude am Klettern als auch die Sicherheit beträchtlich erhöht. Darüber hinaus hat sie auch die Technik des Kletterns weitergebracht. Während bei den Flügelnägeln oder den Tricouni wegen der Art ihrer Befestigung die Sohlen unbedingt vorstehen mußten, ist dies bei den Vibramsohlen nicht der Fall. Wesentlich ist, daß Fuß und Zehen so nah wie möglich an die Felswand kommen. Als die ersten »Vibram« auf den Markt kamen, war man sich einig, daß sie für das Felsklettern eine beachtliche Verbesserung bedeuteten. Aber manche fürchteten doch, daß diese Verbesserung durch die Nachteile des Gummis auf Schnee wieder aufgehoben würde. Aber das stimmt nicht: Vibramsohlen halten durch ihr Profil auch auf dem Schnee recht gut. Anders ist es auf Eis. Hier genügten aber auch die Flügelnägel und sogar die Tricouni nicht, so daß man ohnehin Steigeisen benutzen mußte.

Schließlich sind die Vibramsohlen viel leichter als die nägelbeschlagenen. Dadurch ist das Gehen weniger anstrengend, vor allem beim Abstieg. Außerdem machen sie weniger Lärm.

Es ist angenehm, für die verschiedenen Arten von Touren mehrere Paar Stiefel zu besitzen. Leichte für das Klettern im Kalk, mittlere für das Felsklettern im Hochgebirge, noch wärmere für große Eis- und Wintertouren.

**Gamaschen** Seit einigen Jahren sind Gamaschen wieder in Mode gekommen, im Gebirge und auch sonst. In sehr tiefem Schnee sind Gamaschen nützlich, denn sie halten die Beine warm. Aber die Füße kühlen manchmal aus, weil doch immer etwas Schnee zwischen Schuh und Gamasche eindringt. Für alle Fälle genügen nach meiner Meinung die viel leichteren Abschlußgamaschen (stop-tout). Sie sind nichts anderes als Manschetten aus Popeline oder beschichtetem Perlon, oben und unten mit einem Gummizug versehen, die nahezu hermetisch abdichten. Sie verhindern das Eindringen von Schnee und auch von Steinchen, die etwa beim Marsch zum Einstieg oder beim Abstieg über Geröllhalden in die Stiefel dringen könnten.

**Überschuhe** Das sind wasserdichte Beutel aus Kunststoff, ungefähr dem Schuh nachgeformt, die man bei Steigeisentouren über die Schuhe zieht, und die eine völlige Abdichtung gewährleisten.

**Hosen** Bundhosen, die bis kurz unter das Knie gehen. Sie dürfen nicht zu lang sein und nicht zu weit, da sich sonst die Steigeisen darin verfangen. Am besten sind für reine Felsklettereien in den Ostalpen Hosen aus Cordsamt, Baumwollpopeline oder Baumwollcord. Für Bergfahrten im Urgestein – insbesondere in den Westalpen – müssen die Hosen unbedingt aus warmen Wollstoffen (Bündner- oder Walliserloden) sein.

Hosen aus »Lastex« sind sehr angenehm zu tragen, da sie kurz sind und trotzdem die Beweglichkeit nicht hemmen. (Bergsteiger, die auch Ski fahren, benutzen oft abgeschnittene alte »Lastex«-Skihosen).

Es gibt noch Spezialhosen: Daunenhosen für Expeditionen und Winterbegehungen und Überhosen; letztere, aus unbeschichtetem Perlon, sind als Ergänzung zur Daunenhose gedacht, können aber auch bei Kälte und in großer Höhe über der Bundhose getragen werden.

**Lange Unterhosen** Aus Wolle, Seide oder Dralon; sie werden in Nordwänden oder bei großen Eistouren getragen.

**Hemden** Für große Touren sehr warme Wollhemden. Vor allem aber müssen Hemden so lang sein, daß sie nicht aus der Hose rutschen können, wenn der Bergsteiger sich streckt. Verschließbare Hemdtaschen sind sehr praktisch.

**Pullover** müssen so lang sein, daß sie Bauch und Lenden schützen.

**Daunenjacke** Sie ist nicht immer notwendig, aber da sie nur 700 bis 800 Gramm wiegt und sehr klein zusammengepackt werden kann, ist es praktisch, sie zu haben, denn sie hält angenehm warm. Sie muß allerdings von sehr guter Qualität sein, nämlich das Perlongewebe sehr engmaschig, ein für diese Verwendung nach besonderem Verfahren hergestelltes Gewebe, das gegen Daunen undurchlässig ist, und doch den für Daunen notwendigen Luftaustausch nicht verhindert. Auch muß sie mit echten Daunen gefüllt sein, wobei das Füllgewicht in der Fertigung des Kleidungsstücks durch Fotozellen geregelt wird, damit die Füllung gleichmäßig ausfällt.

Die Doppelwandigkeit ist das einzige Prinzip, das sicherstellt, daß wirklich

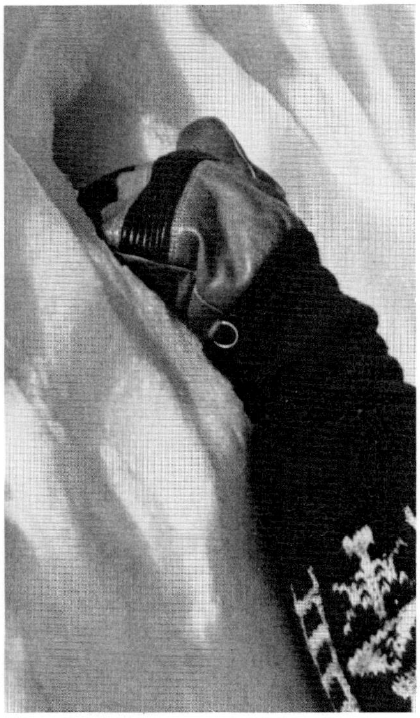

Finger- und Fausthandschuhe benutzt man in Firn und Eis – hier ein mit dem Pickel geschlagener Griff in einer sehr steilen Wand – und manchmal im Fels, wenn es sehr kalt ist, wie auch zur dynamischen Sicherung.

Der Rucksack, ob groß oder klein, sollte sich in seiner Form am Tragkorb des Bauern (»Kraxn«) orientieren.

nirgendwo Kälte eindringen kann. Außerdem wird dadurch erreicht, daß sich eine zusätzliche isolierende Schicht bilden kann. Der abgebildete Schnitt zeigt deutlich die Vorteile. Vereinfachend kann man sagen, daß eine Daunenjacke eigentlich aus zwei ineinandergenähten Daunenjacken besteht, wobei die Nähte gegeneinander versetzt sind.

Querschnitt einer versetzt abgesteppten doppelwandigen Daunenjacke.

**Anorak** Aus beschichtetem Perlon oder imprägniertem Popelinestoff mit Kapuze und Taschen. Jeder Bergsteiger hat seine Gewohnheiten. Manche klettern lieber in leichtem Pullover und dickem Anorak, andere klettern in einem dicken Pullover und ziehen bei Wind und Kälte einen leichten Perlonanorak darüber. Alle diese Kleidungsstücke müssen sehr lang sein, damit Bauch und Nierengegend während des Kletterns immer gut geschützt sind. Aus dem gleichen Grund rate ich zu Hosenträgern.

**Biwakhemd** Pierre Allain hat als erster ein langes Kleidungsstück aus wasserdichtem Gewebe entworfen und dieses »Biwakhemd« mit Erfolg 1935 in der Nordwand der Drus und bei allen seinen großen Touren benutzt. Wie die Vibramsohlen ist auch dieses Biwakhemd eine ausgezeichnete Erfindung, die den Schutz bei Schlechtwetter und Unfällen verbessert und bestimmt schon viele vom Unwetter überraschte Bergsteiger gerettet hat. Früher war dieses Biwakhemd aus gummierter Leinwand, heute wird es aus beschichtetem Perlon gemacht und ist darum extrem leicht und von kleinstem Volumen. Der Bergsteiger sollte immer ein Biwakhemd bei sich haben, denn auch außerhalb des Biwaks wird es ihm immer dann von großem Nutzen sein, wenn das Wetter plötzlich umschlägt, also bei Regen, Schnee, Kälte und Wind. Es gibt noch eine gleichwertige Alternative, ein kürzeres Biwakhemd mit einer Überhose aus dem gleichen Material, so daß auch die Beine geschützt sind. Diese Hosen können bei Eistouren auch während der Tour als Überhosen benutzt werden. Diese Kombination ist praktisch und ebenfalls leicht.

**Handschuhe und Fäustlinge** Die Fäustlinge halten gut warm, weil sich die Finger berühren. In Fingerhandschuhen hat man dagegen einen besseren Griff. Material: nicht entölte Wolle oder imprägniertes Leder. Die Fäustlinge können auch aus Segeltuch sein. Es gibt sie auch mit Daunenfüllung.

Für große Touren in Eis und Urgestein ist es gut, ein Paar Handschuhe aus ganz dünner Wolle oder aus Seide zu haben, über die man dann Fäustlinge trägt oder auch mit Nylonpelz gefütterte aus Segeltuch oder Perlon, die ausgezeichnet gegen sehr kalten Pulverschnee schützen.

**Kopfbedeckung** Jeder nach seinem Geschmack, wichtig ist nur, daß Ohren und Stirn gut geschützt sind. Eine Schirmmütze ist praktisch bei starker Sonne oder wenn es regnet oder schneit. Bei Touren in großer Höhe wird eine »Sturmhaube« getragen.

**Helm** Einen Helm zu tragen, ist immer unangenehm, zunächst, weil man dabei an einen möglichen Unfall denkt: an einen Absturz, ein Ausrutschen, bei dem man auf dem Kopf landet, an eine Lawine, Steinschlag, an Eiszapfen, die tödlich verletzen können.

Aber es ist klar, daß alles das eintreten kann. Darum sollte das Tragen eines Helms zur Selbstverständlichkeit werden.

Ein Helm muß:

- Stoß und Druck standhalten. Das betrifft die Schale, die sehr fest sein muß und doch nicht zu hart, und die nicht zu starr mit dem Kopf verbunden sein darf;
- dämpfend wirken, damit der Stoß nicht auf die Schädeldecke und die Halswirbel übertragen wird; das betrifft das Innenteil des Helms; Innen und Außen sind also gleichermaßen wichtig. Das Innenteil des Helms muß glatt auf dem Kopf des Bergsteigers aufliegen und mindestens drei Zentimeter Zwischenraum zwischen Schädel und Helmschale lassen.

**Brille** Sie muß die Augen vollkommen abschirmen, auch seitlich. Farbige Gläser genügen nicht, sie müssen uv-absorbierend sein. Benutzt man die Brille nicht, so muß man sie in einem Metalletui aufheben, damit man sie nicht zerbrochen findet, wenn man sie braucht. Mit Schneeblindheit ist nicht zu spaßen.

**Rucksack** Früher hatte der Rucksack die Form einer Birne und zwang deshalb den Bergsteiger, stark vorgebeugt zu gehen, um so den tief hinten liegenden Schwerpunkt nach vorn zu verlagern. Vor etwa zwanzig Jahren wurde ein Rucksack mit genau entgegengesetzter Form entwickelt, nämlich oben breiter und tiefer als unten. Er ist der Kiepe der Bauern und der »Kraxn« der Träger nachgebildet, mit denen man etwa einen Zentnersack Kartoffeln aufrecht gehend tragen kann. Die Last befindet sich nicht unterhalb, sondern oberhalb der Taille. Das gleiche Prinzip finden wir bei den amerikanischen Traggestellrucksäcken wieder, die eigentlich Traggestelle mit aufgesetztem Sack sind.

Es gibt zur Zeit verschiedene derartige Rucksackmodelle, die alle auf dem gleichen Prinzip beruhen. Leider versucht man, dem Idealrucksack aus Gründen der Annehmlichkeit alle möglichen Verbesserungen hinzuzufügen und vergißt dabei, daß Perfektion nicht dann erreicht ist, wenn nichts mehr hinzugefügt, sondern dann, wenn nichts mehr weggenommen werden kann. Nützlich ist eine Tasche in der Rucksackklappe. Für Skihochtouren sind Seitentaschen notwendig, nicht nur als Stauraum, sondern auch, weil man die Ski zwischen Rucksack und Seitentaschen steckt.

Man neigt immer dazu, einen zu großen Rucksack zu nehmen. Die Hauptsache ist, daß man seinen Rucksack sehr gut packt. Man merkt dann, wieviel man darin unterbringen kann. Das Packen ist nur eine Sache der Methode und der Übung. Je kleiner der Rucksack ist und je weniger er deshalb nach hinten wegsteht, desto leichter erscheint er, selbst wenn das Gewicht groß ist, denn die Last liegt dann nah am Rücken und an den Schultern des Kletterers.

**Biwak-Rucksack** Er hat die Form eines normalen Rucksackes, ist aber mit einer Verlängerung in gleicher Höhe wie der Rucksack selbst versehen. Während der Tour bleibt die Verlängerung im Innern des Rucksackes. Zum Biwak stülpt man sie nach außen und hat so, wenn man hineinsteigt, einen Schutz fast bis zur Taille.

**Folgendes sollte immer im Rucksack sein:** je ein Paar Fäustlinge und Strümpfe, Sonnenbrille, dünne Perlonschnur, Verbandzeug, zwei oder drei Haken, zwei Reepschnüre, ein Höhenmesser, eine Stirnlampe und (je nach Art der Tour) eine Bussole, eine Karte, ein Führer.

**Höhenmesser** Er ist bei großen Touren sehr nützlich. Seit einigen Jahren stellt die Firma Favre-Leuba in Genf eine Uhr her, die gleichzeitig ein sehr genauer Barometer und Höhenmesser ist.

In den Felspassagen einer kombinierten Tour steckt man den Pickel zweckmäßigerweise zwischen Rücken und Rucksack. Kein Zeitverlust: er ist schnell verstaut und schnell zu greifen. Wenn man bei den Seilmanövern Zeit spart, bleibt genügend Muße für die Gipfelrast.

**Stirnlampe** Die elektrische Stirnlampe ersetzt heute die gute, alte, unpraktische Kerzenlaterne. Sie hat den doppelten Vorteil, heller zu leuchten und dem Kletterer die Hände frei zu lassen. Die Batterie sollte möglichst direkt an dem elastischen Stirnband der Lampe befestigt sein. Denn wenn man sie in der Tasche trägt, dann braucht man ein entsprechend langes Kabel, das lästig ist und mit dem man hängen bleiben kann.

## Biwakausrüstung

Die Ausrüstung muß praktisch und dennoch sehr leicht sein.
**Biwakhemd** Es wurde schon bei der Bekleidung besprochen. Vor allem muß es reichlich lang sein, das heißt über die Knie hinunterreichen.
**Fußsack** Er ergänzt das Biwakhemd und soll Füße, Beine und Oberschenkel schützen. Er ist aus dem gleichen wasserdichten Stoff gefertigt.
**Daunenjacke** Ich muß noch einmal betonen, daß sie so lang wie eine richtige Jacke sein muß, nicht so kurz, daß sie nur bis zur Taille reicht.
**Daunenfußsack** Je nach Tour und Biwak ist es ratsam, einen Daunenfußsack bei sich zu haben, der bis zur Brust reicht. Es gibt solche »verkürzte Schlafsäcke« jetzt in sehr leichter Ausführung. Zusammen mit Daunenjacke, Biwakhemd und dem oben zitierten Fußsack ergibt er einen ausgezeichneten Schutz. Vor- und Nachteil dieser Ausrüstung ist, daß man sie nur individuell verwenden kann. Sie ist daher für Biwaks zu empfehlen, bei denen die Kletterer aus Platzgründen ohnehin getrennt sitzen müssen.
**Biwaksack »Zdarsky«** Das ist ein großer, leicht zusammenlegbarer Zeltsack aus beschichtetem Perlon. Er wiegt ca. 450 g und kann, je nach Größe, zwei bis drei Bergsteiger gemeinsam aufnehmen.
Es muß allerdings ein Biwakplatz dasein, an dem sie nebeneinander sitzen und sich gegenseitig wärmen können. Biwakiert man sitzend, dann zieht man sich den Biwaksack einfach über den Kopf, wobei man ihn auch über sich an zwei Haken aufhängen kann. Der Zeltsack »Zdarsky« schützt sehr gut gegen Schnee, Regen, Wind und Wärmeverlust überhaupt.
**Hängematte** Ein Biwaknetz aus Nylon, das man an Haken aufhängt, und in dem man in steilen Wänden ganz komfortabel biwakiert.
**Hochtourenzelte** Sie gewähren einen sicheren Schutz vor allem gegen Kälte und Sturm und haben mehr als einmal Bergsteigern das Leben gerettet, nicht nur bei sommerlichen oder winterlichen Besteigungen, sondern auch bei mehrtägigen Skiunternehmungen, die länger dauerten als vorgesehen.

Die Seilschaft Gaston Rébuffat/ Haroun Tazieff hat die Felsrippe, auf der die Vallot-Hütte steht, hinter sich gebracht (Seite rechts). Unten das Tal von Chamonix, im Hintergrund die Chaine des Fiz. Links der Dôme du Goûter. Aus dem Rucksack von Tazieff schaut der Stiel einer Schaufel heraus: die beiden werden auf dem Gipfel des Montblanc ein Iglu errichten.
Links Tazieff im Iglu auf dem Gipfel.

# Kletterausrüstung

## Das Seil

Die Hanfseile sind mit dem Aufkommen der Perlon- und Nylonseile, die unbestreitbare Vorteile haben, sehr schnell außer Kurs gekommen. Perlon- und Nylonseile zeichnen sich dadurch aus

– daß sie wasserunempfindlich sind und vor allem nicht faulen. Im Gegensatz zu Hanfseilen, die in feuchtem Zustand steif werden, schwer zu handhaben sind und sich nur schwer durch die Karabiner ziehen lassen, bleiben feuchte Perlon- und Nylonseile genauso geschmeidig wie trokkene, denn Perlon und Nylon nehmen kaum Wasser auf.
– daß sie nur halb so viel wiegen wie Hanfseile.
– daß ihre Sturzfestigkeit ungleich größer ist.

Ein Sturz im Gebirge – und insbesondere des Seilersten – setzt Energie frei, und das Problem beim Halten eines Sturzes besteht in der Vernichtung dieser Energie. Nylon und Perlon, beides Kunstfasern von – im Vergleich mit Hanf – hoher Elastizität, haben die Aufmerksamkeit der Bergsteiger auf zwar bekannte aber bei Sicherheitsüberlegungen bis dahin unbeachtete Phänomene gelenkt.

Die durch das Dehnen des Seils bei einem Sturz vernichtete Energie ist so groß, daß die bis dahin bei den Bergsteigern herrschende Vorstellung von der Art des durch eine Seilsicherung erreichten Schutzes völlig über den Haufen geworfen wurde.

Die dann erreichten Verbesserungen betrafen nicht nur die Ausrüstung, sondern auch die Sicherungstechnik selbst.

1958 ist in La Montagne, der Zeitschrift des »Club Alpin Français«, ein höchst bedeutsamer Artikel von Prof. Dodero erschienen: »Les cordes, ces inconnues«. Nach mehr als einem Jahrhundert alpiner Geschichte jagt dieser Artikel dem Leser kalte Schauer über den Rücken. Bis dahin beurteilte man ein Seil nach dem Ergebnis einer auf die statische Belastbarkeit – in Kilogramm Gewicht ausgedrückt – gerichteten Zerreißprobe. Das aber sagt nicht viel aus, denn ein Sturz wirkt bekanntlich dynamisch. Dodero konstruierte einen Fallprüfstand, auf dem man dynamische Versuche machen konnte. Er rekonstruierte im Labor einen Sturz in den Bergen. Die Prüfung bestand darin, das Seil zwei aufeinanderfolgenden Stürzen auszusetzen (um den Nachweis zu führen, daß der erste Sturz das Seil nicht ernstlich beschädigt hatte). Ein Bergsteiger wurde durch ein Gewicht von 80 kg dargestellt, und zwar von einem Punkt drei Meter über dem Sichernden und zwei Meter fünfzig über einem Umlenkkarabiner. Das damals ganz unerwartete Resultat, das – wie gesagt – dem Leser kalte Schauer über den Rücken jagt, bestand darin, daß die Seile aus pflanzlichen Fasern, selbst solche mit hoher Bruchlast, sich als völlig unbrauchbar erwiesen. Der Ruck ruft eine richtige kleine Explosion in Gestalt einer kleinen Hanfwolke hervor.

Nur wenige synthetische Seile bestanden die Prüfung und erhielten das Prüfzeichen der Fédération Française de la Montagne. Inzwischen wurde der Prüfstand von Dodero so verbessert, daß man den Fangstoß messen kann, das heißt die Menge der verbleibenden, den Körper des Bergsteigers treffenden Energie, nachdem der größte Teil der Energie durch Verlängerung des Seils vernichtet wurde. Es genügt nämlich nicht, den Sturz zu bremsen, sondern es muß verhindert werden, daß der Bergsteiger durch einen plötzlichen Halt Schaden nimmt. Im Gegensatz zu den Hanfseilen, die

Seite 34:
Beim Klettern kommt es auf die Präzision jeder Bewegung an. Dies gilt für die Hände, vor allem aber für die Füße, die selbst auf kleinsten Tritten das ganze Gewicht des Kletterers tragen.

Den Abstieg über steile oder überhängende Wände bewältigt man durch Abseilen. Eine sichere Sache, wenn es richtig gemacht wird, aber höchst gefährlich bei der kleinsten Unachtsamkeit.

leicht reißen, könnte man theoretisch ein Stahlseil verwenden, das zwar nicht reißen, wohl aber den Bergsteiger durch den plötzlichen Halt buchstäblich in zwei Teile zertrennen würde.
Die Prüfzeichen von FFM und UIAA (Internationale Vereinigung der Bergsteigerverbände, die sich ebenfalls dieses Problems angenommen hat), die sich noch auf weitere Kriterien erstrecken (Geschmeidigkeit des Seils, höchstzulässige Längung, Griffigkeit, Hang zum Krangeln, Verschleiß, mechanische Aufnahme von Wasser und Feuchtigkeit, Verhalten bei tiefen Temperaturen), garantieren zwar hohe Qualität, nicht aber absolute Reißfestigkeit.
So benutzt der Bergsteiger, ohne es zu wissen oder auch nur zu ahnen, heute viel sicherere Seile als früher und das dank der Forschung von Prof. Dodero und dank geduldiger und zäher Arbeit, die FFM und UIAA vorrangig weiterführen.
Die Hanfseile mußten wegen ihrer Verrottbarkeit gedreht und durften nicht geflochten sein, damit man ihren Zustand jederzeit prüfen konnte. Ge-

Künstliches Klettern zur Überwindung eines Dachüberhanges in der Südwand der Aiguille du Midi. Der Kletterer benutzt Haken, Karabiner, Trittleitern (rechts) und Trittschlingen aus Perlon- oder Nylonband (links).

flochtene Seile zu prüfen ist unmöglich, da der Kern des Seils durch einen Mantel geschützt ist. Das Perlonseil aber ist unverrottbar, darum können diese Seile sowohl gedreht als auch geflochten sein.

Ob gedreht oder geflochten, die Haltbarkeit der Seile ist ungefähr gleich groß. Ihr Verschleiß aber ist je nach Konstruktionsprinzip unterschiedlich. Bei den geflochtenen Seilen kann der durch den Mantel geschützte Kern nicht durch Reibung am Fels verschlissen werden, aber die Fäden des Mantels zerfransen leichter.

Bei den gedrehten Seilen werden die drei Litzen gleichmäßig verschlissen, so daß jede Litze trotz oberflächlichen Verschleißes eine große innere Widerstandsfähigkeit behält. Es ist angenehmer, besonders beim Halten eines Sturzes, ein gedrehtes Seil mit »plastischer« Oberfläche in der Hand zu halten als ein glattes geflochtenes Seil. Umgekehrt ist ein geflochtenes Seil geschmeidiger und dadurch handlicher. Heute werden vorwiegend geflochtene Seile verwendet.

Nach dem Zweck der Verwendung unterscheidet man zwei Arten von Seilen: das Kletterseil mit 11 mm Durchmesser (Einfachseil), das nur als Kletterseil dient, das Halbseil (9 mm Durchmesser), das – einfach genommen – zum Abseilen und doppelt genommen als Kletterseil dient. Die Halbseile gibt es auch als zweifarbige Doppelseile, bei denen man beim Abseilen sofort die Mitte findet.

Die zweckmäßige Länge des Seils hängt von der beabsichtigten Tour ab. Bei »klassischen Touren« im Urgestein ist der Abstand der Seilgefährten 20 m, bei schwierigen Touren 30 bis 40 m. Beim Doppelseil braucht man entsprechend die doppelte Länge.

Es gibt auch dünnere Seile (7 mm Durchmesser). Sie werden ausnahmsweise von Fall zu Fall zum Abseilen gebraucht oder auch als Hilfsseil zum Nachziehen der Rucksäcke.

**Reepschnur, Band** Reepschnüre von 5 mm Durchmesser werden als Abseilschlingen und zur Herstellung von Trittleitern verwendet. Das um 1960 von Amerikanern erstmals verwendete Band (»tape«) aus Nylon ist sehr praktisch, wenn man damit umzugehen versteht. Sehr dünnes Band kann da benutzt werden, wo sich keine Reepschnur mehr durchziehen läßt. Breites Band läßt sich über kaum ausgeprägte Felsnasen legen, wo eine Reepschnur abrollen würde. Es kann auch für Abseilschlingen oder zur Herstellung von Tritt- oder Sitzschlingen verwendet werden. Es gibt Band in drei Breiten von 13 bis 26 mm, die 700 bis 1900 kg aushalten. Man tut gut daran, immer 5 bis 6 Schlingen verschiedener Größen mit sich zu führen.

**Pflege der Seile** Im Gegensatz zu Seilen aus Naturfasern brauchen synthetische Seile keinerlei Pflege; sie trocknen sehr schnell. Man darf sie nur nicht der Wärme oder grellem Licht aussetzen. Man muß auch vermeiden, daß sie geknickt werden, und darf nie auf sie treten, auch nicht mit Vibramsohlen. Um zu verhindern, daß die Enden eines Synthetikseiles ausfransen, hält man sie über eine Kerzenflamme, bis sie gerade anfangen zu schmelzen.

Nach jeder Tour müssen die Seile peinlich genau untersucht werden, und jedes Seil, dessen man sich nicht völlig sicher ist, muß rücksichtslos ausgemerzt werden.

**Seilaufschießen** Es ist wichtig, daß das Aufschießen auf sehr praktische Art geschieht. Man muß ein Seil recht schnell aufschießen und auch ent-

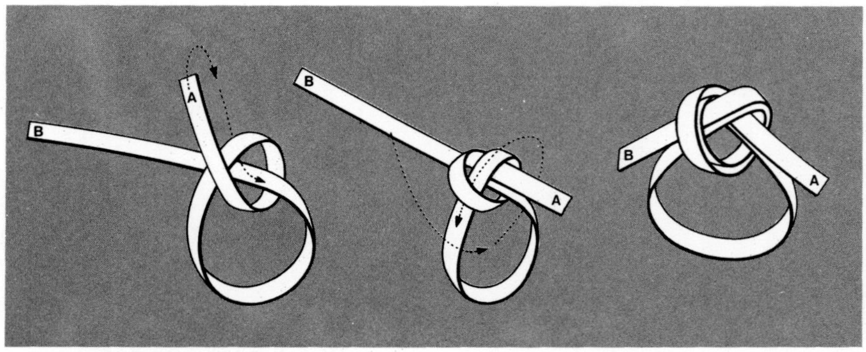


Knotenschema für Bandschlingen

rollen können, auch auf kleinstem Platz, etwa einem winzigen Standplatz in einer Wand.

**Aufschießen in Bündeln** ist am praktischsten. Man muß nicht unbedingt mit der Mitte anfangen, es geht ebensogut mit den Enden. Es ist vorteilhaft, nicht zu lange Schlingen zu machen, damit das auf dem Rücken getragene Seilbündel sich nicht am Fels festhakt, wenn man »Gesicht zum Tal« absteigt.

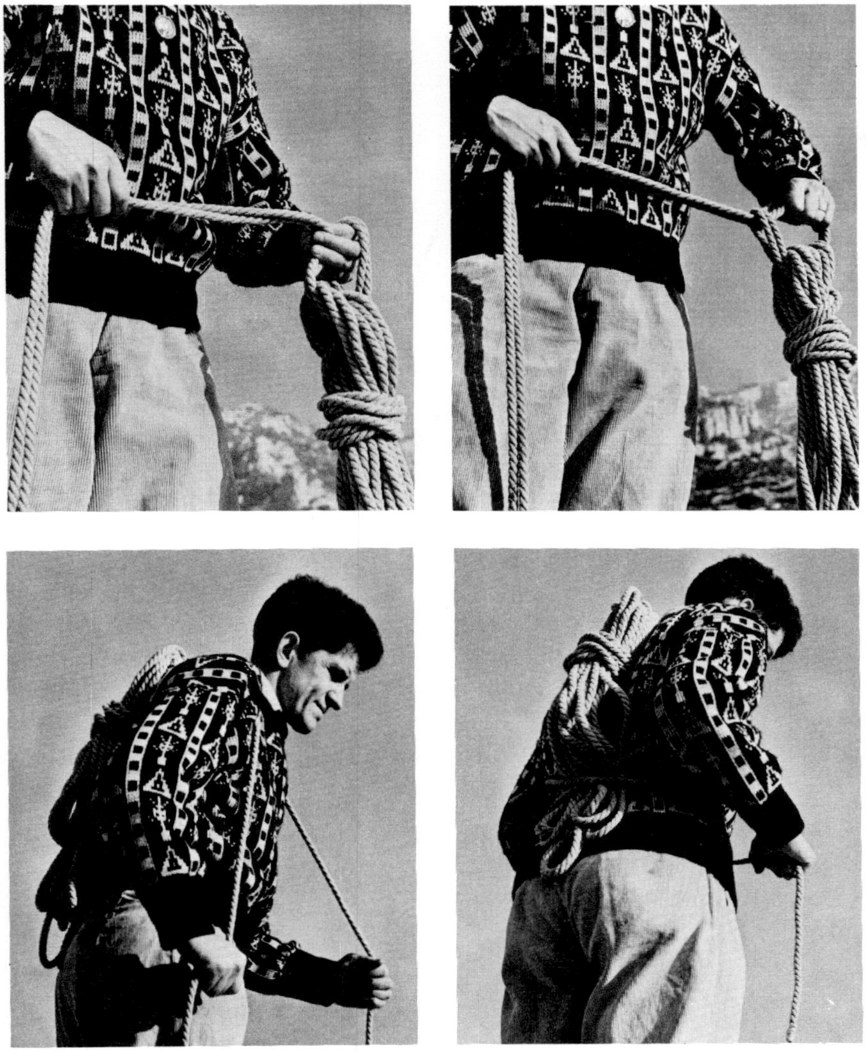

Wenn man das Seil zu einem Bündel aufschießt, kann man es leicht auf dem Rücken tragen, sowohl beim Aufstieg als auch beim Abseilen.

Wenn man mit dem Aufschießen fertig ist, das Bündel zwei- oder dreimal möglichst hoch umwickeln, fest anziehen und dann entweder die beiden Seilenden durch die obere Schlinge des Seilbündels ziehen oder in einer Schlinge durch die obere Schlinge des Seils ziehen und auf der anderen Seite um das Bündel legen. In beiden Fällen muß man zwei bis drei Meter Seil übrig behalten haben, die man dazu benutzen kann, sich das Seil auf den Rücken zu binden.
Wenn man weiß, daß man mehrmals abseilen muß, schießt man das Seil am besten in zwei Bündel (je als Einfachseil) auf. An der Abseilstelle angekommen, zieht man ein ganzes Seilbündel durch die Abseilschlinge. Das spart Zeit bei diesen meist langwierigen Manövern.
Es gibt noch andere mitunter recht malerische Arten, das Seil aufzuschießen, zum Beispiel das Flechten eines Ringes. Doch das dauert ziemlich lange und ist nicht sehr praktisch.
**Klettergürtel** Statt sich direkt mit dem Seil anzuseilen, benutzt man heute mehr und mehr den Klettergürtel, und das ist gut so. Wenn er aber bequem und zugleich sicher sein soll, dann muß er den Körper vollständig

umfassen, das heißt, er muß aus einem Gürtel mit Schulterschlaufen bestehen, muß aber zusätzlich unter den Oberschenkeln durchgehende, ebenfalls vom Gürtel ausgehende Untergurte haben. Bei dieser Art von Klettergürtel, bei der alle Gurte fest miteinander verbunden sind, wird der Bergsteiger nicht nur am Seil befestigt, sondern richtig getragen, etwa wie ein Fallschirmspringer.
Und das ist wichtig, nicht nur, weil so das künstliche Klettern oder das Sichern auf kleinen, unbequemen Standplätzen weit weniger anstrengend ist, sondern vor allem bei einem Sturz, wenn der gestürzte Kletterer frei im Seil hängt. Wichtig ist auch, daß die Nähte ebenso solide sind wie die Gurte selbst.

## Der Pickel

Er ist Werkzeug und »Gefährte« zugleich. Man gebraucht ihn:
- als Stütze in Schnee- und Eishängen und auf Graten. Er dient auch dazu, Schneebrücken über Gletscherspalten zu sondieren,
- als Sicherungselement,
  eingerammt kann er beim Überwinden des Bergschrundes als Griff dienen, früher benutzten ihn manche Bergführer sogar bei einer Art Klemmtechnik im Fels,
- schließlich dient er zum Stufenschlagen.

Ein Pickel besteht aus einem Stiel, der unten eine in einer Metallbuchse gefaßte Spitze hat, und einem Oberteil, welches aus Haue und Schaufel besteht. Das Vorderteil der Haue ist auf der Unterseite gezahnt, wodurch die Haue besseren Halt findet, wenn sie ins Eis geschlagen wird. Das ist besonders dann von großem Vorteil, wenn man den Pickel als »Ankerpickel« benutzt, hat jedoch beim Stufenschlagen mitunter den Nachteil, daß die Zähne nach jedem Schlag die Haue im Eis festhalten. Das Pickeloberteil hat manchmal mehrere Löcher:
- etwa genau über dem Stiel, wo man einen Karabiner einhängen und so seinen Pickel an einer Eisschraube, an einem Standhaken oder an der eigenen Taille festhängen kann, oder man hat die Löcher auch in der Haue oder auf der Schaufel, damit man die Spitze oder die Haue eines anderen Pickels einführen kann, um so den Gefährten in besonderen Passagen zu unterstützen (etwa Überwindung des Bergschrundes).

Der Stiel ist aus Holz, z. B. aus astfreier Esche, und von ovalem Querschnitt. Trotz seiner Schönheit ist das Holz des Pickelstiels der schwache Punkt des Pickels, selbst wenn es neu ist, und um so mehr ist das bei einem jahrelang benutzten Pickel der Fall. Früher oder später wird das Holz sicherlich durch anderes, solideres und vor allem keinem Verschleiß unterliegenden Material ersetzt werden, wie das etwa schon bei dem schottischen Mac-Innes-Pickel mit Stiel aus »Hiduminium« der Fall ist.

Wichtigste Eigenschaft eines Pickels ist seine Ausgewogenheit, das heißt, daß er von der Lage des Schwerpunktes her gut in der Hand liegt und sich mit größtem Effekt einsetzen läßt.
**Länge des Pickels** Normale Pickel sind je nach der Größe des Bergsteigers 70 bis 95 cm lang. Im Stand muß er die hohle Hand waagerecht auf den Kopf des Pickels legen können.

Technik und Ausrüstung sind die Mittel, die den winzigen Menschen in die Lage versetzen, sicher und mit Genuß solche von Wind und Sturm zierlich gesäumten Grate zu begehen.
Der Glacier du Géant, im Hintergrund der Col du Géant, die Dent du Géant, der Rochefortgrat und der Mont Mallet.

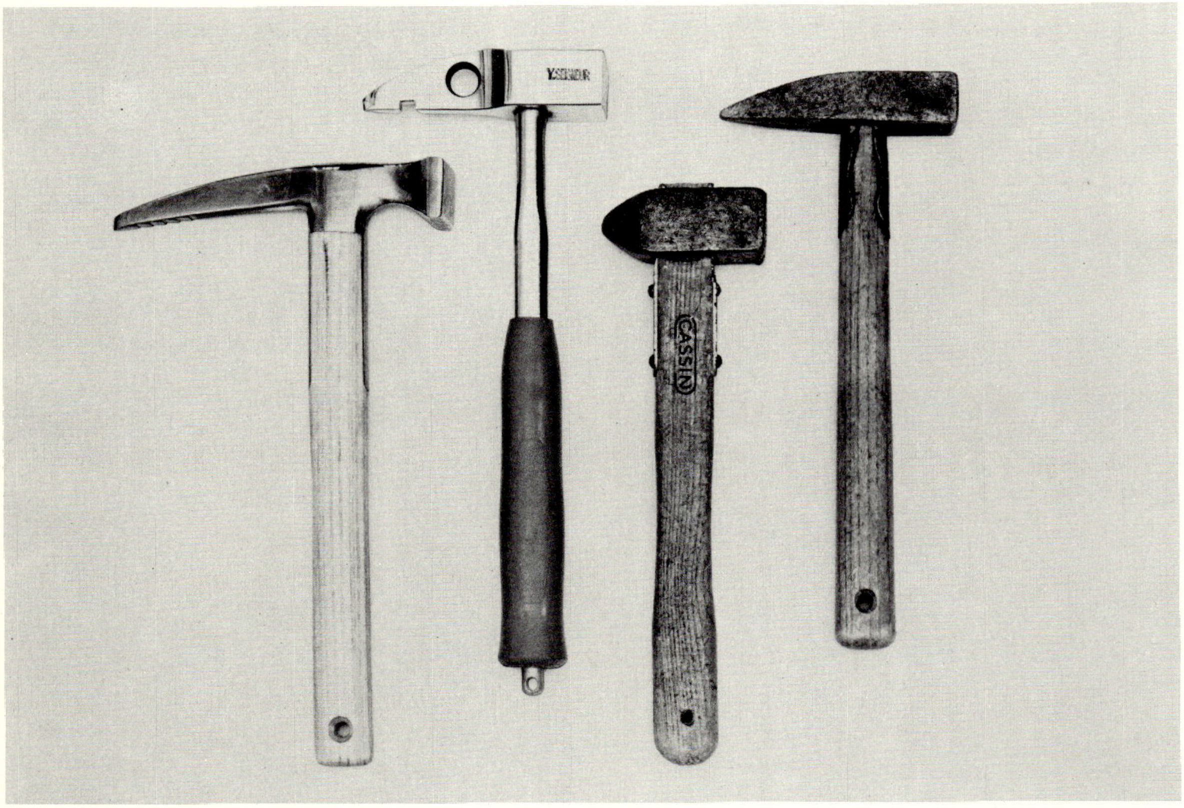
CASSIN

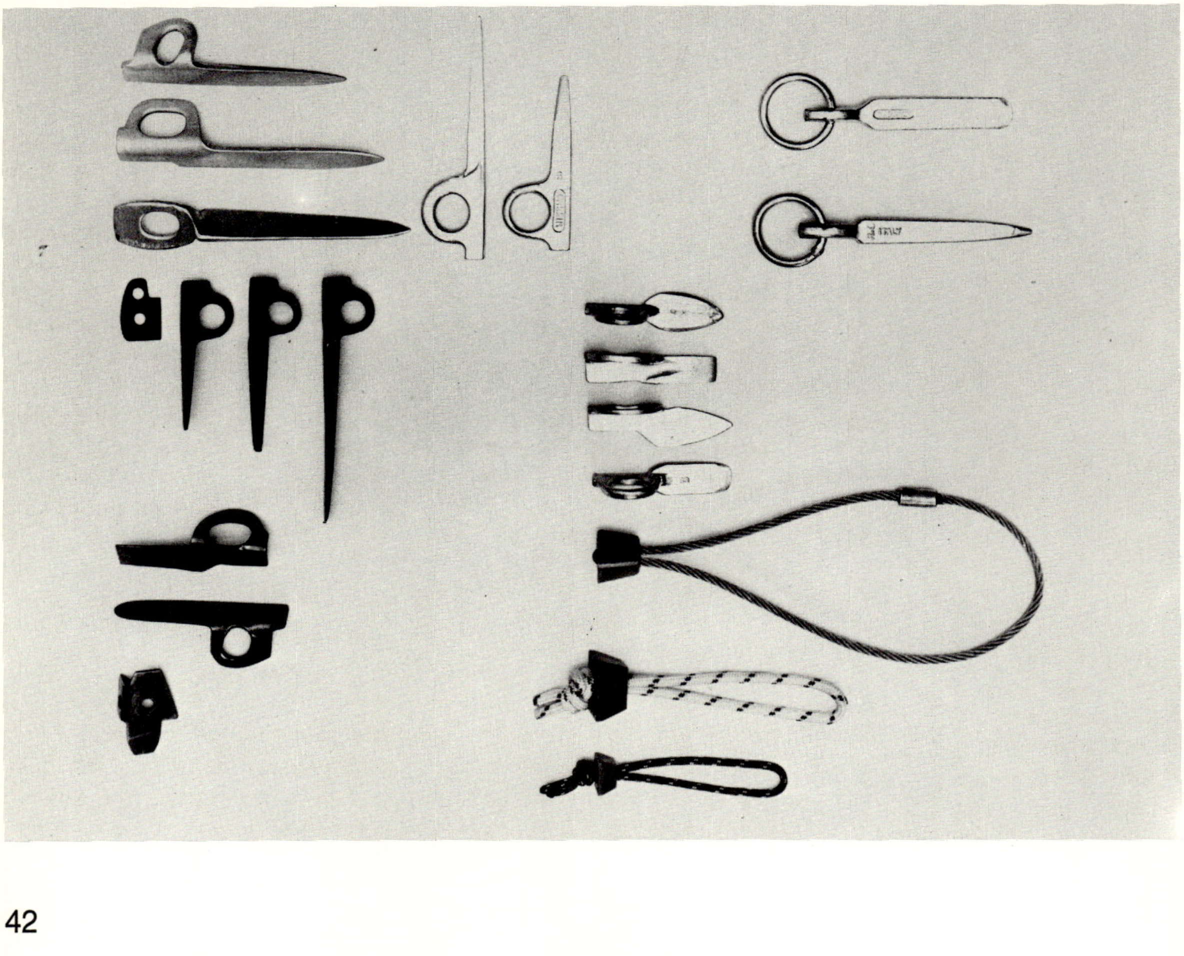

Es gibt Haken, Karabiner und Zubehör in großer Vielfalt. Hier nur einige Modelle:

Oberes Bild, von links nach rechts:
Eisbeil
Hammer, Modell Charlet-Seigneur
Hammer, Modell Cassin
Hammer, Modell Simond

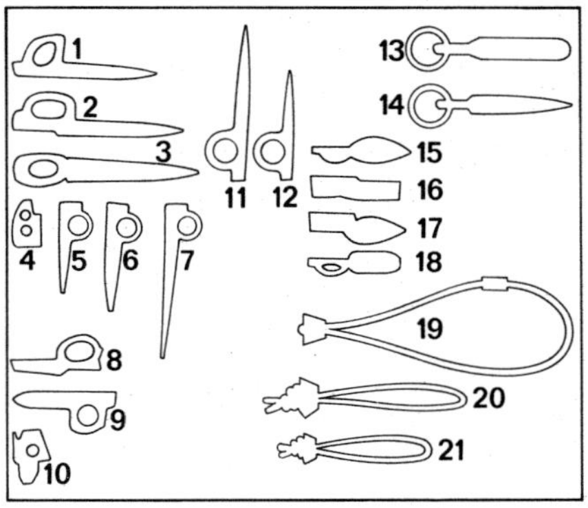

Haken folgender Modelle:
1 Charlet Livanos (mit schräger, ovaler Öse)
2 Charlet mit rechteckiger Öse
3 Charlet universel mit diagonalem Kopf
4 Chouinard »Rurp« (»Rasierklingen-Haken«)
5, 6, 7 Chouinard »Lost arrow«
8 Simond aus hartem Stahl
9 Charlet aus hartem Stahl
10 »Minihaken« Charlet
11 Cassin Längshaken spitz
12 Cassin Längshaken spitz
13 Cassin Ringquerhaken breit
14 Cassin Ringquerhaken spitz
15 Cassin Spachtelhaken
16 Simond Querhaken breit
17 Simond Spachtelhaken
18 Cassin Querhaken breit
19 Klemmkeil mit Stahlkabel
20, 21 Klemmkeil mit Reepschnurschlinge

Kurze Pickel werden bei sehr steilen Eistouren benutzt und, weil sie weniger hinderlich sind, bei bestimmten Felstouren, die auch Eispassagen aufweisen, wie zum Beispiel der Bonatti-Pfeiler an den Drus, den Walter Bonatti 1955 im Alleingang erstmals ersteigen konnte.

**Arten der Pickel** Es gibt:
- den normalen Pickel aus gewöhnlichem Stahl. Er eignet sich für Touren, bei denen nur selten ein Pickel gebraucht wird,
- den leichteren Spezialpickel aus hochwertigem Stahl, der eine dünnere Haue hat, die vorne mit einer Schneide von ca. 5 mm Länge versehen ist,
- den zerlegbaren Pickel normaler Länge, der, in zwei Teile zerlegt, gut in einem Rucksack Platz findet. Er ist jedoch schwerer als der einteilige Pickel und, auch wenn er nicht vibriert, nicht so gut ausgewogen. Das Oberteil ist aus Spezialstahl.

**Handschlaufe** Sie bewahrt manchmal den Anfänger vor dem Verlust seines Pickels, doch halte ich sie für eine Bequemlichkeitslösung und rate ab, weil sie einen Unfall verursachen und bei einem Sturz Ursache von Verletzungen werden kann. Der Bergsteiger muß sich zur Geistesgegenwart erziehen, sich daran gewöhnen, seinen Pickel fest in der Hand zu halten und auch daran, ihn bei Felspassagen, wenn er beide Hände braucht, schnell zwischen Rücken und Rucksack zu verstauen. Bei manchen großen Eistouren, bei denen der Bergsteiger oftmals kurze Zeit die Hände frei haben muß, um etwa eine Eisschraube einzudrehen, ist es jedoch vorteilhaft, eine Handschlaufe zu haben, und dadurch sowohl den Verlust des Pickels auszuschließen als auch den Zeitverlust zu vermeiden, den das Verstauen des Pickels zwischen Rucksack und Rücken oder das Befestigen am Gürtel doch immer mit sich bringt.

**Wie wird der Pickel getragen?** Solange man sich im Fels bewegt, bleibt der Pickel im Rucksack verstaut (mit dem Oberteil nach unten) oder er wird außen an den dazu bestimmten Schlaufen befestigt. Bei kombinierten Touren ist es die beste Lösung, ihn in Felspassagen zwischen Rücken und Rucksack zu tragen. Der Vorteil ist, daß man ihn schnell verstauen und ebenso schnell zur Hand nehmen kann.
Bei Hüttenanstiegen habe ich oft gesehen, daß Bergführer den Pickel nicht zwischen Rücken und Rucksack trugen, sondern ganz einfach seitlich frei am Schulterriemen des Rucksackes hängen hatten, wo er durch sein eigenes Gewicht hielt. Ich selbst mache das auch oft so; das geht noch schneller, und man hat den Pickel gerade richtig zur Hand, wenn man ihn braucht. Was eine Tour oft verlängert und gefährliche Verspätungen heraufbeschwört, ist nämlich nicht langsames Klettern, sondern die Anhäufung von kleinen und langwierigen Zeitverlusten bei Seilmanövern und beim Wechseln von Bekleidung und Ausrüstung.

**Pflege** Pickelspitze, Haue und Schaufel müssen, wenn sie durch den Gebrauch abgenützt sind, neu geschliffen werden.

## Eisbeil / Eishammer

Es gibt zwei Arten, die erste mehr Pickel, die zweite mehr Hammer:
- das Eisbeil, ein kurzer Pickel, bei dem die Schaufel durch einen Hammerkopf ersetzt ist. Damit kann man Stufen schlagen, eventuell Eis wegschlagen und zugleich Eis- und Felshaken schlagen,

– der Eishammer ist ein Hammer, der handlicher ist als das Eisbeil und besonders im stark vereisten Fels gebraucht wird, wo häufig Eis weggeschlagen werden muß und darüber hinaus viele Felshaken zu schlagen sind.

## Kletterhammer

Er muß ziemlich schwer sein (ca. 600 g) mit nicht zu kurzem Stiel, damit »Zug dahinter ist«. Der Kopf ist aus Stahl. Auf einer Seite ist er quadratisch, mit breiter Schlagfläche, auf der anderen Seite hat er eine mehr oder weniger ausgeprägte Spitze. Für reine Felstouren hat er eine kurze Spitze (Modell Cassin zum Beispiel). Für Felstouren mit vereisten Stellen oder kurzen Eispassagen ist die Spitze stärker herausgearbeitet (Modell Charlet, Simond, ASMÜ, Chouinard).
**Tragen des Hammers** Früher hielt man ihn an einer Handschlaufe, aber das ist gefährlich. Heute wird der Hammer mit einer Schnur am Gürtel befestigt. Wenn der Bergsteiger den Hammer nicht benutzt, trägt er ihn in der Gesäßtasche oder in einer besonderen Hammertasche längs des Oberschenkels, aus der er aber leicht herausfällt, wenn man das Knie über die Gürtellinie hebt. Das beste System besteht in einer eigens dafür am Klettergürtel befestigten Leder- oder Plastikschlaufe, in der der Hammer mit dem Kopfteil nach oben hängt.

## Felshaken

Mit dem Felshaken (und gleichermaßen dem Steigeisen) hat im Alpinismus die Technik Fuß gefaßt. Man sollte mit beiden aber nicht Mißbrauch treiben und, wenn man etwa den Ryan-Grat an der Aiguille du Plan oder die Mer de Glace-Seite des Grépon begeht, ruhig daran denken, daß Franz Lochmatter und Peter Knubel die Erstbesteigung seinerzeit mit Nagelschuhen und ohne Haken gemacht haben.
Die Felshaken bestehen aus einer dünnen Klinge und einem Kopf mit Öse, in die man einen Karabiner einhängen kann. Sie sind aus weichem und hartem Stahl oder aus einer besonders zähen Chrom-Molybdän-Legierung und aus einem Stück geschmiedet.
Es gibt amerikanische und russische Haken aus einer Leichtmetallegierung, die vom Flugzeugbau inspiriert sind. In dieser Richtung sollte man wohl die Zukunft sehen, denn bis jetzt sind die gängigen Haken noch zu schwer.
Es gibt die verschiedensten Hakentypen sowohl hinsichtlich der Form als auch der Härte des Materials.
**Die Form** Früher hatte man Längshaken (Hakenkopf parallel zur Klinge) für senkrechte Risse und Querhaken (Hakenkopf rechtwinklig zur Klinge) für Querrisse oder schräge Risse und Ringhaken, die vor allem in den Dolomiten als Zwischenhaken sowie für Pendelquergänge benutzt wurden. Heute werden fast nur noch Querhaken hergestellt, weil sie sich im Gebrauch für jede Verwendung als sehr zweckdienlich erwiesen haben. Für breite Risse und Löcher werden aber auch noch Längshaken mit konischer, gefalteter Klinge (Stifthaken) hergestellt, besonders für die Verwendung im Kalk. Ein Nachteil der Haken ist ihr Gewicht. (Ein für bestimmte Touren notwendiges Sortiment von 50 Stück wiegt ca. 4 kg.

Haken benutzt man beim künstlichen Klettern, vor allem aber zum Sichern beim freien Klettern, hier zum Beispiel in der direkten Südwand der Cougourde.

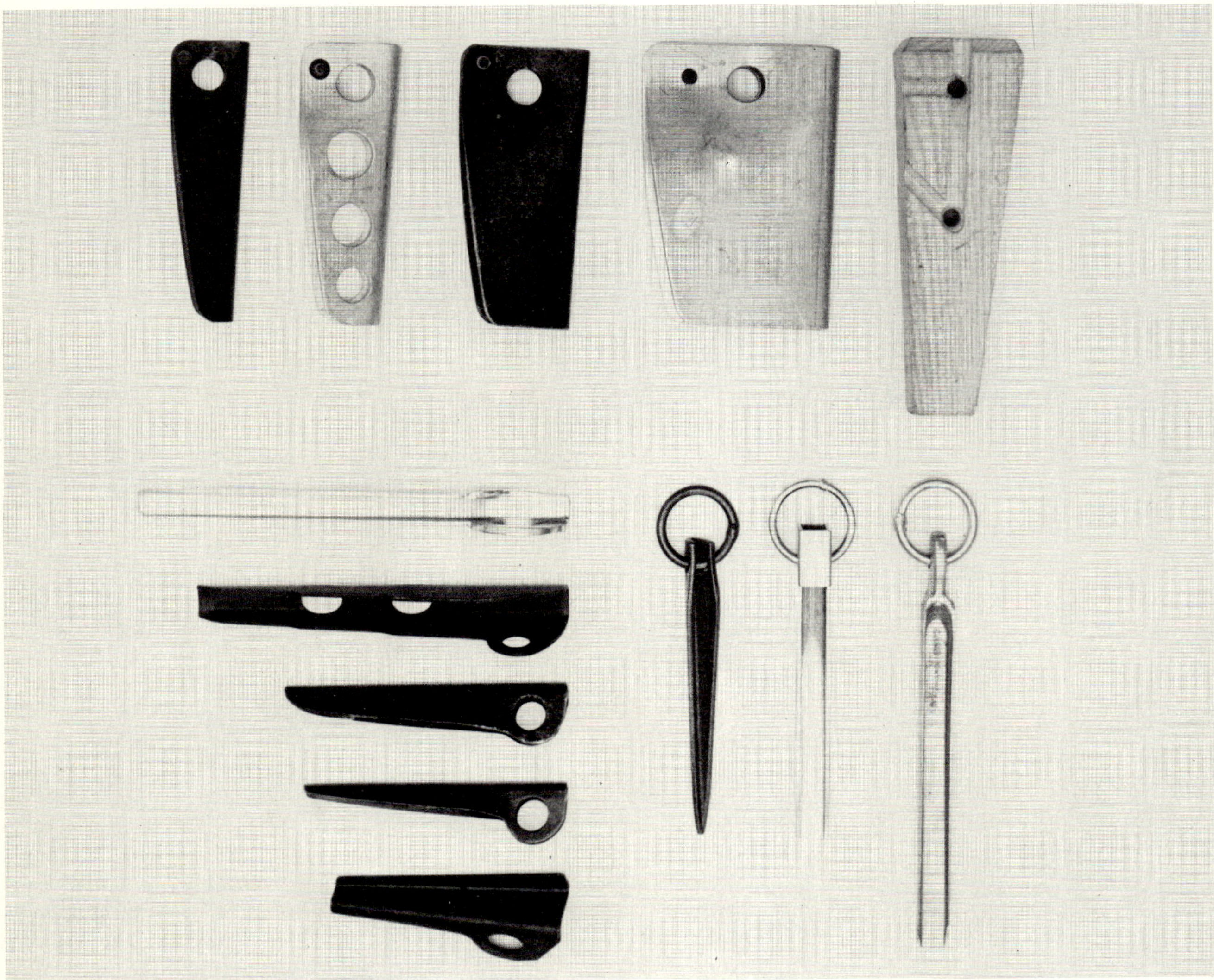

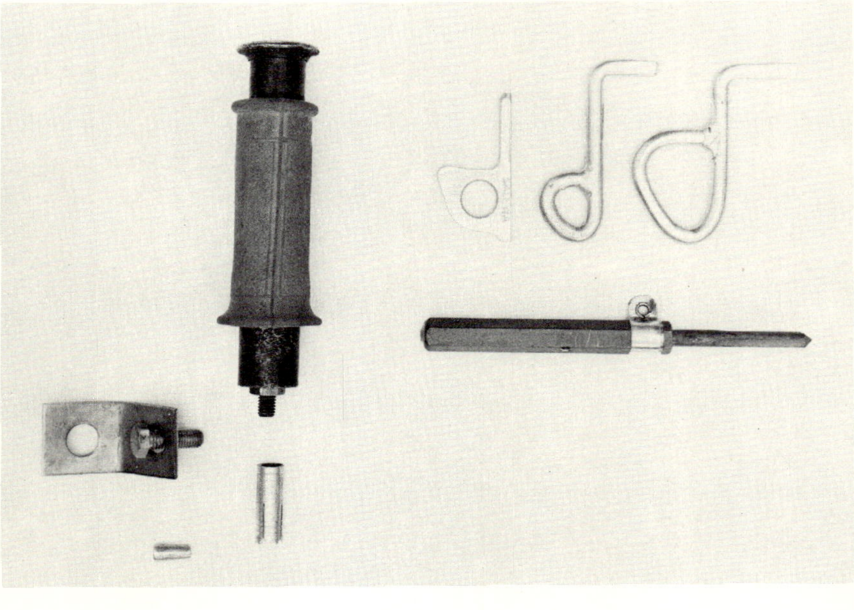

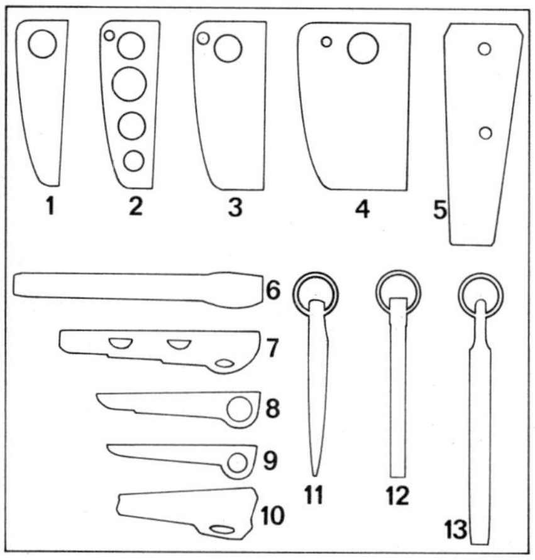


1 V-Profil-Stahlblechhaken »angle« Chouinard
2 Bong-Bong Chouinard
3, 4 V-Profil-Stahlblechhaken »angle« Chouinard
5 Holzkeil
6 U-Haken Simond
7 U-Haken Charlet (mit drei möglichen Positionen für den Karabiner)
8, 9 V-Profil-Stahlblechhaken »angle« Chouinard
10 Z-Profil-Stahlhaken »Leeper«
11 Stift-Ringhaken Salewa
12 Ring-U-Haken Charlet
13 Ring-U-Haken Cassin

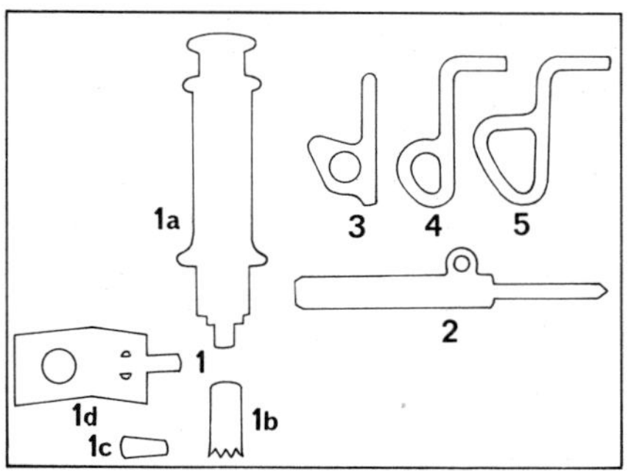


1 Meißel für röhrenförmigen Bohrhaken
1a Handgriff mit Gewindebolzen, der vor dem Meißeln mit dem Bohrhaken verschraubt wird
1b Röhrenförmiger Bohrhaken mit gezahntem Rand
1c Keil
1d Blechplatte und Schraubenbolzen, der nach Fertigstellung des Loches anstelle des Handgriffs in den »Meißelhaken« eingeschraubt wird, nachdem der Keil eingeführt wurde
2 Normaler Meißel
3 Horizontaler Bohrhaken
4, 5 Vertikale Bohrhaken

Dazu noch das Gewicht von Karabinern, Schlingen, Trittleitern, Hammer usw.). Simond hat als erster, andere folgten, für breite Felsspalten einen Haken mit U-förmigem Querschnitt entwickelt, der bei gleichem Durchmesser viel leichter ist als der Haken aus vollem Material. Für sehr breite Risse benutzte man damals auch Holzkeile.

**Flache Haken** Man unterscheidet nach ihrer Größe *Fortbewegungshaken* (die nur das Gewicht des Kletterers aushalten müssen, und bei denen die Chance, daß sie einen Sturz halten, äußerst gering ist) und *Sicherungshaken,* die im Falle eines Sturzes eine Last von 1500 bis 2000 kg aushalten müssen.

Der kleinste Haken ist der »Rurp« (Realized Ultimate Reality Piton), auch »Rasierklingenhaken« genannt, den Chouinard herstellt. Er ist 1 cm lang und $2\frac{1}{2}$ cm breit und wird in nur andeutungsweise vorhandene Risse geschlagen. Dieser Haken aus sehr hartem Stahl sucht sich seinen Weg sozusagen selbst. Man benutzt ihn mit einem Band von vier bis sechs Zentimeter Länge, das man je nach Position des Hakens durch eines der beiden Löcher zieht oder um den Haken legt.

Auch verschiedene europäische Hersteller (Simond, Charlet, Stubai, Salewa) haben ähnliche »Minihaken« herausgebracht. Chouinard stellt weiterhin einen Messerhaken (»Knifeblade«) in vier Größen her. Auch Charlet und Simond stellen derartige sehr dünne Messerhaken (zweieinhalb bis vier Zentimeter Dicke) her, wobei manchmal das Loch oval ist, damit der Karabiner möglichst nah am Fels liegt.

All diese dünnen und kurzen Haken sind aus einer Chrom-Molybdän-Legierung hergestellt.

Die übrigen flachen Haken sind länger und größer, dringen tiefer in die Risse ein und müssen in der Lage sein, einen Sturz zu halten. Sie sind, ob aus französischer, italienischer, österreichischer, deutscher oder amerikanischer Fertigung »klassische Modelle«, und ihre Verwendung wird entsprechend ihrer Härte von Art und Form des Gesteins bestimmt, in dem sie eingesetzt werden. Im allgemeinen sind es Querhaken, doch gibt es auch Universalhaken mit diagonalem Kopf, die sowohl als Längshaken als auch als Querhaken eingesetzt werden können (zum Beispiel Charlet Universel).

**Breite Haken** sind für breite Risse bestimmt. Die europäischen Modelle (Simond, Charlet, Cassin, Stubai) waren ursprünglich nur U-Haken. Zu erwähnen wäre ein Haken von Charlet, der drei verschiedene Positionen für die Karabiner oder Band vorsieht. Die amerikanischen Haken von Chouinard dagegen sind leicht konisch und haben V- oder Z-Form.

Die europäischen klassischen U-Haken sind maximal zwölf Millimeter dick. Chouinard hat eine Serie von breiten Haken entwickelt, die mit dem »Angle« beginnt und bis zum »Bong-Bong« reicht, dessen größte Ausführung zehn Zentimeter breit ist und damit die Holzkeile übertrifft. Diese Haken werden neuerdings auch in Europa hergestellt.

**Härte** Die Härte eines Hakens hängt selbstverständlich von seinem Material und dessen Bearbeitung ab. Etwas vereinfacht kann man sagen, daß Haken aus weichem Stahl sich in den Riß einschmiegen und sich dessen Form anpassen. Sie *verklemmen* sich. Sie sind oft schwierig herauszuschlagen und sind danach manchmal ziemlich verbogen. Die sehr harten Haken aus Chrom-Molybdän-Stahl dagegen schmiegen sich nicht an, verklemmen sich nicht, sondern *verkeilen* sich. Wichtig ist, die richtige Stelle eines Risses für solch einen Haken zu finden. Das Hineinschlagen und spätere Herausschlagen ist dann ziemlich einfach.

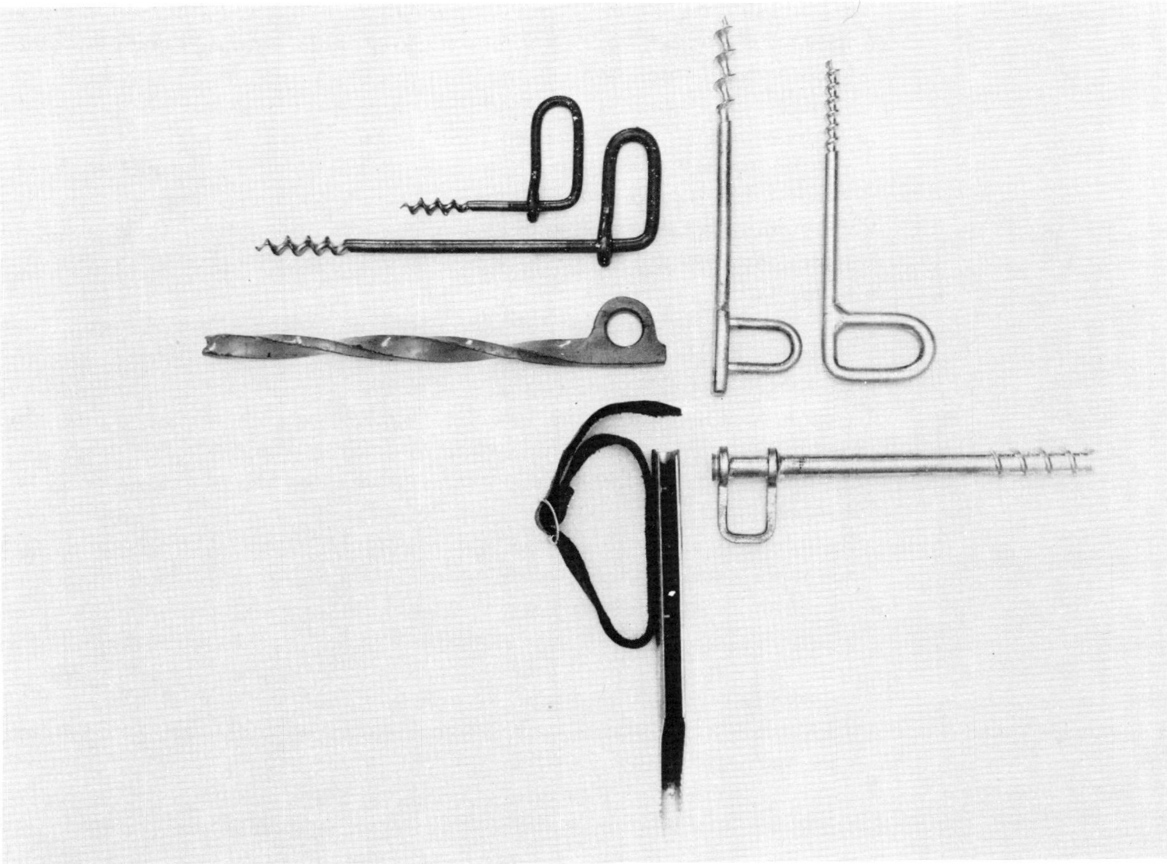

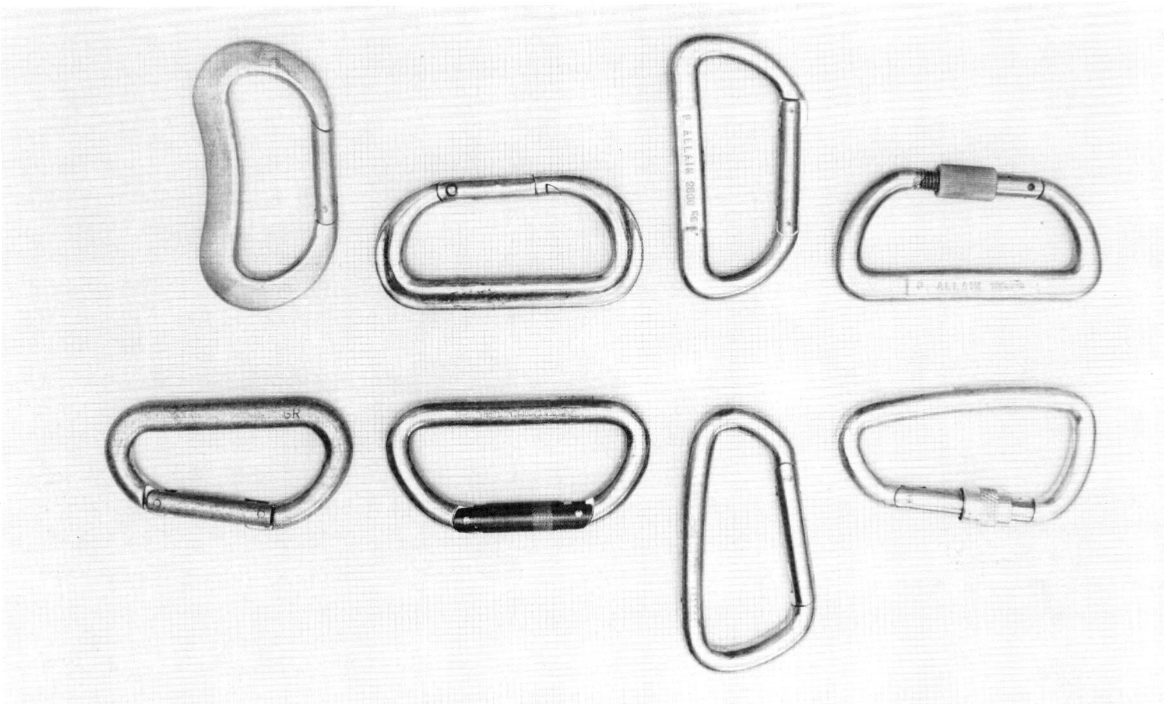

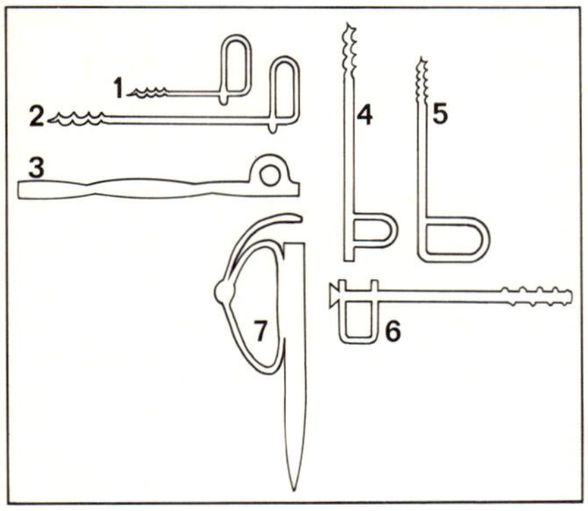


1 Eisschraube Stubai
2 Eisschraube Stubai
3 Gewindehaken Salewa
4 Eisschraube Charlet
5 Eisschraube Salewa
6 Rohreisspirale Salewa
7 Eisstichel (U-Haken mit Handschlaufe)

Beide Arten von Haken haben ihre Berechtigung. Ihre Verwendung richtet sich nach dem Gestein, in dem man klettert. Die relativ weichen Haken wie die Cassinhaken eignen sich besonders für ziemlich weiches Gestein wie Kalk. Die sehr harten Haken dagegen würden die gewundenen Risse in weichem Gestein möglicherweise sprengen. Sie eignen sich für sehr hartes Gestein. Zwischen beiden liegen die im allgemeinen in den Westalpen benutzten Simond- und Charlethaken.

**Holzkeile** sind aus Esche und haben die Form einer gekappten Pyramide. Sie sind mit Löchern und Rillen versehen, durch die man eine Reepschnur ziehen kann.

**Bohrhaken** sind ganz kleine Haken, die man in ein in den Fels gemeißeltes Loch eintreibt. Es gibt verschiedene Modelle. Meist ist der Querschnitt quadratisch (7 mm) und etwas größer als der runde Querschnitt (6,5 mm) des in den Fels gemeißelten Loches. Das neueste Modell ist ein röhrenförmiger Bohrhaken mit gezahntem Rand, der zugleich als Meißel dient.

**Klemmkeile** werden hauptsächlich von sächsischen und britischen Kletterern benutzt und beruhen auf dem Prinzip des Klemmblocks. Sie sind, richtig eingesetzt, von großem Nutzen. Es gibt je nach Dimension des Risses die verschiedensten Formate aus Stahl und Plastik.

## Eisschrauben

Die früher verwendeten messerförmigen, U-förmigen oder runden Eishaken, die man mit Hammerschlägen ins Eis trieb, sind durch die Eisschrauben verdrängt worden. Diese sind zylindrisch oder haben die Form eines Korkenziehers. Es gibt mehrere Modelle:

- relativ dünne Schrauben aus vollem Material (man darf nicht mit dem Hammer auf sie schlagen, sondern muß das Loch mit einigen Pickelschlägen anreißen, bevor man beginnt, sie einzuschrauben),
- die röhrenförmigen, also innen hohlen Schrauben.

Die Entwicklung der Eisschraube war für die Sicherung bei Eistouren und für das Abseilen im Eis ein sehr erfreulicher Fortschritt.

**Eisstichel** Er ist ein mit einer Handschlaufe versehener Dorn, mit dem bei der Vorderzackentechnik in sehr steilen Eiswänden die freie Hand zum Halten des Gleichgewichts beiträgt.

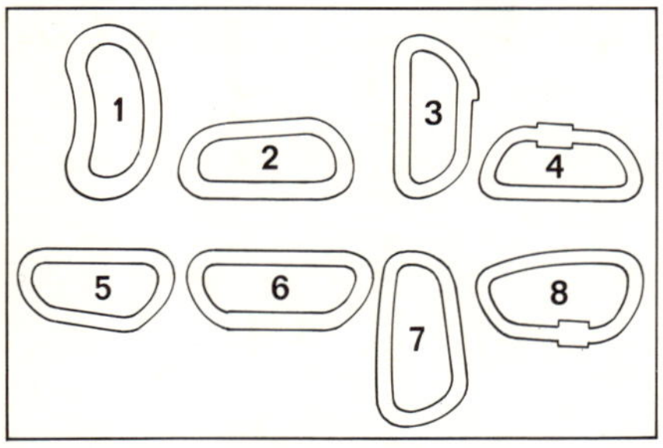


1 Kamet-Karabiner
2 Salewa-Karabiner
3 Allain-Karabiner
4 Allain-Schraubkarabiner
5 Chouinard-Karabiner
6 Bonaiti-Cassin-Karabiner
7 Simond-Karabiner
8 Simond-Schraubkarabiner

## Karabiner

Es gibt Karabiner in zweierlei Größen: normale und kleine Karabiner. Die kleineren Karabiner benutzt man dazu, eine Trittleiter, einen Rucksack oder einen Hammer zu befestigen oder auch als Hakenfänger beim Herausschlagen von Haken. Sie dienen nie der Sicherung. Sie bestehen aus Stahl und sind ebenso schwer (75 g) wie ein normaler Karabiner aus Leichtmetallegierung. Letztere sind auf jeden Fall vorzuziehen, denn sie sind praktisch für alle Fälle einsetzbar.

Karabiner normaler Größe werden für die Sicherung und alle sonstigen denkbaren Zwecke verwandt. Sie werden aus Stahl oder Leichtmetallegierung hergestellt und haben verschiedene Formen und Dicken. Grundsätzlich sind Leichtmetallkarabiner heute ebenso solide wie Stahlkarabiner. Die Bruchlast beträgt (bei *geschlossenem* Karabiner) in beiden Fällen 1800 bis 2500 kg. Das Gewicht jedoch ist beim Stahlkarabiner doppelt so groß (130 bis 135 g gegen 65 bis 80 g). Versuche mit *offenen* Karabinern haben ergeben, daß hier in den meisten Fällen die Bruchlast um gut ein

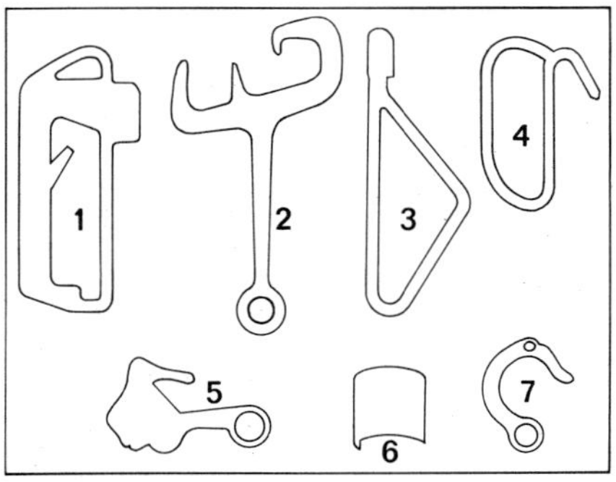


1 Steigklemme Jümar
2 Allain-Seilbremse
3 Griff-Fiffi Salewa
4 Griff-Fiffi Asmü
5 Steigklemme Hiebler-Salewa
6 Magnone-Seilbremse
7 Salewa-Fiffi

Drittel geringer war. Die Karabiner sind ebenso wie die Seile, Gegenstand eingehender Untersuchungen durch die UIAA. Der stärkste Karabiner ist zur Zeit der Chrom-Vanadium-Karabiner von ASMÜ mit 3800 kg (geschlossen). In geöffnetem Zustand hält er nur ungefähr $^2/_5$ davon. Natürlich ist ein Karabiner dazu bestimmt, in geschlossenem Zustand benutzt zu werden. Die Feder des Schnappers soll dafür sorgen. Doch kann er bei einem Sturz, wenn er nicht richtig eingehängt wurde oder auf eine Kante oder auf eine Erhebung im Fels zu liegen kommt, sich ganz oder teilweise öffnen. Manche Stahl- oder Leichtmetallkarabiner sind mit einem Verschluß versehen, der den Schnapper blockiert. Diese »Schraubkarabiner« werden am Stand benutzt, manchmal beim Abseilen, nicht jedoch zur Zwischensicherung.
Weiterhin ist folgendes zu bedenken: Der Karabiner ist im Hinblick auf eine Belastung in der Längsrichtung konstruiert. Doch kann bei einem Sturz je nach Seilverlauf die Belastung, und sei es auch nur für einen Augenblick, auch in Querrichtung erfolgen. Wenn die Belastung so auf den Karabiner einwirkt, so kann er selbst unter relativ geringer Belastung aufgehen, auch wenn der Schnapper geschlossen oder sogar verschraubt ist. Für Trittleitern am besten geeignet sind solche Karabiner, die sich auch unter Belastung (durch das Gewicht des Kletterers) leicht öffnen lassen.
Im übrigen scheint es, daß die Fertigung einer konstanten Qualität bei

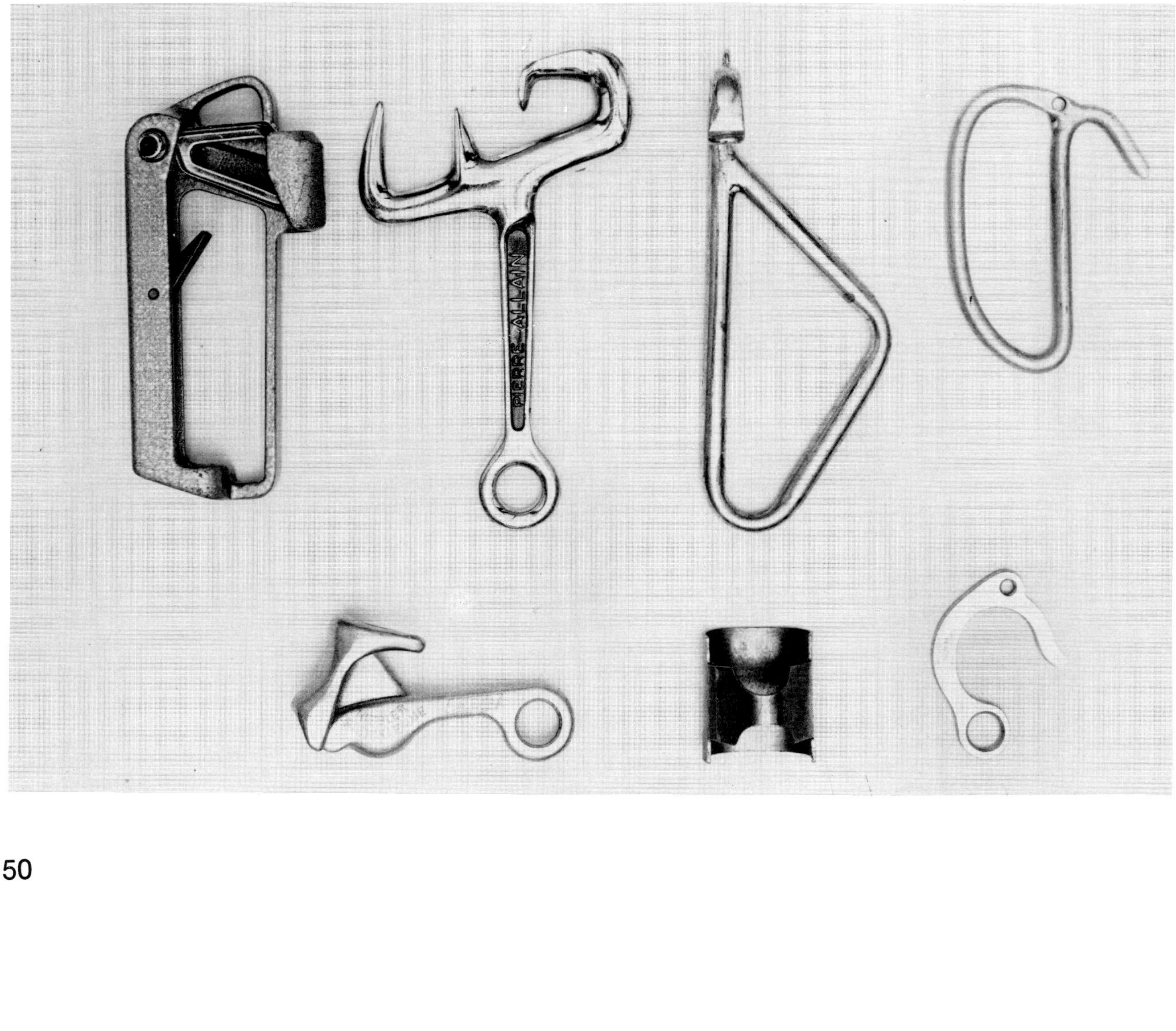

Karabinern (selbst des gleichen Modells) relativ schwierig ist. Deshalb sind hier noch erhebliche Verbesserungen zu wünschen.
Die Form der Karabiner ist sehr verschieden: oval, birnenförmig, nierenförmig, symmetrische oder asymmetrische D-Form. Die Form des letzten Modelles von Simond ist recht angenehm zu greifen.
**Abseilbremsen** sind kleine Vorrichtungen (manchmal aus Leichtmetalllegierung), die ein bequemes Abseilen in allen Lagen und ohne Reibung des Seils am Körper erlauben. Von Pierre Allain, der auch im übrigen auf dem Gebiet der Bergausrüstung viel getan hat, stammt die erste Abseilbremse. Heute gibt es etliche Modelle verschiedener Hersteller. Manche Abseilbremsen, wie etwa die von Magnonen, sind nicht eigentlich eigene Geräte, sondern nur Zusatzvorrichtungen, die man an einem Karabiner anbringt. Die Abseilbremse von Magnone besteht in einem kleinen Metallteil (100 g) in Form einer abgeflachten Rolle, die in jeden normalen Karabiner paßt und beim Abseilen das Seil bremst. Auf der gegenüberliegenden Seite verhindert ein zweiter Karabiner, daß das Einsatzstück herausfällt. Mit dem zweiten Karabiner läßt sich gleichzeitig die Bremswirkung regeln.
**Bremsplatte Sticht-Salewa** Diese Bremsplatte aus Leichtmetall dient zur dynamischen Sicherung und ist auch als Abseilbremse verwendbar.
**Steigklemmen** Sie sind sozusagen »mechanische Prusikknoten«. Sie erlauben das Auf- und Absteigen an freihängenden Seilen.
Das Modell Jümar hat einen Griff für die Hand und ein System, das das Seil festklemmt, sobald die an dem Griff befestigte Schlinge oder Trittleiter belastet wird.
Die Hiebler-Salewa-Steigklemme hat keinen Griff, ist um die Hälfte leichter, ist aber auch schwieriger zu handhaben.

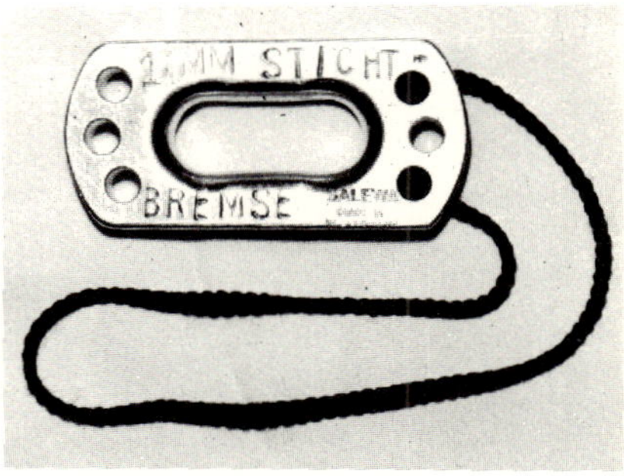

Seilbremse Sticht-Salewa

## Trittleiter / Trittschlinge

Ursprünglich benutzte man Trittschlingen aus geknoteter Reepschnur. Dann hat man die Sprossen eingeführt und so kleine Trittleitern mit vier, fünf oder sogar sechs Sprossen hergestellt. Die Zahl der Sprossen wechselte im Laufe der Zeit und scheint jetzt bei drei oder vier zu liegen.
**Länge** Die Länge der Trittleiter hängt von der Größe des Kletterers, insbesondere aber von der Geschmeidigkeit seiner Beine ab, genauer, von seiner Fähigkeit, das Knie sehr hoch bis zum Kinn zu heben. Gleiches gilt für den Abstand zwischen den Sprossen und in gewissem Maße auch für deren Zahl.
Unter der Voraussetzung, daß ein Bergsteiger einen Haken in maximal 2,20 m Entfernung von seinen Füßen schlagen und mit einem Schritt 0,70 m höher steigen kann, kommt man zu einer Länge von 1,50 m einschließlich Karabiner (das heißt 1,35 m ohne Karabiner). Für einen weniger großen Kletterer bleibt die Länge gleich, denn die Maximalwerte sind ebenfalls geringer, zum Beispiel 2,00 m minus 0,50 m ist 1,50 m.
**Sprossen** Sind sie zu lang, so wird die Trittleiter schwer und unhandlich, sind sie zu kurz, so kommt man mit dem Fuß schlecht hinein. Die vernünftige Länge ist 12 bis 15 cm (Abstand zwischen den beiden Reepschnüren).
Die Sprossen werden durch einen einfachen Knoten, besser einen Achterknoten (Heuknoten), unterhalb befestigt.
Zweckmäßigerweise verringert sich der Abstand zwischen den Sprossen nach oben. Bei einer Trittleiter mit vier Sprossen von 1,35 m Länge

Seite 53:
**Yvon Chouinard in einer Eiswand: Steigeisen mit Frontalzacken, Pickel in der rechten Hand, die linke hält einen Eishaken.**

(ohne Karabiner) wären etwa folgende Abstände vernünftig: 46, 38, 30 und 32 cm, für eine Trittleiter mit drei Stufen: 55, 45 und 35 cm.
Man kann die Trittleiter oben mit einer Schlinge enden lassen, doch ist es zweckmäßiger, sie mit einem Mastwurf am Karabiner zu befestigen, denn man kann diesen schneller lösen, wenn man die Trittleiter dazu benutzen will, sich mit Klemmknoten an einem Seil hinaufzuarbeiten. Die Reepschnurenden verknotet man am besten ganz unten, damit man gegebenenfalls eine zweite Trittleiter anhängen kann.
Man kann auch aus breitem Band und ohne Sprossen *Trittschlingen* knoten, wie dies in Kalifornien üblich ist. Ursprünglich benutzte man Trittschlingen auch in Europa, nur daß man Reepschnur nahm statt Band.
Trittschlingen aus Band haben folgende Vorteile:

- Das Band ist breit genug, daher hat der Fuß guten Halt, und zum Sitzen ist das Band weniger unbequem als eine Leitersprosse,
- wegen ihrer Festigkeit (1900 kg Bruchlast) kann man die Trittschlinge aus Band und besonders die Schlinge an ihrem oberen Ende auch zur Sicherung benutzen,
- eine Trittschlinge verhängt sich weniger leicht als eine Trittleiter mit Sprossen und klimpert auch nicht am Fels.

Dagegen ist es im allgemeinen schwieriger, den Fuß in eine Trittschlinge zu setzen als auf eine Leitersprosse.
**Fiffi** Statt eines Karabiners kann man am oberen Ende der Trittleiter oder Schlinge einen »Fiffihaken« anbringen und durch eine Schnur am Brustgeschirr befestigen. An dieser Schnur zieht man die Trittleiter hinter sich her wie ein Hündchen, daher der Name. In schwierigen künstlichen Passagen ermöglicht der Fiffi eine beträchtliche Zeitersparnis. Manche Kletterer benutzen den Haken, nicht jedoch die Schnur, die sich manchmal verhängt oder die Füße beim Klettern behindert.
**Griff-Fiffi** ist eine »komfortablere Form« des Fiffi, weil mit einem Griff für die Hand versehen.
**Sitzbrett** Man kann für den »Stand« in künstlichen Touren (»Schlingenstand«) ein bequemes breites Brett aus Holz oder Plastik benutzen, kann aber statt dessen auch ein an Nylonband aufgehängtes rechtwinkliges Nylongewebe (amerikanisches Modell »Robbins«) mit sich führen. Letzteres ist leichter, bequemer und nimmt weniger Platz weg als das Sitzbrett.

Die leichte und sehr bequeme Sitzschlinge aus Nylon (Modell Robbins) ersetzt hier den Standplatz.

## Steigeisen

Steigeisen versetzen den Bergsteiger in die Lage, sicher und mit Genuß steile Flanken aus hartem Schnee oder Eis zu begehen. Sie werden aus hochwertigem Spezialstahl hergestellt, wodurch sie bei geringem Gewicht (ca. 500 bis 600 g) genügende Festigkeit haben.
Es gibt die verschiedensten Modelle, verstellbar oder nicht verstellbar, mit zehn oder zwölf Zacken, mit schmalen und kurzen oder relativ breiten und langen Zacken.
Die Steigeisen gehören zu denjenigen Ausrüstungsstücken, auf die man sich in steilem und schwierigem Gelände unbedingt verläßt. Deshalb ist folgendes von grundlegender Wichtigkeit:

1. Die Steigeisen müssen den Schuhen richtig angepaßt sein. Hier gilt – wie für die Bergausrüstung überhaupt – der Grundsatz, daß man nie »fünf gerade sein lassen« darf. Ein nicht ganz festsitzendes Steigeisen kann, selbst wenn ein Riemen es mit dem Schuh verbindet, Ursache eines

sehr ernsten Unfalles werden. Ein richtig angepaßtes Steigeisen muß die Sohle leicht einklemmen, muß also auch ohne Hilfe der Riemen am Schuh haften. Mit anderen Worten, wenn man den Fuß auf das Steigeisen setzt, muß dieses sich leicht anklemmen und darf kein Spiel haben.
Die Steigeisen werden nicht mit Hammerschlägen auf dem Schuh, sondern mit langsamem Druck auf dem Amboß angepaßt. Die Zacken müssen genau unter den Sohlenrändern liegen. Schließlich darf man beim (manchmal nächtlichen) Aufbruch nicht vergessen, daß es ein rechtes und ein linkes Steigeisen gibt.

2. Die Zacken müssen immer scharf geschliffen sein. Zwar greifen auch stumpfe Zacken im Schnee und sogar in hartem Schnee recht gut, doch finden sie auf Blankeis keinen Halt. Im Jahre 1956 ist eine Seilschaft mit stumpfen Steigeisenzacken im Abstieg vom Montblanc auf dem Normalweg in der Gegend der »Mauvaise Aréte« auf einem kurzen Stück harten Blankeises ausgeglitten, weil die abgenutzten Zacken nicht griffen. Der Sturz endete tief unten auf dem Grand Plateau.
3. Gleichgültig, welches Befestigungssystem man benutzt, die Riemen müssen immer in gutem Zustand sein, nicht zu lang und nicht zu kurz.
4. Bei manchen Schneearten und vor allen Dingen bei Wechsel zwischen Schnee verschiedener Beschaffenheit und Temperatur klebt der Schnee am Metall, und es bilden sich Stollen unter der Sohle zwischen den Zacken. Wenn man hier nicht aufmerksam ist, kann dies sehr gefährlich sein. Die Neigung zur Stollenbildung ist um so größer, je länger und breiter die Zacken sind.

In etwas vereinfachter Darstellung kann man zwei Typen von Steigeisen unterscheiden, die verschiedenen Geländearten entsprechen:

- solche mit langen und ziemlich breiten Zacken für den Schnee (auch für sehr harten Schnee),
- solche mit kurzen und dünnen Zacken für das Eis.

Kurze und dünne Zacken dringen nicht tief genug in den Schnee ein und geben bei Quergängen nicht genügend Halt. Umgekehrt sind lange und breite Zacken auf dem Eis unnötig und sogar hinderlich, denn sie dringen nur wenige Millimeter ein und bilden einen »hohen Unterbau« und zugleich einen ziemlich großen Hebelarm.
Für die klassischen Touren sind Zehnzacker ausreichend, doch wenn man auch Touren in steilem Eis machen will, dann sollte man Zwölfzacker kaufen, Steigeisen also mit zehn senkrechten Zacken und zwei etwa waagerechten, leicht nach unten geneigten Vorderzacken. Laurent Grivel, Bergführer und Schmied aus Courmayeur, hat 1931 diese Zwölfzacker erfunden, die dank der Vorderzacken auch in sehr steilen Flanken ein direktes Aufsteigen in der Fallinie ermöglichen.
Die beiden Vorderzacken müssen nicht nahezu senkrecht sein und nahe an den anderen Zacken liegen, wie dies bei manchen Modellen der Fall ist. Dagegen können die beiden vordersten senkrechten Zacken ruhig etwas nach vorne gebogen sein, denn so unterstützen sie die Vorderzacken, indem sie einen Teil des Körpergewichts mittragen.
Schließlich gibt es auch Zehnzacker, deren vorderste Zacken waagerecht sind, so daß wir hier ein Steigeisen mit acht senkrechten Zacken und zwei ungefähr waagerechten Zacken haben. Diese Steigeisen eignen sich ausgezeichnet für kombinierte Touren. Die Zehnzacker Grivel (8 plus 2) sind mit 450 g die leichtesten Steigeisen überhaupt. Ich selbst besitze ein solches Paar seit 1946 und habe es unter anderem in der Nordwand des Matterhorns im Juli 1949 zu meiner größten Zufriedenheit benutzt.

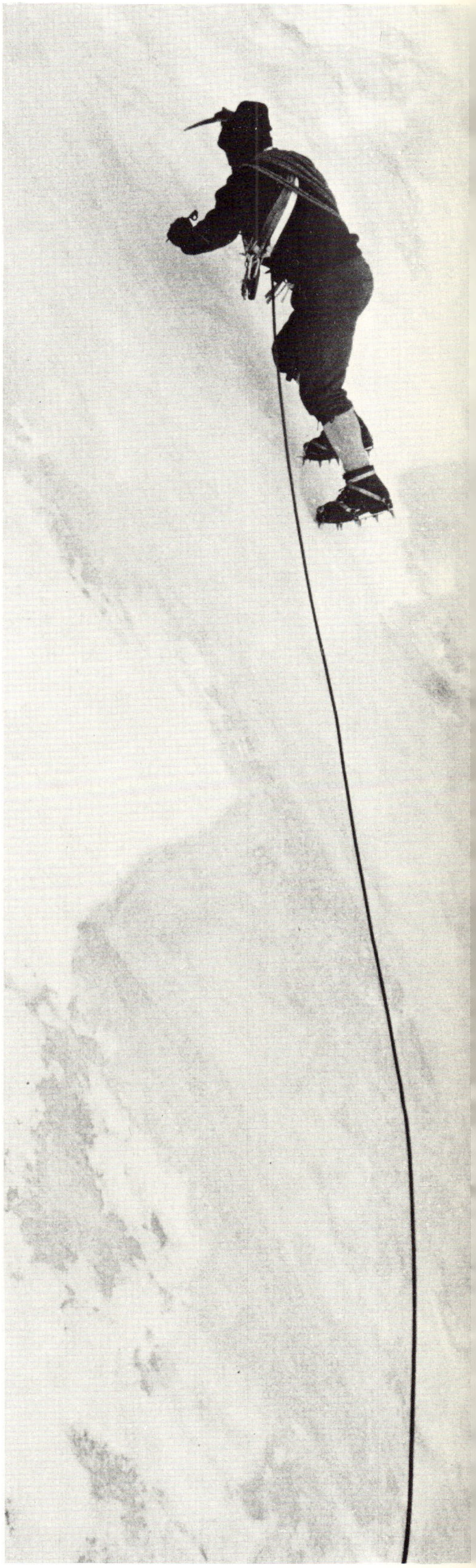

Die Mehrzahl der Steigeisen haben ein Gelenk, doch ziehen manche Eisgeher für lange und schwierige Eistouren starre Steigeisen ohne Gelenk vor.
Schließlich ist es wichtig, daß ein Steigeisen nicht federt, wenn man in einer steilen Eisflanke den Fuß nicht aufsetzt, sondern mit den beiden Vorderzacken ins Eis tritt. Es ist deshalb gut, wenn der Rahmen des Steigeisens in Längsrichtung des Fußes so direkt wie möglich die Verlängerung der Vorderzacken bildet.
Neben den normalen Steigeisen gibt es verstellbare. Verstellbare Steigeisen (manche sind es nur in Längsrichtung, andere auch in der Breite) haben den Vorteil, daß man sie auf Schuhen verschiedener Größe benutzen kann, haben aber den Nachteil, schwerer, weniger solide und relativ anfällig zu sein. Wenn etwa im Fels bei einer kombinierten Tour eine Schraubenmutter, eine Zahnstange am Steigeisen oder der Verschluß Schaden nimmt, so kann dies höchst peinlich werden. In der Theorie, im Laden, ist ein verstellbares Steigeisen problemlos. Im Gelände und unter schwierigen Umständen kann dies anders sein.

Besteigung des Montblanc über den Bosses-Grat. Rechts im Hintergrund die Aiguille de Bionnassay (Bild links).

Besteigung des Mont Maudit über den Tour Ronde-Grat.

**Befestigung** Ich halte den Langriemen (1,70 m) oder den ihm ähnlichen Schnellverschluß noch immer für das beste Befestigungssystem. Der Langriemen hat den Nachteil, daß das Befestigen relativ langwierig ist, doch bedeuten vier oder fünf Minuten im Vergleich zur Länge eines ganzen Tages wenig, wenn dafür das Steigeisen »wie angegossen« sitzt. Man legt den Langriemen kreuzweise über den Fuß und befestigt ihn mit einer automatischen Schließe. Er kann aus Hanf, Leder oder Perlon/Nylon sein. Der Vorteil von Perlon/Nylon ist, daß sich das Material nicht durch Kälte oder Feuchtigkeit zusammenzieht, und dadurch die Gefahr von Erfrierungen herabgemindert ist. Der Nachteil ist dagegen, daß sich Nylon/Perlon leicht in der Schließe lockert. Es gibt auch Befestigungssysteme mit Hanf-, Leder- oder Nylon-/Perlonriemen, bei denen ein Teil der Befestigung aus Gummi besteht. In diesem Fall kann man die Steigeisen schneller befestigen und ablegen, doch sind diese Systeme schwerer und nicht so zuverlässig.
Wenn man die Steigeisen nicht benutzt, trägt man sie auf dem Rucksack. Manche Rucksackmodelle haben hierfür eine Verstärkung an der Seite und eine Schnur zum Anbinden. Die Führer tragen Steigeisen lieber oben auf dem Rucksack. Wenn sie dort richtig verstaut sind, richten sie keinen Schaden an, tun niemandem weh und schaukeln nicht im Freien herum. Auch ist, wie wir schon gesehen haben, ein Rucksack um so bequemer zu tragen, je näher das Gewicht am Rücken liegt.

Mit Zwölfzackern in einer sehr steilen Eiswand. Die Haltung des Bergsteigers ähnelt der in einer Felswand etwa gleicher Steilheit.

# Das Anseilen

Die beste und sicherste Anseilart ist die mit dem Klettergürtel, doch muß er:

1. den Körper vollständig umfassen, das heißt, aus Taillen-, Schulter- und Oberschenkelgurten bestehen. Alle diese Gurte kann man verstellbar machen, aber dadurch wird der Klettergürtel schwerer und störanfällig. Aber das ist auch nicht nötig, denn der Klettergürtel ist ein persönliches Ausrüstungsstück. Wenn man das Seil direkt durch die beiden Ösen des Klettergürtels zieht, statt durch einen Karabiner als Verbindungsglied zwischen Klettergürtel und Seil, dann kann man je nach Bedarf den Umfang des Klettergürtels vergrößern oder verkleinern. Entgegen mancher Befürchtung ist ein gut konstruierter Klettergürtel auch bei den akrobatischsten Bewegungen nicht hinderlich. Der Klettergürtel erweist sich in erster Linie beim künstlichen Klettern als praktisch, doch ist er noch wichtiger im Falle eines Sturzes, insbesondere wenn der Kletterer frei in einer Spalte oder unter einem Überhang hängt. Er kann dann nämlich, weil er in seinem Klettergürtel sitzt, anstatt wie beim traditionellen Anseilen an der Taille oder an der Brust zu hängen, ruhig warten und, weil die Hände frei sind, schnell und wirksam bei seiner Bergung mithelfen. Wichtig ist auch,
2. daß das Seil direkt durch die beiden Ösen des Klettergürtels läuft (wobei man, wie wir uns erinnern, den Umfang vergrößern oder verkleinern kann) und nicht über einen Karabiner mit dem Klettergürtel verbunden wird. Gewiß ist der Gebrauch eines Karabiners bequem und zeitsparend, aber er ist gefährlich. Denn jeder Karabiner, auch ein Schraubkarabiner, kann versagen, und zwar nicht nur bei einem Sturz, sondern sogar unter einfachem Zug, der in der Querrichtung mit entsprechender Wucht auf den Schnapper hin wirkt. Zwar kann man diesen Mangel beheben, indem man zwei Schraubkarabiner so verwendet, daß die Schnapper nicht auf der gleichen Seite liegen, doch wird die Sache dann so schwer und in der Handhabung umständlich, daß ein praktischer Vorteil nicht mehr besteht.

Im übrigen ist es beim künstlichen Klettern angenehm, so nah wie möglich am Haken zu sein. Im Gegensatz zu dem Anseilen direkt am Klettergürtel verliert man hier bei Benutzung eines Karabiners jeweils zehn bis zwanzig Zentimeter, nämlich die Länge des Karabiners plus der Länge der Schlinge im Seil.

Da die Erfahrung jedoch immer theoretischen Überlegungen vorzuziehen ist, hier der Bericht des großen Genfer Alpinisten Michel Vaucher in »Les Alpes«, der Zeitschrift des Schweizer Alpenclubs:

»Man kann feststellen, daß sowohl im Klettergarten als auch in den Bergen immer mehr Bergsteiger sich mittels eines Klettergürtels anseilen. Bei einem Sturz verteilen die verschiedenen Gurte des Klettergürtels den Stoß auf verschiedene Körperteile, was sehr günstig ist. Problematisch aber ist, daß manche Bergsteiger das Seil direkt in einen Karabiner (einen sogenannten ›Sicherheitskarabiner‹) einhängen. Die Vorteile dieser Anseilart gegenüber der klassischen Methode:

– man braucht weniger Seil,
– man kann sich schneller anseilen.

Mittels eines Kletter-Sitz-Gürtels hängt der Kletterer an den Seilen. Das ist sehr wichtig, sowohl im Falle eines Sturzes als auch beim künstlichen Klettern. Deshalb kommt es darauf an, daß der Klettergürtel nicht nur ein Brustgeschirr ist, sondern den ganzen Körper umschließt.

Aber dieses direkte Anseilen über einen Karabiner ist sehr gefährlich. Die Sicherheitskarabiner sind, obwohl auf Bruchlasten bis zu 3500 kg berechnet, darauf eingerichtet, in Längsrichtung beansprucht zu werden.
Was aber geschieht mit einem Anseilkarabiner bei einem Klettergürtel? Der Karabiner liegt längs zum Körper, und das Seil wirkt in der Querrichtung, d. h. auf die schwächste Stelle. Bei Beanspruchung in dieser Richtung halten diese gleichen Karabiner aber oft weniger als 200 kg aus. Ein tödlicher Unfall (der sich in diesem Jahr ereignet hat) und ein Absturz (bei dem ich Zeuge war) sind auf diese Art des Anseilens zurückzuführen. Ich habe mit eigenen Augen einen Freund als zweiten der Seilschaft stürzen sehen. Der Karabiner brach, als er ganz einfach am Seil hing. Ohne Sturz war der Karabiner, bei einer Belastung von 90 kg gebrochen. Dieser Sturz hatte zum Glück keine ernsten Folgen, da wir nur drei Meter über dem Erdboden waren, aber mich schaudert bei dem Gedanken, daß mein Freund sich schon zwei Jahre lang in dieser Weise angeseilt hatte.
Stürzt der Seilerste, so ist der Fangstoß groß. Die Seilhersteller haben sich deshalb seit langem bemüht, erstklassige Seile zu liefern, die Stürze von über dreißig Metern aushalten. Es ist deshalb töricht, die phantastische Sicherheit unserer Seile durch zweifelhafte Zwischenglieder der Sicherungskette zu verspielen.«
Ich selbst benutze keine Karabiner. Ich ziehe das Seil direkt durch die beiden Schlaufen des Klettergürtels, anders ausgedrückt, ich seile mit Bulinknoten den Klettergürtel an, in dem ich hänge.
Beim künstlichen Klettern muß die (mittels Bulinknoten geschlossene) Schlinge im Kletterseil so kurz wie möglich sein, damit der Kletterer, wenn er auf Zug geht, so viel wie möglich an Höhe gewinnt. So angeseilt kann man Überhänge wie etwa das zweiunddreißig Meter ausladende »Toit de Sarre« ohne große Anstrengung durchklettern.
Hat man keinen Klettergürtel, so gibt es folgende Anseilarten:
Zunächst haben wir die dem Klettergürtel ähnlichen Systeme: Anseilring oder ein mindestens siebenmal um die Taille gewickeltes ca. acht Meter langes Hanfseil, beides mit oder ohne Schulterschlinge. Gewöhnlich benutzt man auch hier einen Karabiner als Verbindung zum Seil, wobei der Karabiner in diesen Fällen im Prinzip in der Längsrichtung beansprucht wird. Es ist aber natürlich nicht auszuschließen, daß der Fangstoß ausgerechnet in einem Augenblick wirkt, in dem der Karabiner gerade in der Querrichtung steht.
Nach dem Grundsatz »das beste System ist gerade gut genug« glaube ich, auch von diesen Systemen abraten zu müssen. Ich kann nur den vollständigen Klettergürtel empfehlen.
Es gibt natürlich auch noch die klassichen Anseilarten, bei denen man sich mit dem Seil selbst anseilt, und zwar entweder mit einer einzigen Schlinge oder mit zwei Schlingen, deren eine man über die Schulter führt. Diese Anseilart hat zwar nicht die Vorteile des Klettergürtels, aber sie hat auch nicht die Nachteile des Verbindungskarabiners.
Bevor wir von den Knoten sprechen, müssen wir uns darüber Gedanken machen, an welcher Stelle des Körpers das Seil zu befestigen ist. Diese Grundfrage gilt für alle Systeme gleichermaßen. In Frankreich, und früher ganz allgemein, seilte man sich immer an der Taille an. Ich habe immer großen Respekt vor unseren Altvordern gehabt, die oft die Dinge gefühlsmäßig richtig machten. Aber jeder kann sich irren, und heutzutage seilt man sich meist nicht mehr an der Taille an, sondern an der Brust unter

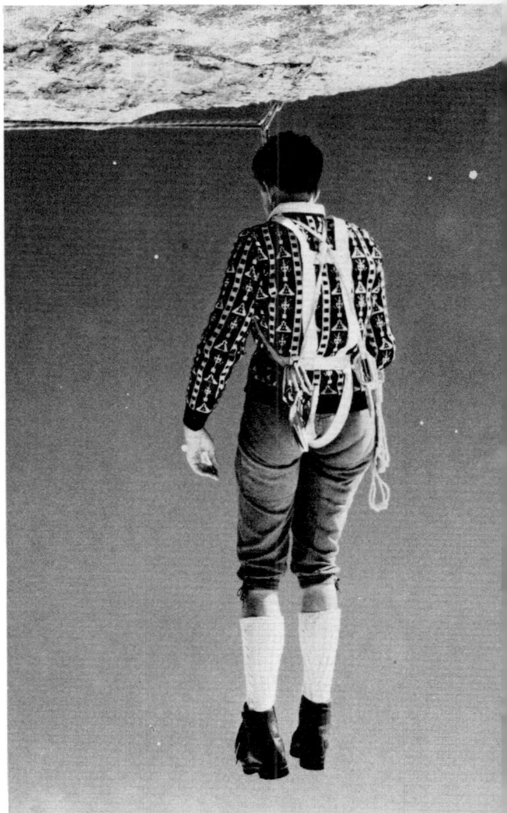

Das um die Brust aufgerollte Seil muß immer blockiert sein. Wenn man dann einmal die volle Seillänge braucht, stülpt man am besten das ganze Seilpaket über den Kopf.

den Achselhöhlen. Zumindest wird diese Methode vor allem in Österreich und in Deutschland angewandt, und zwar mit der Begründung,

- daß man so oberhalb des Körperschwerpunktes angeseilt ist und bei einem Sturz nicht mit dem Kopf nach unten hängen bleibt, und
- daß man an der widerstandsfähigsten Stelle des Körpers angeseilt ist, wodurch (bei Anseilen ohne Klettergürtel) Verletzungen der Weichteile und Bruch der Wirbelsäule am ehesten vermieden werden.

Aber ich glaube, man sollte daran denken, daß nichts vollkommen ist und man immer zwischen mehreren Nachteilen den geringsten wählen muß:

- *beim Anseilen an der Taille:* Im Falle eines Sturzes hängt vielleicht der Kopf nach unten. Auch können die Wirbelsäule und die unteren Rippen Schaden nehmen,
- *beim Anseilen an der Brust:* Beim Sturz wirkt der Fangstoß gleichermaßen auf Wirbelsäule und Brustkorb. Weiter ist der Kletterer in der Atmung behindert, da das Seil, an dem er hängt, den Brustkorb zusammendrückt. Die Brust- und Rückenmuskulatur – die aus ebenso wichtigen Zugmuskeln besteht wie die Muskulatur der Arme – ist durch das Seil abgeschnürt und nur bedingt einsatzfähig, und schließlich besteht, wenn der Kletterer sehr gelenkig ist – das ist besonders bei Frauen oft der Fall – die Gefahr, daß er aus der ganzen Anseilschlinge herausrutscht, und zwar selbst dann, wenn er – obwohl dies wenig angenehm ist – die Schlinge ganz fest zugezogen hat.

Ich habe viele Bergsteiger befragt, auch Führer und Bergrettungsleute, und es scheint, daß, zumindest im Montblanc-Gebiet, nie ein Absturz bekannt geworden ist, bei dem der Bergsteiger kopfabwärts aufgeschlagen

ist. Was nicht sagen will, daß es überhaupt keine Stürze kopfabwärts gegeben hat, denn der Sturz kann ja schon in dieser Stellung begonnen haben.
Vielleicht ist das in den Ostalpen anders. Denn das Anseilen an der Brust wird vom Deutschen und Österreichischen Alpenverein empfohlen. Das kommt wohl daher, daß die Wände im Kalk der Ostalpen im allgemeinen steiler sind als in den Westalpen. Ich für meinen Teil bin, wenn man schon keinen Klettergürtel nimmt, für das Anseilen an oder wenig über der Taille, kann mich zumindest mit dem Anseilen unter den Achselhöhlen nicht befreunden.
Für das künstliche Klettern gibt es, wenn man keinen Klettergürtel hat, eine relativ bequeme Anseilart. Man legt die beiden Seile nicht einfach um die Taille, sondern zieht sie durch die – gegebenenfalls verbreiterten oder verstärkten – Gürtelschlaufen am Hosenbund. Einerseits gibt der Stoff der Hose einen gewissen Schutz, andererseits sitzt der Kletterer, sozusagen von ihr getragen, in seiner Hose, sobald er über den Haken Zug bekommt. Mit diesem System kletterten wir schon vor dreißig Jahren in den Calanques.

**Anseilknoten**

- Der **Bulinknoten** Ob man einen Klettergürtel hat oder sich direkt mit dem Kletterseil anseilt, der Bulinknoten scheint in beiden Fällen am besten geeignet zu sein. (Im ersteren Fall macht man in das Kletterseil eine kleine Schlinge, die durch die zwei Schlaufen des Klettergürtels führt und im letzteren Fall eine große Schlinge um den Körper).
  Man kann den Bulinknoten als einfachen, doppelten oder dreifachen Knoten machen; er ist sehr zuverlässig und läßt sich sehr leicht lösen, selbst nach starker Belastung. Er muß zuvor ganz festgezogen und mit einem einfachen Knoten blockiert werden, damit er sich nicht lockern kann (was bei manchen Synthetikseilen sonst vorkommt).
- Der **Sackstich** ist leicht und schnell zu knoten. Er ist aber nicht zu empfehlen, weil er nach starker Belastung schwer zu lösen ist.
- Der **Heuknoten** (Achterknoten) ist leichter zu lösen und daher auch für Steigschlingen zu empfehlen.
- Mit der **Spierenstichschlinge** kann man sich an den Seilenden anseilen, nicht jedoch an der Seilmitte, weil sie bei Zug von beiden Seiten sich zusammenzieht.
- Der **Führerknoten.**
- Der **Sitzschlingenknoten** mit einer oder zwei Schlingen.

**Sicherungsknoten**

(die verhindern sollen, daß sich das Seil über einen bestimmten Punkt hinwegziehen läßt, z. B. um die Sprossen einer Trittleiter zu blockieren, oder zum provisorischen Blockieren eines Seilendes, das sich aufspleißt) als
- Halbknoten,
- Achterknoten (Heuknoten)
- Henkerknoten (mit einer gewissen Anzahl von Wicklungen),
- Kapuzinerknoten (mit einer ungeraden Zahl von Zügen).

**Verbindungsknoten** für zwei Seile mit gleichem Durchmesser:
- Sackstich, schwierig zu lösen,
- Achterknoten,
- Spierenstich, ausgezeichnet für diesen Zweck,

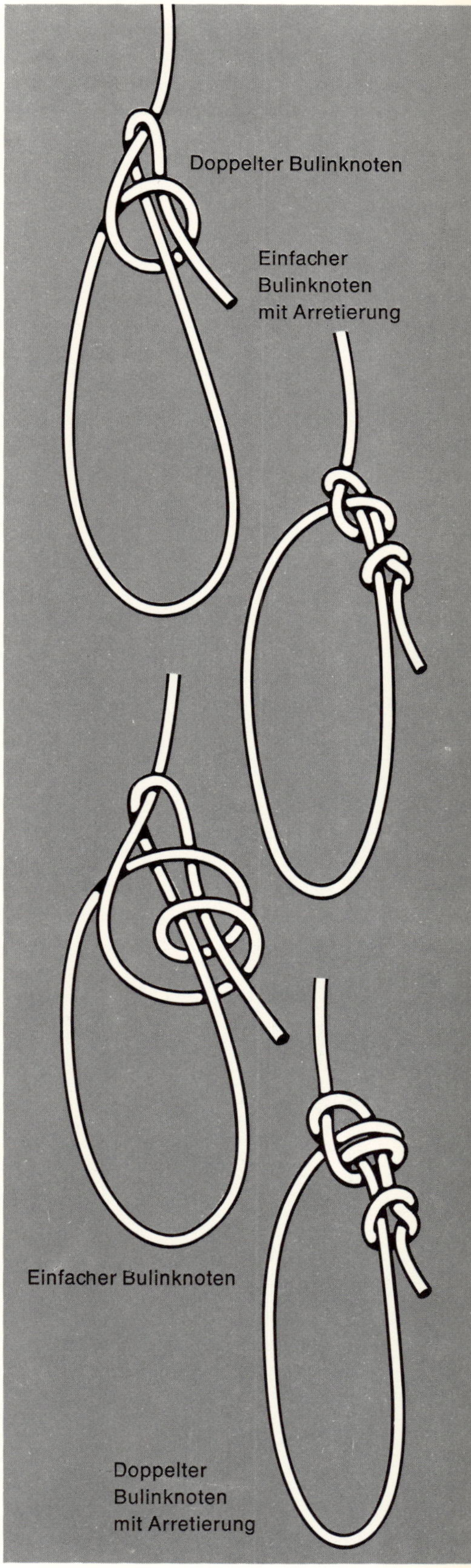

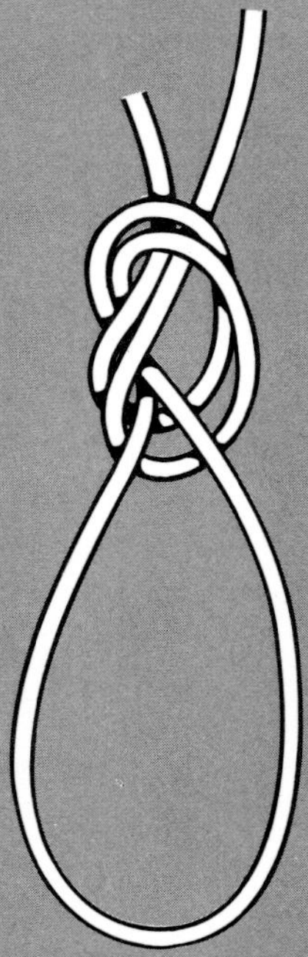
Sackstich

Achterknoten

Spierenstich im Seilende

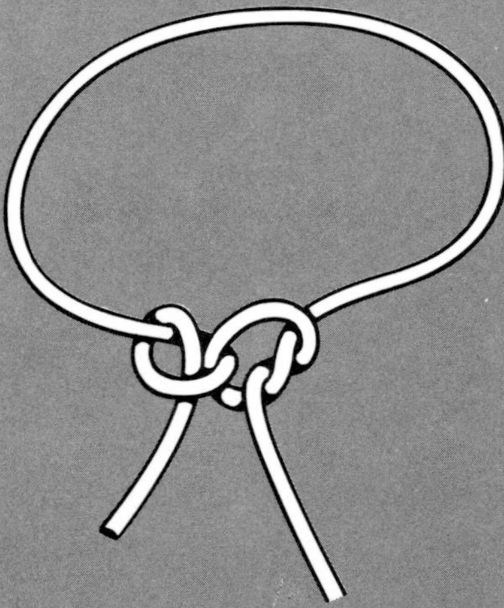
Führerknoten

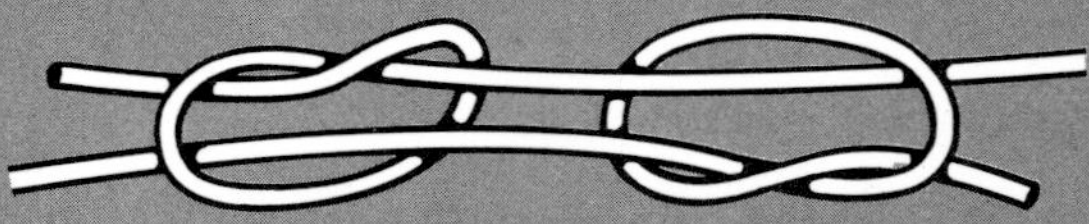
Spierenstich zur Verbindung zweier Seile

»Unechter« Weberknoten

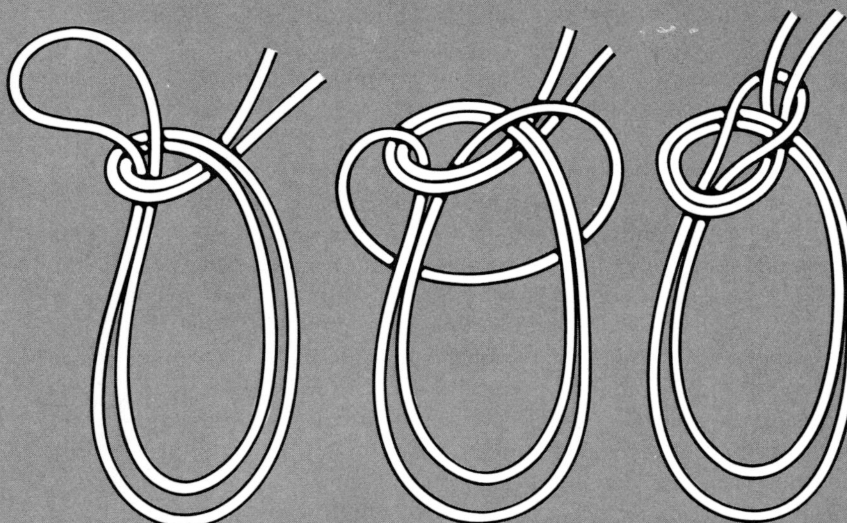
Binden einer Sitzschlinge

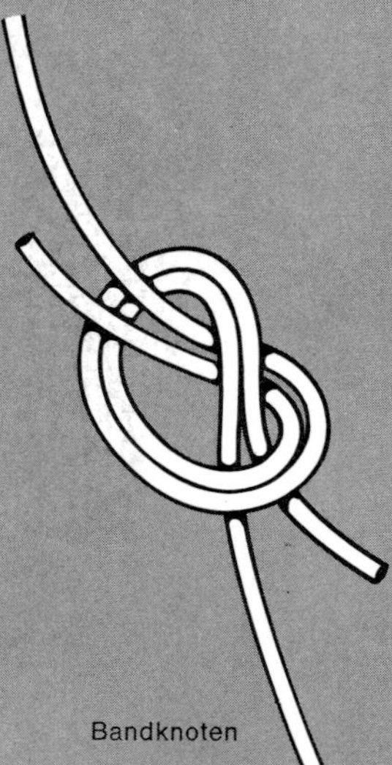
Bandknoten

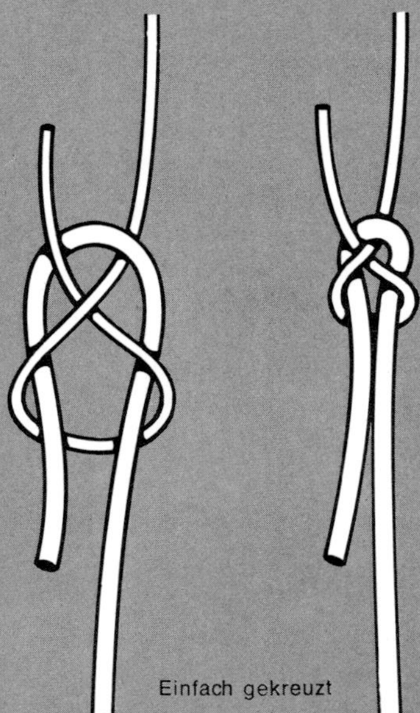
Einfach gekreuzt

Echter Weberknoten

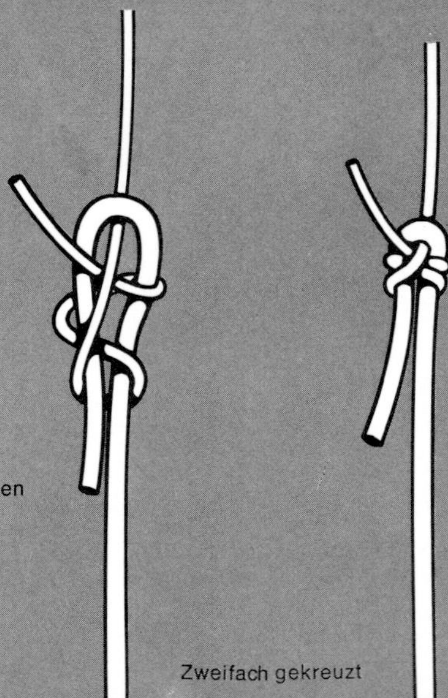
Zweifach gekreuzt

– Weberknoten, der da brauchbar ist, wo das Seil auf einer Fläche aufliegt und nicht frei in der Luft hängt. Um es richtig zu machen, muß man darauf achten, daß die Seilenden nebeneinander liegen. Das ist sehr wichtig, sonst hat man einen gewöhnlichen Doppelknoten, der nicht hält.

Verbindungsknoten für Seile verschiedenen Durchmessers: der echte Weberknoten (einfach oder zweifach gekreuzt wie auf der Abbildung):

**Klemmknoten** Diese Knoten sind, insbesondere bei einem Sturz, sowohl für den Gestürzten als auch für den Sichernden sehr nützlich. Beim Abseilen dienen sie zur Selbstsicherung.

**Prusikknoten** Das war der erste dieser Art und ist immer noch der einfachste. Je größer der Dickenunterschied zwischen Reepschnur und Seil ist, um so besser hält er; die Reepschnur kann 4-, 6- oder 8mal um das Seil laufen. Man wickelt von außen nach innen und immer parallel.

**Alpenvereinsknoten** = gesteckter Prusikknoten (ebenfalls eine Erfindung von Dr. Prusik) ist auch mit zwei Seilen gleichen Durchmessers möglich, geht aber – einmal festgezogen – viel schwerer auf als der Prusikknoten.

**Karabinerklemmknoten** Man zieht eine Reepschnurschlinge durch einen parallel zum Seil gehaltenen Karabiner und umwickelt von unten nach oben Seil und geschlossene Seite des Karabiners in dessen ganzer Höhe. Das Ende der Schlinge wird dann in den Karabiner eingehängt. Der Vorteil dieses Klemmknotens ist, daß er leicht zu verschieben ist und man den Karabiner als Handgriff benutzen kann.

**Kreuzklemmknoten** Eine Reepschnur von ca. 1,20 m Länge und 8 bis 9 mm Durchmesser doppelt spiralförmig dreimal um das Seil wickeln und mit einfachem Knoten schließen. Dann entweder die untere durch den Knoten geschlossene Schlaufe durch die andere (obere) Schlaufe führen oder die beiden Schlaufen durch einen Karabiner verbinden.

**Mastwurf** Er ist für die Selbstsicherung am Stand praktischer als Sackstich oder Achterknoten und ist auch für Seilgeländer nützlich. Der Mastwurf kann mit einer Hand geknotet werden. Er kann im Gegensatz zu Sackstich- oder Achterknotenschlinge verlängert oder verkürzt werden, ohne daß man ihn aus dem Karabiner zu nehmen braucht.

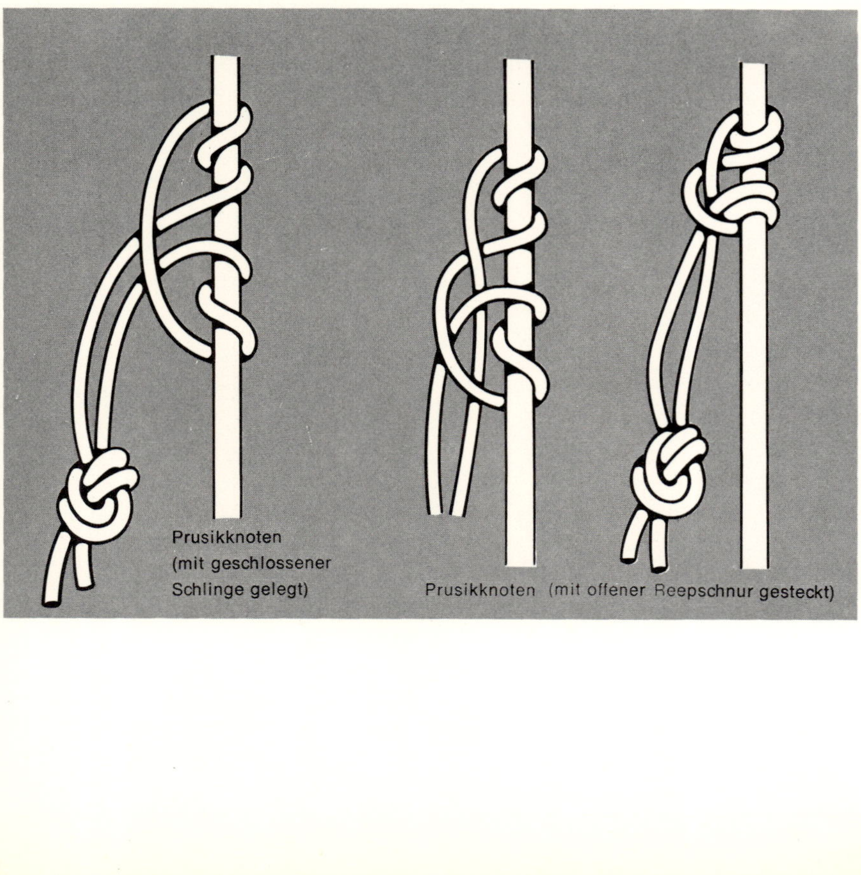
Prusikknoten (mit geschlossener Schlinge gelegt)
Prusikknoten (mit offener Reepschnur gesteckt)

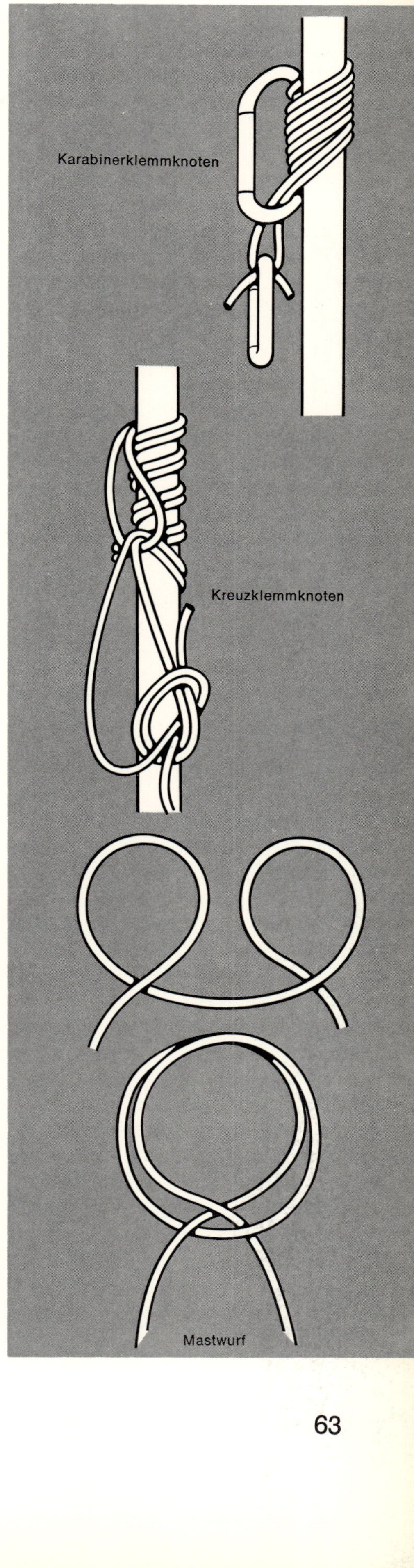
Karabinerklemmknoten
Kreuzklemmknoten
Mastwurf

# Technik und Gleichgewicht

Schnee, Eis und Fels sind eine vielleicht nicht feindselige, aber doch zumindest indifferente Welt. Und doch stellen sich dem Menschen, sobald *er* dieser Welt nicht mehr indifferent gegenübersteht – wozu jeder seine Gründe zu haben die Freiheit besitzt –, interessante Probleme: eine Route zu finden, Bewegungen der Hände und des Körpers aneinanderzureihen, um zu klettern, Seillänge um Seillänge hinter sich zu bringen, den Gipfel zu erreichen. Von diesem Augenblick an werden Schnee, Eis und Fels Gefährten des Menschen, die ihm ständig Fragen stellen, auf die der Bergsteiger antworten muß. Die Bergfahrt ist dauernde Zwiesprache, intensiver Austausch zwischen zwei Partnern. So wird diese Welt brüderlich und Teil von uns selbst. Ein Riß, ein Überhang, eine Eisbarriere... lauter Fragen. Die Antwort gibt eine Technik, die ihre Grundlagen in Liebe, Instinkt und rationaler Überlegung zugleich hat. Aus dieser Technik heraus gibt es Regeln darüber, wie man einen nach innen geneigten und einen nach außen geneigten Griff anpackt, wie man sich auf einer Trittleiter aufrichtet, wie man in steiler Eisflanke und wie man sich an mäßig geneigtem Firnhang der Steigeisen bedient. Doch die Vielzahl der Details, der Körperhaltungen, der Bewegungen wird überlagert von einer allgegenwärtigen und fundamentalen Empfindung. Der nämlich: im Gleichgewicht zu sein, sich darüber klar zu werden, ein Gefühl dafür zu entwickeln.

»Im Gleichgewicht zu sein«, erscheint mir als der grundlegende Begriff, und doch habe ich ihn kaum je zu hören bekommen, als ich noch Führeranwärter war, noch ihn selbst ausgesprochen, als ich andere ausbildete, noch auch in den im übrigen ausgezeichneten Lehrschriften etwas darüber gelesen. Man spricht zwar von Bewegungen, aber man spricht nicht vom Gleichgewicht, das uns in die Lage versetzt, mit Freude und Leichtigkeit zu klettern, selbst beim künstlichen Klettern, das doch als schwierig und anstrengend gilt. Im Gegensatz zu den meisten Sportarten, dem Skilauf etwa, bei denen die Bewegung dynamisch ist, bei denen also die Geschwindigkeit eine wesentliche Rolle spielt, gibt es beim Klettern praktisch weder Beschleunigung noch Schwung, und dadurch ist die Bewegung des Bergsteigers praktisch ein Nacheinander von Gleichgewichtsstellungen.

Dieses Buch ist kein »Buch über den sechsten Grad«. Andere Arbeiten erläutern diese besondere Technik bis in ihre letzten Feinheiten. Doch auch diese Bücher sprechen sonderbarerweise nicht oder nur wenig vom Gleichgewicht, das dem, der es sich richtig zunutze macht, nutzlosen Kraftaufwand erspart. Ich kenne »Sestogradisten«, die den Gleichgewichtssinn so in sich hatten, daß es eine Lust war, ihnen beim Klettern zuzusehen. Alles schien bei ihnen leicht. Gino Soldà gehörte zu ihnen. Bei anderen sah man, daß sie diesen Sinn mühsam erworben hatten. Sie kamen auch zurecht, aber weniger elegant, ihre Bewegungen waren abgehackt und ruckartig. Andere wieder haben den Gleichgewichtssinn trotz jahrelanger Übung nie erworben. Es ist übrigens interessant, daß Kalkkletterer diesen Sinn fast immer haben, während er bei Granitkletterern relativ selten ist. Ich kannte einen großen Alpinisten, dem ganz bedeutende Touren gelungen waren, aber immer mit

Sobald eine Wand sich auch nur ein wenig zurücklegt, tut man gu daran, die Hände vom Fels zu lösen und sich dabei daran zu erinnern, daß man in der Hauptsache auf den Füßen steht und die Hände nur eine Hilfsfunktion haben.

Man muß so oft wie möglich so klettern, als stiege man eine Leiter hinauf.
Beim freien Klettern gibt es zwei Phasen: in der ersten Phase löst sich der Kletterer vom Fels, um die Griffe über dem Kopf und die Tritte in Höhe des Knies und der Taille gut zu sehen und den Bewegungsablauf richtig einzuleiten,
in der zweiten Phase, während des eigentlichen Kletterns, hält er sich wieder näher am Fels.

großer Mühe und erheblichem Kraftaufwand. Er beherrschte die Technik souverän, aber er kletterte schlecht. Vielleicht hatte ihm nie jemand etwas vom Gleichgewicht gesagt, noch hatte er die anderen beobachtet und sich veranlaßt gesehen, sich selbst zu prüfen. So erweckte er einen falschen Eindruck von kraftvoller Beherrschung der Situation, der ihn mehr als einmal bis haarscharf an die Sturzgrenze brachte. Und im Kalk, der sowieso nicht sein Element war, war er wie ein im Netz gefangener Vogel.
Natürlich gibt es bei allen Problemen, und so auch bei Felswänden und Eisflanken mehrere Möglichkeiten, sie anzugehen. Selbst wenn man für die gleiche Passage die im Prinzip gleiche Technik anwendet – und nur in diesem Fall ist ein Vergleich möglich –, gibt es zwei Möglichkeiten der Fortbewegung, die sich aber nur durch eine – allerdings wesentliche – Kleinigkeit unterscheiden: ob der Körper sich lotrecht auf den Beinen befindet oder nicht und ob im Augenblick des Überkippens des Knies das Bein belastet ist oder nicht.
Natürlich gibt es »Kraftpassagen« wie überhängende Risse oder gewisse Piazstellen, in denen das ganze Körpergewicht nach außen hängt. Aber selbst in Passagen dieser Art kann die Abfolge der Bewegungen je nach ihrer Koordination und ihrem »Takt« hart und ruckartig oder weich und fließend sein.

Man muß sich die banale Tatsache vor Augen halten, daß Klettern nichts anderes bedeutet, als seinen Körper nach oben zu bringen (und dann wieder hinunter).
Das beste Mittel, hierbei die Schwere zu überwinden (einen Gipfel sicher und mit Genuß zu erreichen, ohne daß die Anstrengung Sicherheit oder Genuß beeinträchtigt), besteht darin, das Körpergewicht so oft wie möglich von den Beinen und den Füßen tragen zu lassen und Arme und Hände nur einzusetzen, um den Oberkörper senkrecht zu halten, damit er vom Becken und letztlich von den Füßen getragen wird.
Der Feuerwehrmann, der auf die große Leiter steigt, hängt, auch wenn diese fast senkrecht steht, nicht mit den Händen an einer Sprosse, sondern er geht, aufrecht auf den Beinen stehend, von Sprosse zu Sprosse.
Eine senkrechte Stange steht mit ihrem ganzen Gewicht auf dem Boden. Es genügt oben eine ganz geringe Kraft, um sie in der Senkrechten zu halten. Ist sie aber geneigt, so reichen zwei Finger nicht mehr dazu aus, man muß dann schon einige Kraft aufwenden.
Wenn man von »Klettern« spricht, erweckt man die Vorstellung von einem sich an den Fels klammernden oder sogar daran hängenden Wesen. Es wäre aber besser und richtiger, sich unter diesem Begriff ein *Gehen* auf mehr oder weniger geneigtem Gelände vorzustellen, dessen Neigung bis zur Senkrechten gehen kann. Man geht auf ebenem Gelände, geht aber auch auf ansteigendem, etwa auf einer Treppe.
Auch eine Felswand ist eine Treppe, und eine solche kann man, auch wenn sie steil ist, sehr gut begehen. Steilheit bedeutet hier, daß die Stufen sehr wenig tief sind. Dank der steifen Sohlen der heutigen Bergschuhe mit Metalleinlage genügt es, die Fußspitzen aufzusetzen, um ohne großen Zug der Arme sicher zu stehen.
Der Kletterer kann dann durch das »Vornüberkippen« des Knies beim nächsten Schritt an Höhe gewinnen. Dies »Vornüberkippen« ist eine Grundform der Kletterbewegung, die der Kletterer erlernen und vor allem ihm bewußt machen muß, und die es ihm ermöglicht, ohne wesentliche Unterstützung durch die Hände sich auf dem höheren Tritt aufzurichten.
Erst wenn die Stufen der Treppe nur noch wenig tief sind oder wenn die senkrechten Teile überhängen (und die Stufen gleich geblieben sind) und sich so die allgemeine Neigung der Treppe der Senkrechten nähert (oder sie sogar überschreitet), braucht der Kletterer die Hände. Auch hier nicht, um sich an ihnen hochzuziehen, sondern nur, um den leicht nach außen geneigten Körper im Gleichgewicht zu halten und auch dabei das Körpergewicht so weit wie möglich auf Beinen und Füßen ruhen zu lassen. Er wird dann merken, daß er um so fester steht, je mehr er das Gewicht auf die Füße legt, und zwar um so mehr, je kleiner die Tritte sind.
Hier handelt es sich aber um Situationen, die doch verhältnismäßig selten vorkommen, denn in den Alpen gibt es zwar viele steile Wände, aber wenige sind, zumindest in den Westalpen, wirklich senkrecht oder überhängend, haben also eine Neigung von mehr als 90°.
Natürlich ist der Neuling selbst bei nicht senkrechten Wänden geneigt, in erster Linie die Griffe zu benutzen. Schnell klammert er sich an die Griffe, hängt sich an sie, statt sich nur daran festzuhalten. Dabei ermüdet er, wird unsicher und ist schließlich wie gelähmt. Er hängt krampfhaft, wie an einem Rettungsring, und das an Stellen, wo er aufrecht stehen könnte, wenn er in vollem Gleichgewicht sich zunächst die Griffe angesehen und sich daran erinnert hätte, daß Klettern nichts anderes ist als ein Gehen, bei dem man die Beine höher hebt als normal.

Etwas vereinfacht und schematisiert, kann man folgende Phasen unterscheiden:

- Der Kletterer steht, schaut, löst sich sogar vom Fels, um die nächsthöheren Griffe und Tritte beobachten zu können.
  Das Körpergewicht ruht vollkommen auf den in gleicher Höhe stehenden Füßen mit Ausnahme des Augenblicks, in dem der Kletterer sich vom Fels löst, um die nächsten Griffe und Tritte zu suchen. Während er dabei seinen Körper etwas zurücklehnt, übt er leichten Zug mit den Armen aus, um zu vermeiden, daß er rücklings hinunterfällt.
  Der Kletterer hat sich umgesehen. Er setzt ein Bein auf den ausgewählten nächsthöheren Tritt (eventuell greift er auch mit einer Hand höher).

Für die nächste Phase bestehen zwei Möglichkeiten, das Körpergewicht zu verlagern und sich auf dem oberen Fuß aufzurichten:

- Zug der Arme: Die Arme ziehen den Körper hoch, sie übernehmen fast das ganze Gewicht des Körpers bis zu dem Augenblick, in welchem es auf das obere Bein »abgesetzt« wird. Oberschenkel und Bein haben bei ihrer Bewegung nichts anderes getan, als dem Zug der Arme zu folgen,
- sich in zwei Phasen auf dem oberen Fuß aufzurichten,
- Verlagern des Gewichts vom unteren Standbein auf das obere Bein, während das obere Bein noch gebeugt ist. Dies geschieht durch »Vornüberkippen« des Knies, und zwar direkt nach vorn, wenn die Wand nicht zu steil ist und Platz dafür läßt oder seitlich, wenn für die Bewegung nach vorn der Platz nicht da ist. Im Augenblick des »Vornüberkippens« des Knies spürt der Bergsteiger sehr genau, daß er nun sein Gewicht vom unteren Standbein auf das obere Bein verlagert hat. Sein ganzes Gewicht ruht nun auf dem oberen Bein, das aber noch gebeugt ist.
- In der zweiten Phase richtet der Kletterer sich durch Strecken des oberen Beines auf diesem Bein auf.
  In diesen beiden Phasen haben die Arme die Bewegungen des »Vornüberkippens« und »Sichaufrichtens« nur begleitet und geführt.
  Im ersten der beiden Grundfälle haben die Arme, im letzten die Beine die Hauptanstrengung übernommen.

Wenn man von einem Anfänger sagen hört, er mache schnelle Fortschritte, sei überhaupt für das Klettern begabt, so liegt das in neun von zehn Fällen nicht daran, daß er besonders kräftig, sondern daran, daß sein Gleichgewichtssinn gut ausgeprägt ist. Instinktmäßig weiß er, wie er stehen, wie er sein Körpergewicht verteilen muß. Hier gibt es keine andere Möglichkeit: Die Muskelkraft des menschlichen Körpers liegt in den Beinen. Die Arme haben nur Hilfsfunktion. Auch der Reckturner kann nicht hundert Klimmzüge nacheinander machen, schon gar nicht in großer Höhe und mit einem Rucksack auf dem Rücken. Ebenso wird auch der tüchtigste Turner sich nicht 300 oder 400 Meter am freihängenden Seil hinaufhangeln können.
So hat der Mensch Möglichkeiten und Grenzen in jeder Sportart.
Für den Bergsteiger bedeutet das:

- mit den Beinen klettern,
- mit der Kraft der Arme haushalten.

Denn es gibt natürlich, besonders im Granit, Kletterstellen, die trotz Gleichgewichtssinn und Beherrschung der Technik erhebliche Kraft in Armen und Fingern erfordern. Wenn Arme und Finger noch frisch sind, geht es dabei schnell und gut. Andernfalls plagt man sich und riskiert etwas.

Querung in der Tofana-Südwand. Quergänge sind typisch für Freikletterei im Kalk. Sie sind nicht unbedingt sehr schwierig, aber immer sehr luftig.

# Felstechnik

Die Felstechnik umfaßt zwei Bereiche:

– das freie Klettern, bei dem der Bergsteiger den Fels so anpackt, wie er sich in seinen verschiedenen Formen anbietet: Platten, Griffe, Kamine,
– das künstliche Klettern, bei dem der Kletterer mangels natürlicher Griffe und Tritte sich eingeschlagener Haken zur Fortbewegung bedient sowie auch Seilwurf oder Seilbrücken zum Weiterkommen nutzt.

## Freies Klettern

Man unterscheidet, je nach Felsformation, das Wandklettern, bei dem sich der Kletterer an der Außenseite einer Wand bewegt und das Riß- und Kaminklettern, bei dem der Kletterer Risse verschiedenster Dimension, die die Wand durchziehen, zu seiner Fortbewegung nutzt. In engen Rissen bewegt sich der Kletterer mittels Klemmtechnik und Verkeilens von Füßen, Händen oder Armen. Der Körper bleibt außerhalb. Risse, die so breit sind, daß der ganze Körper darin Platz findet, nennt man Kamine. Der Kletterer überwindet sie mittels einer besonderen »Kamintechnik«.

### Wandklettern

In der Technik des Wandkletterns ersteigt man Platten und Kanten oder macht Quergänge auf Bändern oder Leisten. Man stemmt sich, dem Instinkt folgend wie ein Kind, hinauf oder bedient sich einer verfeinerten, mehr verstandesorientierten Technik der Reibungskletterei und der Spreiztechnik.

**Benutzen von Griffen und Tritten** Man wählt Griffe und Tritte nach Festigkeit, Anordnung und Größe und belastet sie immer rechtwinklig zu ihrer Ebene. Man darf nie versuchen, einen Griff durch Springen zu erreichen.

**Körperhaltung** Der Bergsteiger klettert, als stiege er eine Leiter hinauf. Der Körper bleibt senkrecht, der Schwerpunkt genau oberhalb der Füße. Nicht beide Hände gleichzeitig nach oben ausstrecken, sondern sie in Gesichtshöhe lassen. Genauer, immer wie auf einer Leiter eine Hand nach oben führen, während die andere unten bleibt. Das Körpergewicht wird entsprechend von einem auf den anderen Fuß übertragen.

Anfänger erleben es häufig, daß sie nach wenigen Metern nicht vor noch zurückkönnen, weil sie mit ausgestreckten Armen an der Wand kleben. Der Anfänger greift gerne nach den höchsten Griffen, weil er glaubt, diese seien besser.

Stellen wir uns einen Augenblick eine an eine Mauer gelehnte Leiter vor, deren Neigung etwa 70° beträge.

Ein Bergsteiger steht auf dieser Leiter. Wenn er – statt eine Hand in Höhe des Gesichts und die andere wenig höher zu haben – mit ausgestreckten Armen die Sprossen hoch oben packt, sich an sie klammert und sich an die Hände

Es gibt ein anderes und wichtigeres Gleichgewicht als das körperliche: das seelische Gleichgewicht. Hier liegt der Schlüssel zu allen bergsteigerischen Leistungen, von den allerersten Anfängen bis hin zu den ganz großen Touren.

1

2

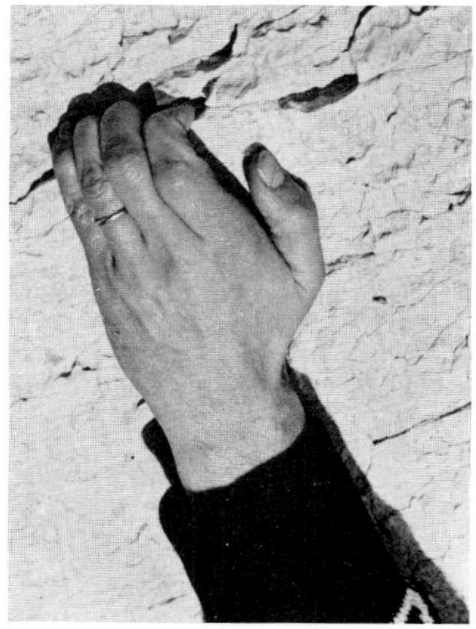
3

Je nach Beschaffenheit des Gesteins packt man die Griffe anders an. Im Kalk, wo die Griffe oft unregelmäßig sind, passen sich die Finger deren Formen an. Die Fingerglieder sind gewölbt (1), stark abgewinkelt (2), wie ein Haken geformt (3). Im Granit benützt man vor allem Risse (4), faßt freistehende Platten zangenartig (5) oder im Gegenzug mit einer (6) oder zwei (7) Händen, wenn man in Piaz-Technik klettert.

4

5

hängt, dann hat er uns genau diese sowohl physisch als auch psychisch aufreibende Situation des am Fels klebenden Anfängers demonstriert. Ein Kletterer wird unruhig, wenn er nicht weiter kann, er ist wie gelähmt. Der Anfänger klammert sich dann noch mehr an seine Griffe. Je weniger er seine Füße belastet, desto weniger sicher ist der Halt.

Der Halt ist um so besser, je stärker die Reibung der Füße am Fels ist. Diese aber ist abhängig vom Gewicht, das auf ihnen lastet. Je mehr man sich mit den Füßen abstützt, um so sicherer steht man.

Will man dem Anfänger wieder sicheren Halt verschaffen, dann genügt es nicht, ihm zuzurufen »Abstand von der Wand«, sondern man muß ihn dazu bringen, mit den Händen niedriger zu greifen. Dann klebt er plötzlich nicht mehr am Fels, steht wieder auf den Füßen, kann mit den Beinen steigen, die Folge der Bewegungen in den Passagen weiter oben überlegen und weiterklettern.

Wenn man den Körper senkrecht hält und so Abstand vom Fels hat, ist man in der Lage, den Fels, die Griffe und deren Folge zu sehen und zu beurteilen.

Wenn man einen Berg besteigen und die Möglichkeiten hierfür erkunden will, so geht man nicht zum Fuß der Wand, nicht bis auf zwei Meter an den Fels heran, denn dann würde man von der Führe nur fünf bis sechs Meter sehen. Zunächst tritt man zurück. So hatte einst Saussure, bevor er den Montblanc anging, den Brevent bestiegen, um von dort den Montblanc zu studieren. Das gleiche gilt bei jeder Kletterstelle, ja bei jeder Bewegung. Je weiter das Gesicht vom Fels entfernt ist, um so besser sieht der Kletterer Griffe und Tritte.

Auch ist man nur so in der Lage, den Fuß auf den nächsthöheren Tritt zu setzen, denn dazu muß man das Knie zwischen Wand und Körper bringen. In steileren Wänden wird sich der erfahrene Kletterer näher am Fels halten, denn größerer Abstand würde mehr Zug mit den Armen verlangen. Er wird versuchen, seinen Körper senkrecht zu halten, damit sein Körpergewicht möglichst weitgehend von den Beinen getragen wird.

Es gibt beim Klettern, das gilt ganz allgemein, zwei Phasen:

– Eine Phase, in der der Kletterer Abstand von der Wand hält; einmal, um die Griffe über seinem Kopf und die Tritte in Höhe von Knie und Taille besser zu sehen und zum anderen, um durch Anheben des Knies die Bewegung auf den nächsten Tritt einzuleiten.
– Eine Phase, in welcher er sich dem Fels nähert, wenn er die eigentliche Kletterbewegung macht, nämlich die Verlagerung des Körpergewichts auf den oberen Fuß durch Vorkippen des Knies und Sichaufrichten auf dem oberen Fuß. Ich wiederhole, daß der Kletterer sich nicht mit den Armen hochziehen darf, sondern sich mit den Füßen hinaufdrücken muß.

8

6

7

Der Zug erfolgt immer rechtwinklig zur Ebene des Griffes (8). Sooft dies möglich ist, stützt man sich auf den Griff, statt an ihm zu ziehen (9).

9

**Reibung** Reibung ist als natürliches Phänomen vorhanden, sobald der Kletterer seinen Fuß auf einen waagerechten Tritt setzt oder seine Hand auf einen solchen Griff stützt. Die Reibung ist zunächst eine Folgeerscheinung der natürlichen Schwere. Wenn der Griff oder Tritt ein wenig nach außen geneigt ist, so bleibt die Reibung erhalten, wenn auch weniger stark. Wenn der Tritt oder Griff aber stark geneigt ist, so muß die Reibung durch gewollten Druck künstlich erzeugt werden, und zwar muß dieser Druck senkrecht auf die Ebene des Trittes einwirken. Je stärker er ist, desto größer ist der durch die Reibung bewirkte Halt. Mit schüchternem, zögerndem Druck

ist nichts erreicht. Im Gegenteil: je schlechter der Tritt und je schlechter somit die natürliche Reibung ist, desto stärkeren Druck muß man ausüben, so, als sei man schwerer als sein Gewicht oder als wolle man den Fuß in den Fels drücken. Die Reibung ist um so einfacher zu erzielen, je rauher der Fels ist. Man bedient sich ihrer insbesondere beim Stemmen mit den Füßen (vor allem seit der Erfindung der Vibramsohlen), die man so flach wie möglich aufsetzt.
Reibungsklettern mit den Händen ist seltener. Es kommt manchmal vor, wenn man runde Griffe auf Zug beansprucht oder sich (mit der Handfläche) auf flache oder runde Griffe stützt. Doch ist Reibungsklettern mit den Händen vor allem im Abstieg und beim Kaminklettern wichtig. Bei letzterem spielt auch die Reibung des Rückens eine Rolle.
**Spreiztechnik** ist eine Methode, durch gleichzeitigen, entgegengesetzten Zug oder Druck von Armen oder Beinen künstlich Reibung zu erzeugen. Auch die »Kamintechnik« ist eine Form der Spreiztechnik.
**Wichtig** ist die Regel von den drei Auflagepunkten. Zwei Füße und eine Hand oder zwei Hände und ein Fuß bleiben unbewegt auf Griffen oder Tritten. Nur jeweils eine Hand oder ein Fuß bewegt sich. Diese Regel ist entscheidend für die Sicherheit, vor allem in zweifelhaftem Fels.
Es gibt auch noch weitere Regeln:
1. Man sollte möglichst nicht mit den Knien klettern, denn das Knie »rollt« auf den Tritten, und außerdem übermittelt es, anders als der Fuß, dem Kletterer keine »Signale« (= Empfindungen, Sinneseindrücke). Derselbe Kletterer hat in derselben Kletterpassage einen ganz anderen Kontakt mit dem Fels, je nach der Dicke der (selbst auf das gleiche Schuhmodell montierten) Sohlen. Übrigens wird das Schwindelgefühl nicht nur durch ein

1

Es ist wichtig, sich über die Sohlenreibung klar zu werden und zu wissen, bis zu welchem Punkt man allein durch Reibung Halt findet (1 und 2).
Dank der Steifigkeit der Sohlen kann man auf kleinsten Tritten stehen (3). Durch Zug mit den Händen und Gegendruck mit den Füßen erzeugt man eine künstliche Reibung (4).

2

3

4

Während das Klettern im Kalk oft heikel und elegant ist, verlangt der Granit mehr athletische Kletterei. Es kommt dabei sehr auf Technik, Entschlossenheit und gezielten Krafteinsatz an.

Phänomen im Gehirn verursacht, sondern ebenso durch Sinnesreizungen an anderen Stellen, insbesondere an den Füßen, von wo sie zum Gehirn übertragen werden.

2. Die Art der Bewegungen variieren, damit sich die verschiedenen Muskeln bei der Arbeit ablösen. Bei Händen und Armen sollte so oft wie möglich Zug mit Druck abwechseln.

3. Lernen, seitlich gegeneinander geneigte Tritte durch Spreiztechnik auszunutzen. Das gibt den Füßen eine gute Standfestigkeit.

4. Nicht zu weit ausgreifen (das gilt für Beine und Arme gleichermaßen). Die Benutzung nah beieinanderliegender Griffe und Tritte verhindert zu weit gespannte Bewegungen, die das Gleichgewicht stören und daher zusätzliche Armkraft verlangen.

5. Nachdem der Kletterer gelernt hat, sich in der Senkrechten zu bewegen, muß er auch lernen, Quergänge zu machen. Quergänge sind sehr wichtig und kommen vor allem im Kalk sehr oft vor. Sie erlauben es, Schwierigkeiten und ungangbare Stellen zu umgehen. Der Kletterer sollte eine gewisse Neugier haben, sollte nicht nur über sich schauen, sondern auch nach rechts und links. Quergänge erfordern einen gewissen Scharfsinn, nicht nur, was das Finden der Routenführung angeht, sondern auch hinsichtlich der Kletterbewegung selbst. Sie erfordern selten physische Kraft, sind vielmehr meist eine Aneinanderreihung von Gleichgewichtspositionen. Sie geben dem Kletterer oft einen starken Eindruck luftiger Ausgesetztheit, der beim vertikalen Klettern weit seltener ist. Mehr noch, die Quergänge zeigen dem Kletterer die Wichtigkeit und Notwendigkeit des Gleichgewichts-

Die Technik der Riß- und Kaminkletterei ist weniger instinktiv und natürlicher als die der Wandkletterei. Wer sie schlecht beherrscht, plagt sich unnötig und vergeblich. Es ist wichtig, sich die Mechanik des Bewegungsablaufes klarzumachen und danach zu handeln: wie und weshalb man Halt findet.
Der Klarheit wegen ist im folgenden die Technik in jeder Art von Riß und Kamin zunächst an völlig glatten Holzwänden demonstriert und danach in der Anwendung im Fels, wo der Kletterer sich zusätzliche kleinste Griffe zunutze macht.
Hier Klemmtechnik im Riß.

sinnes. Denn bei jedem seitlichen Schritt tritt ein Kippeffekt auf, bei dem oft ein Bein das Hinüberbeugen des Oberkörpers ausbalanciert, wenn der Kletterer nach einem weit entfernten Griff langt. Die häufigste Bewegung aber ist das Übertreten mit den Füßen (wie beim Schlittschuhlaufen).
Dies ist besser als der Fußwechsel auf einem Tritt, der ein wenig elegantes und wenig sicheres Springen erfordert.
Man kann aber auch mit den Händen über Kreuz greifen, tut das aber wegen des damit verbundenen Dreheffekts nur, wenn ein Handwechsel auf demselben Griff nicht möglich ist. In ansteigenden Quergängen kommt es auch vor, daß der Fuß in den soeben mit der Hand benutzten Griff wechselt. Außerdem gibt es bei Quergängen viele Bewegungskombinationen, die auf Gegendruck oder -zug beruhen, entweder zwischen rechter und linker Hand oder zwischen beiden Füßen oder zwischen Hand und Fuß. Am gebräuchlichsten ist die Kombination Zug mit den Händen längs eines horizontalen Risses (als Untergriff) und Druck mit den Füßen auf die Platte darunter.
Oft findet der Fuß bei Quergängen, wie beim Klettern in der Senkrechten, unter einem Überhang Halt, etwa in einer Aushöhlung oder unter einer waagerechten Felskante. Der Fels oberhalb bildet dann eine Ausbauchung, die den Körper nach außen drückt.
Wenn man den Fuß tief in den Tritt setzt, drückt diese Ausbauchung die Beine nach hinten, und das Kniegelenk drückt das Gesäß des Kletterers noch mehr nach außen. Durch die Ausgleichsbewegung mit dem Oberkörper kommt dieser dicht an den Felsen. Von den Nachteilen einer solchen Stellung haben wir schon gesprochen. Die Spannung in den Armen lähmt die nachfolgenden Bewegungen.
Wenn dagegen die Fußspitzen auf dem Rand der Aushöhlung stehen, haben die Knöchelgelenke Platz genug, die Unterschenkel leicht nach vorne zu biegen. Dann können sich sogar die Knie an den Fels anlehnen und eventuell als Stütze dienen. Das Gesäß befindet sich dann genau oberhalb der Füße, die Ausgleichsbewegung mit dem Oberkörper ist gering, und die Arme werden zum Halten des Gleichgewichts wenig beansprucht.
Klimmzüge sollte man tunlichst vermeiden. Wenn sie unvermeidlich sind, sie so schnell ausführen, wie es nur geht, damit die Arme möglichst kurz beansprucht werden. Der Zug der Arme sollte durch Druck mit den Beinen begleitet werden.
Ein Klimmzug sollte tunlichst zu einem Aufschwung weiterentwickelt werden, bei dem man dann einen Fuß bis in die Höhe der Hand bringt, auf den man dann durch Vorwärtskippen des Knies sein Körpergewicht verlagert. Man sollte sich nicht damit zufrieden geben, das Knie aufzusetzen, denn diese Stellung ist unsicher und bringt den Körper oft außer Gleichgewicht.

## Riß- und Kaminklettern

Das Riß- und Kaminklettern ist technisch schwieriger und weniger natürlich als das Wandklettern. Wer es schlecht beherrscht, plagt sich unnötig und vergeblich. Es ist wichtig, sich die Mechanik des Bewegungsablaufs klarzumachen und danach zu handeln, sonst »arbeitet man sich auf«. Das Kaminklettern ist fast immer Kombination von Reibung und Gegendruck. Risse erklettert man, indem man sich durch Verklemmen der Hände und Füße Halt verschafft. Man kann auch die Griffe benutzen, die sich an den Wänden der Risse befinden und so Riß- und Wandkletterei kombinieren.

Der Spreizschritt an der Grande Candelle im Kalk der Calanques.

**Klemmtechnik** Man benutzt eine Verengung des Risses, um darin Fuß oder Bein zu plazieren. Sobald man den Fuß belastet oder mit der Hand »auf Zug geht«, tritt der Klemmeffekt automatisch ein. Man sollte vermeiden, Knie oder Ellenbogen zu verklemmen. Das tut sehr weh, und vor allem ist es mitunter schwierig, wieder freizukommen.

**Verkeilen** von Arm, Hand, Finger, Bein oder Fuß beruht auf dem Prinzip des Hebelarms, der gebildet wird etwa zwischen Hand und Ellenbogen (sehr breiter Riß) oder zwischen Fingern und Handrücken (enger Riß), so als wenn man die beiden Wände des Risses auseinanderdrücken wollte.

**Piaz-Technik** ist eine Methode, die Druck mit den Füßen und Zug mit den Händen kombiniert. Man drückt mit den Füßen stark auf die Felsplatte, während man mit den Fingern stark an der Kante des Risses zieht, so als wolle man den Riß weiter aufreißen.

**Verschneidungen** sind ein Mittelding zwischen Wand und Riß: Zwei Platten stehen rechtwinklig zueinander. Man erklettert sie dementsprechend mit der kombinierten Wand- und Rißkamintechnik, wobei es besonders auf das Spreizen ankommt.

**Nach außen geöffnete Rißkamine** Die dem Inneren zugewandte Körperseite arbeitet mit der Klemmtechnik, die andere mit der Kamintechnik.

**Kamine** sind tiefe und breite Risse im Fels, in denen sich der Kletterer in »Kamintechnik« hocharbeitet, als wolle er die beiden Kaminwände auseinanderdrücken.

Je nach der Weite des Kamins gibt es verschiedene Techniken:

- sehr enger Kamin: Gegendruck Knie – Füße
- enger Kamin: Gegendruck Rücken – Knie
- mittelbreiter Kamin: Gegendruck Fuß – Rücken
- breiter Kamin: Gegendruck Füße – Rücken
- sehr breiter Kamin: Gegendruck rechte Hand – rechter Fuß auf der einen, linke Hand – linker Fuß auf der anderen Seite.

Kaminkletterei im vulkanischen Fels des Hoggar, in der direkten Westwand des Tezoulaig.

1

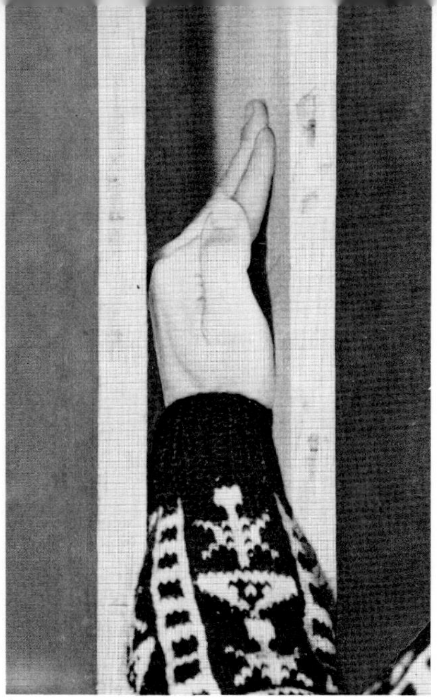

2

Klemmtechnik durch Gegendruck entweder zwischen Fingern und Handrücken (1–2) oder durch Hand und Ellenbogen (3–4).

3

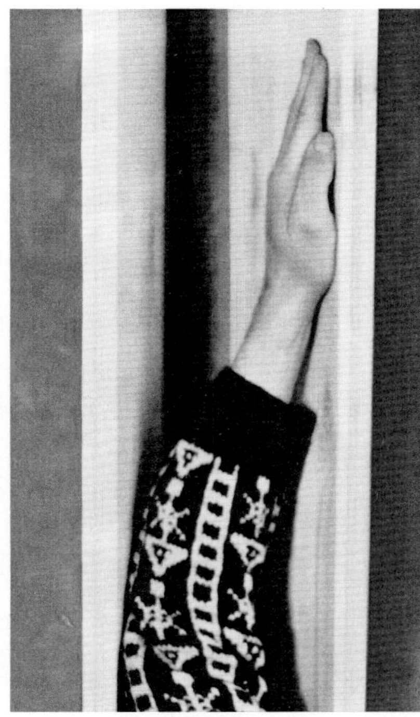

4

Gegenzug beider Hände, so als wollte man die Felsrippen auseinanderreißen (5–6).

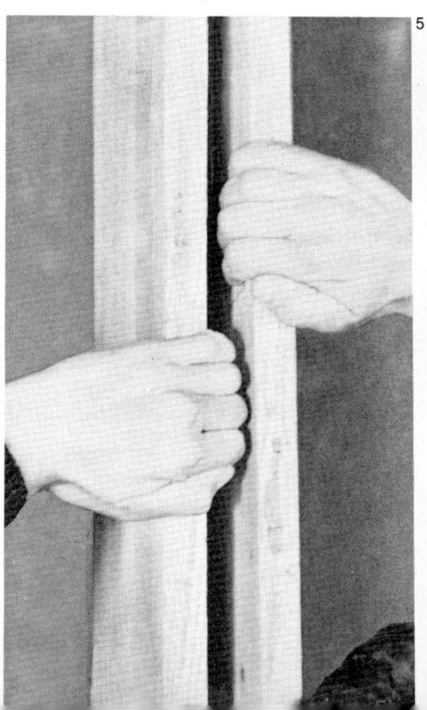

5

6

Klemmtechnik mit zwei Händen: Jede Hand ist in sich verdreht und übt gleichzeitig Gegendruck zwischen Fingern und Handrücken aus (7–8).

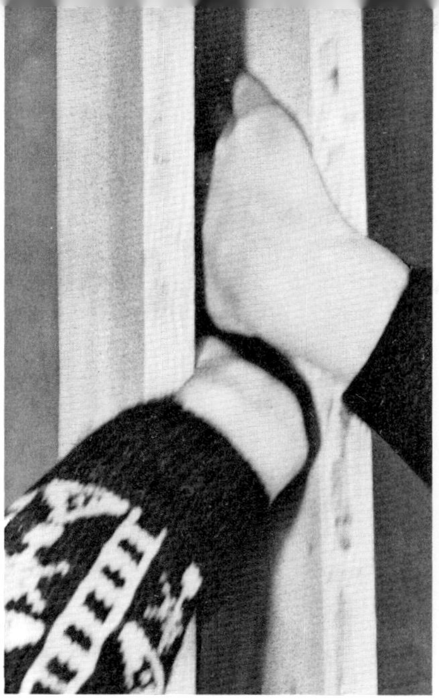

7

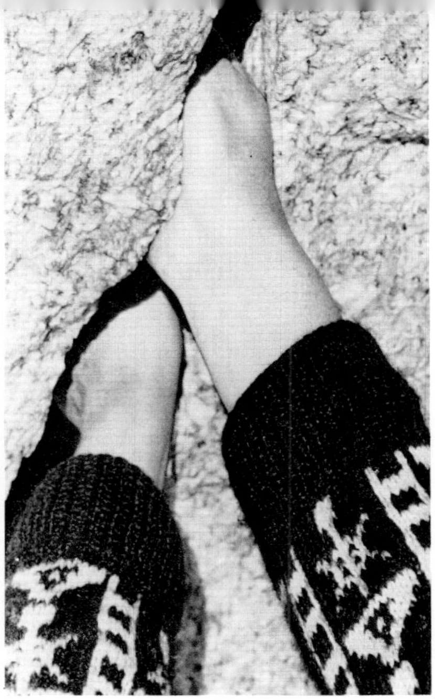

8

9

10

Gegendruck zwischen Daumen und übrigen Fingern (9–10). Verkeilen der Faust (11).

11

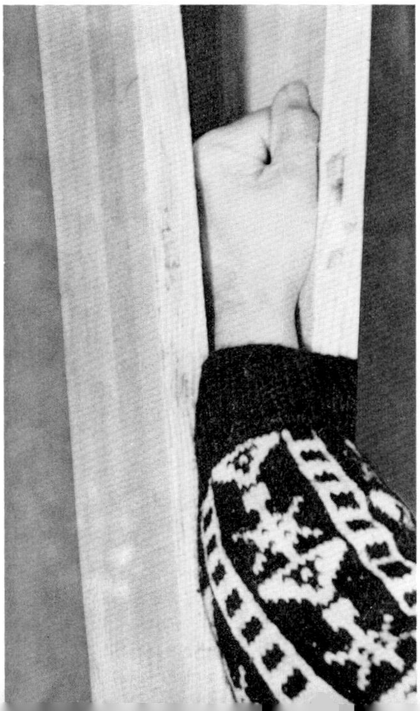

Kletterei an den Lames de Planpraz. In Hintergrund das Montblanc-Massiv.

Beim Kaminklettern müssen die Oberflächenstruktur beider Wände des Kamins aufs beste ausgenutzt und die Bewegungen genau synchronisiert werden. Man benutzt für den Rücken die glattere der beiden Kaminwände. Beim Kaminklettern, wie auch beim künstlichen Klettern, wird selbst ein »Muskelprotz«, wenn er die Technik nicht beherrscht, sich sehr schnell »aufarbeiten«.

1

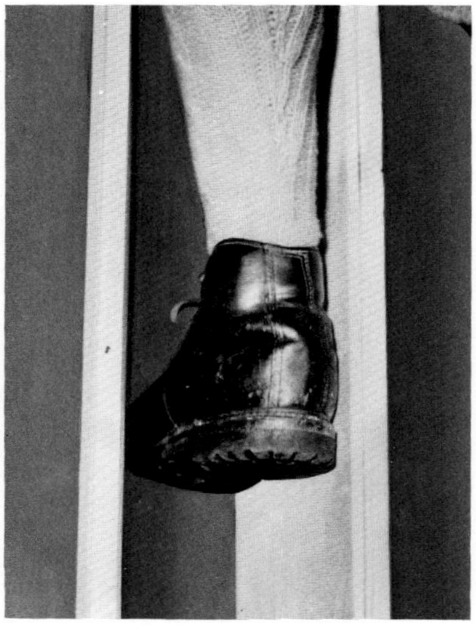

2

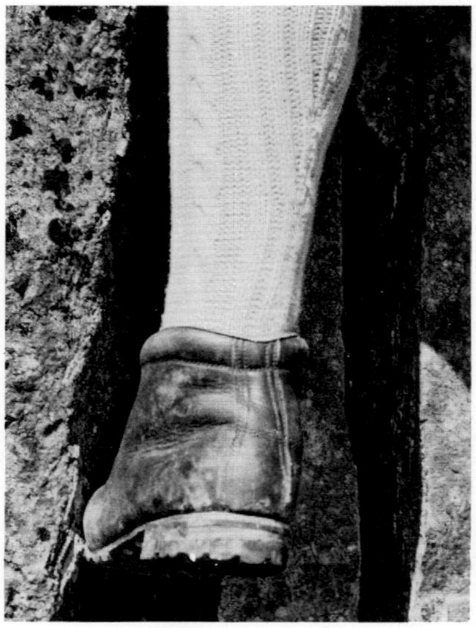

3

Klemmtechnik mit Fuß und Knie (1).
Klemmtechnik mit Außenseite der Fußspitze und Innenseite des Absatzes (2–3).
Verkeilen des Fußes in einem breiten Riß (4–5).

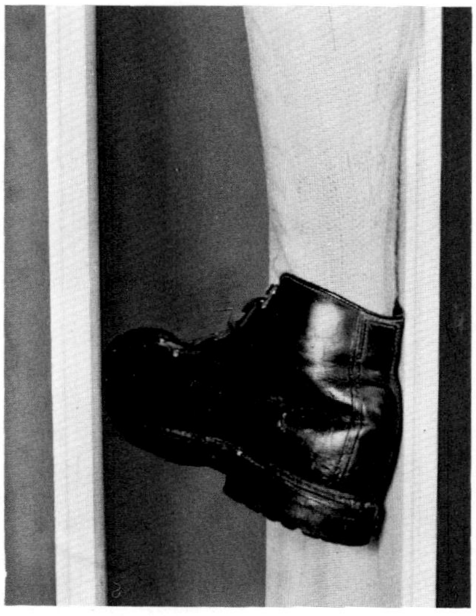

4

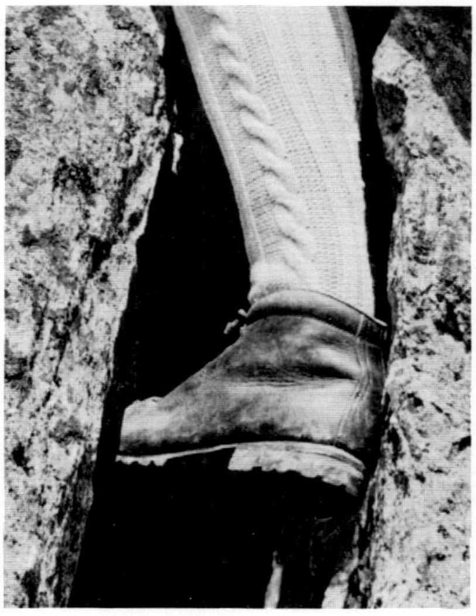

5

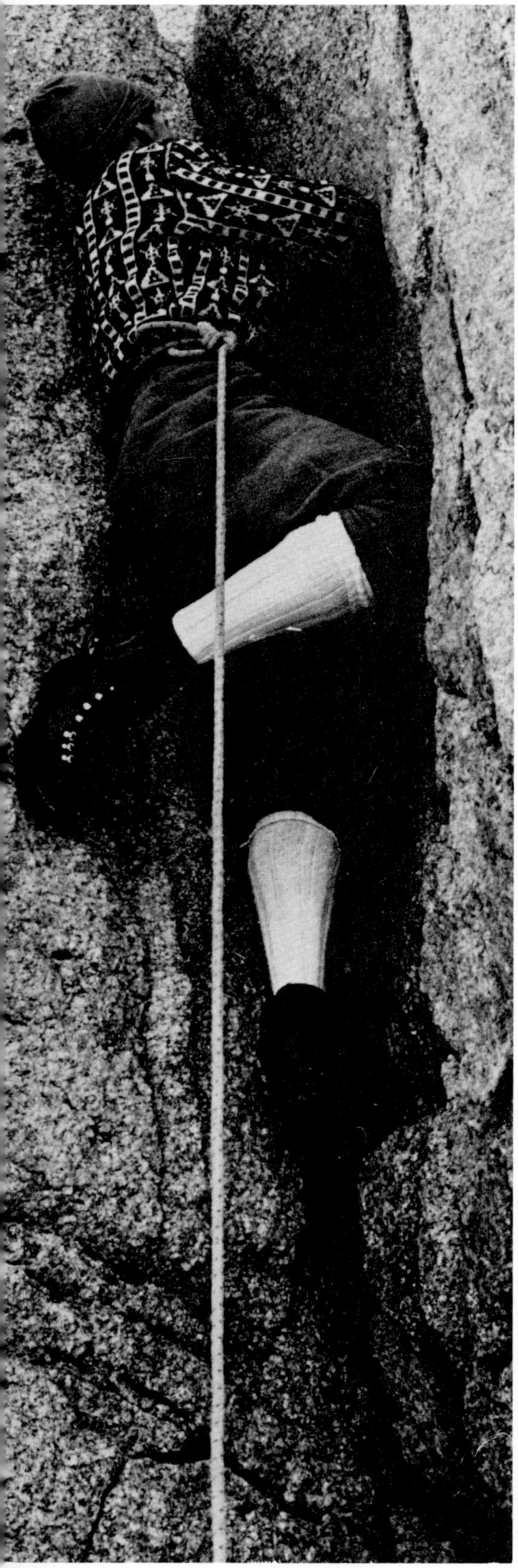

1

2

Nach außen geöffneter Rißkamin: Klemmtechnik, mit der nach innen gewandten Körperseite. Stemmtechnik, mit der nach außen gewandten Körperseite (1–2).

Piaz-Technik: Starker Druck mit den Füßen und starker Zug mit den Händen (3–4).

3 4

1

2

Sehr enger Kamin: Stemmtechnik
mit Gegendruck Knie–Füße (1–2).

3

Enger Kamin: Stemmtechnik mit Gegendruck Füße–Knie und Knie–Rücken (3–4).
Mittelbreiter Kamin: Stemmtechnik mit Gegendruck Füße–Rücken (5–6).

Nächste Seiten: Breiter Kamin: Stemmtechnik mit Gegendruck Füße–Rücken (1–2).
Sehr breiter Kamin: Spreiztechnik (3–4).

4

5/6

1

2

3

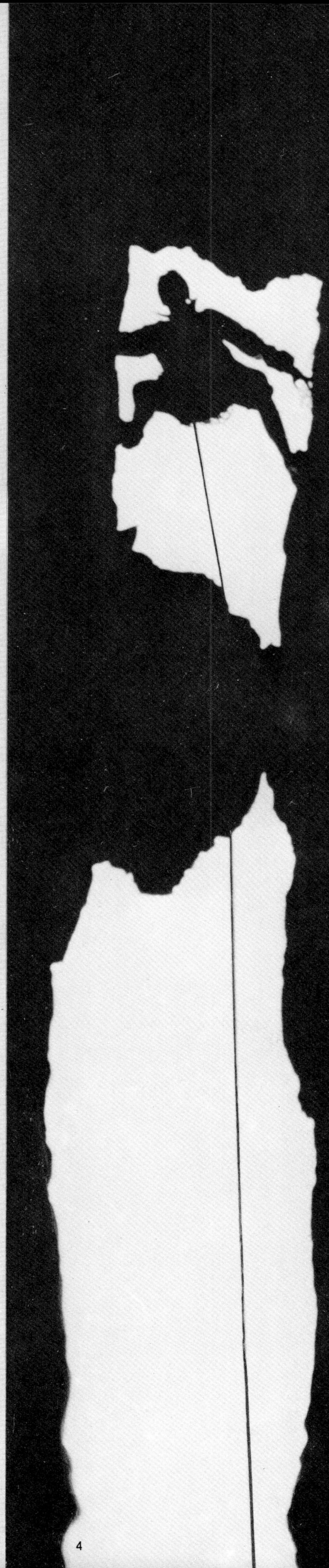

4

Um mit wenigen Haken möglichst viel an Höhe zu gewinnen, muß der Kletterer versuchen, mit ausgestrecktem Arm Haken zu schlagen (1) und sich so hoch wie möglich auf die Trittleitern zu stellen (2). Wenn er auf der niedrigsten Sprosse der oberen Trittleiter steht, hängt er die untere Trittleiter aus (3). Trittschlingen haben den Vorteil, nicht zu klimpern und weniger leicht hängen zu bleiben. Dagegen bringt man den Fuß leichter in eine Trittleiter als in eine Schlinge.

1

2

3

4

5

Wenn die Wand senkrecht oder überhängend ist, wird es schwierig, sich oberhalb des Hakens auf der höchsten Sprosse der Leiter aufzurichten. Man muß, um nicht zu kippen, mindestens eine Hand (hier die linke) unten am Haken lassen (6). Die andere Hand hält das seitliche Gleichgewicht. Auf der obersten Sprosse der Trittleiter hält man das Gleichgewicht leichter, wenn man die Füße kreuzt (Abb. unten). Beide Hände sind damit beschäftigt, so hoch wie möglich einen Haken zu schlagen.

6

# Künstliches Klettern

Seit den ersten Anfängen des Bergsteigens haben die Kletterer den Steigbaum benutzt. Für hohe und überhängende Wände aber genügt das nicht. Darum wurden Seilwurf, Seilbrücken und schließlich die Hakentechnik erdacht.

## Steigbaum

Der Untere muß sich zuerst sehr gut sichern. Dann folgen die drei Phasen: Der Seilerste steigt auf die Knie und dann auf die Schultern des Unteren. Dieser hilft ihm dann noch durch Druck mit der Hand oder mit dem Pickel, und indem er die Füße unterstützt.

## Hakentechnik

Diese Technik ist gar nicht so schwierig wie sie manchmal erscheint. Sie ist, wie vieles beim Bergsteigen, eine Frage der Logik und des Gleichgewichtssinnes. Sie sollte nur angewandt werden, wenn alle Möglichkeiten des freien Kletterns erschöpft sind.

**Hakenschlagen** Die Wahl der Haken wird in erster Linie von der Beschaffenheit des Gesteins bestimmt. Als Faustregel gilt: Sehr harte Haken aus spezial behandeltem Stahl nimmt man für Granit, weiche Haken für Kalk. Sehr harte Haken verbiegen sich nicht, sie verkeilen sich. Weiche Haken dagegen verbiegen sich und verklemmen sich dabei.

Der Kletterer wählt also die Haken je nach Breite und Tiefe des Risses, den er vor sich hat, aus. Dann schlägt er die Haken ein, und zwar, damit er nur wenige braucht, mit ausgestrecktem Arm. Am Klang hört er, ob der Haken sicher sitzt oder nicht. Bei hohem klarem Ton sitzt der Haken gut und sicher. Bei hohlem und dumpfem Ton weiß der Kletterer, daß der Haken nicht gut halten wird. Logischerweise muß er versuchen, den Haken leicht nach unten gerichtet einzuschlagen. Doch unter waagerechten Überhängen (Dächern) werden die Haken von unten nach oben eingeschlagen, und trotzdem halten sie ganz gut, weil sie sich im Riß verkeilen und verklemmen. Zwar sind sie nicht als Sicherungshaken für den Fall eines Sturzes brauchbar, sondern nur zur Fortbewegung, doch erreicht man durch die Gesamtzahl der Haken eine gewisse Sicherheit des Systems.

Zum Einschlagen der Haken hat man die Wahl zwischen einem leichten oder einem schweren Hammer sowie zwischen langem oder kurzem Stiel. Mit einem 600 bis 700 g schweren Hammer kann man Haken (zumindest solche aus weichem Stahl) ziemlich schnell einschlagen, ohne daß man sie zertrümmert, was mit einem schweren Hammer vorkommen kann. Ein Stiel von 25 cm Länge ist einem kürzeren vorzuziehen, verlangt aber größere Schlaggenauigkeit.

Ein wichtiger Grundsatz beim Gebrauch von Haken ist: Um ein Maximum an Sicherheit zu bieten, muß der Haken so geschlagen und beansprucht werden, daß die auf ihn wirkende Kraft rechtwinklig zur Klinge des Hakens einwirkt. Ein Längshaken in einem senkrechten Riß wird, selbst wenn er ordentlich eingeschlagen wurde, im Fall eines extremen Sturzes mit einiger Wahrscheinlichkeit nach unten kippen und ausreißen, es sei denn, er ist in

Das künstliche Klettern ist weniger schön und, entgegen dem Anschein, häufig weniger schwierig als das freie Klettern. Wenn aber die Möglichkeiten des freien Kletterns erschöpft sind, muß man Haken und Trittleitern zur Hilfe nehmen, damit man völlig glatte, nur von einem Riß durchzogene Wände überwinden kann.

einem gewundenen Riß festgeklemmt oder direkt oberhalb einer Rißverengung, die ihn am Kippen hindert, eingeschlagen. Darum benutzt man fast nur noch Querhaken, die überall passen, besonders wenn die Öse nicht in der Achse der Klinge liegt. Hierdurch wird nämlich einem Sturz ein zusätzliches Drehmoment entgegengesetzt, das den Sturz mit abbremst.
Ein Haken muß ganz eingeschlagen werden, bis die Öse dicht am Fels liegt. Wenn man nur zu lange Haken hat, die sich nicht ganz einschlagen lassen, so darf man den Karabiner nicht in die Öse einhängen. Man muß vielmehr entweder (bei Haken aus weichem Stahl) den Haken nach unten biegen, bis die Öse am Fels liegt, oder (bei Haken aus hartem Material) eine Schlinge mittels Klemmknoten dicht am Fels um die Klinge des Hakens legen (den Haken »abbinden«). Schlingen aus Band sind hierfür besser als Reepschnurschlingen, weil sie nicht rollen und auch fester sind.
Ein Hakenriß sollte glatte, kantige Ränder haben. Findet der Kletterer nur einen Riß mit runden Kanten vor, was das Ausreißen des Hakens im Falle einer harten Beanspruchung begünstigt – vor allem wenn der Riß nicht tief ist –, dann darf er ebenfalls den Karabiner nicht in die Öse des Hakens einhängen, sondern in eine genügend lange Schlinge, die so dicht wie möglich an der Stelle, an der der Haken in die Wand dringt, um den Haken geknotet ist. Wenn der Haken sehr kurz ist, weil der Riß wenig tief ist, muß der Kletterer darauf achten, daß die Öse nach oben steht und nicht nach unten, damit die Schlinge fest zwischen Fels und Haken liegt. Mit anderen Worten: Die Stelle, auf die im Falle eines Sturzes die Kraft wirkt, muß so dicht wie möglich am Felsen liegen. Darum können manchmal ganz eingeschlagene Ringhaken mehr aushalten als normale Haken, denn der Ring liegt viel näher am Fels. Auch aus diesem Grund ist der Gebrauch von Gurtschlingen so zu empfehlen. Hinzu kommt, daß die Schlinge auch einen Teil der Sturzenergie vernichtet.
Vor noch nicht sehr langer Zeit war man gezwungen, in sehr breiten Rissen ein delikates Sicherungssystem aus mehreren Haken oder Holzkeilen zu bauen. Doch dank der amerikanischen V-Haken der verschiedensten Größen ist das heute kaum noch nötig.
Die amerikanischen Haken dürfen und können wegen ihrer großen Härte nicht geschlagen werden wie Haken aus weichem Material. Yvon Chouinard, der diese Haken aus hartem Material erfunden hat, rät:
Der häufigste Fehler beim Gebrauch dieser Haken ist zunächst, daß sie zu fest eingeschlagen werden. Den maximalen Widerstand erreicht man jedoch nicht, indem man den Haken »zu Tode prügelt«, sondern nur, indem man ihn so plaziert, daß er sich unter Last selbst verkeilt und dadurch nicht herausgerissen werden kann.
In einem senkrechten Riß ist Haupterfordernis, daß ein Kippen nach unten unmöglich wird. Man muß im Riß die Stelle finden, in der der Haken am besten sitzt und gegen jeden Stellungswechsel natürlichen Widerstand leistet. Die ideale Stelle ist eine Rißverengung, in der der Haken von beiden Seiten festgehalten wird. Ein Haken ist zum Beispiel schlecht plaziert, wenn er so im Riß sitzt, daß seine Klinge an einer einzigen Stelle vom Fels beidseitig Druck bekommt und so ein Drehpunkt für das Kippen entsteht.
Normalerweise soll ein Haken bis zur Hälfte oder zwei Drittel seiner Länge in den Riß hineingehen, bevor man anfangen muß, ihn mit dem Hammer hineinzuschlagen. Man schlägt ihn dann nur ein Stück hinein und versetzt ihm einen leichten Schlag von oben nach unten, um seine Festigkeit zu prüfen. Wenn notwendig, schlägt man noch einmal mit dem Hammer zu und prüft so lange, bis der Haken ganz sicher sitzt. Jetzt muß man der Ver-

**Wenn der Kletterer über einen Haken direkten Zug bekommt, wird es für ihn schwierig, sich auf der obersten Sprosse der Trittleiter wesentlich über den Haken zu erheben, selbst wenn er die Füße kreuzt. Es ist eine Frage des Gleichgewichts und der Ermüdung sowohl für den Kletterer als auch für den Haken, zumal es sich hier nur um einen »Fortbewegungshaken« handelt. Auf den Bildern rechts befindet sich die Anseilstelle am Klettergürtel des Bergsteigers bereits oberhalb des Hakens. Es ist deshalb ein weiterer Haken erforderlich, und zwar ein guter Haken, der den Ausstieg sichern soll.**

suchung widerstehen, ihm zusätzlich noch einen Schlag zu versetzen, denn dieser Schlag zuviel würde das spätere Herausschlagen erheblich mühsamer machen. Nur wenn in dem Riß wirklich kein völlig sicheres Halten des Hakens festzustellen ist, muß man – vor allem in senkrechten Rissen – ihn der Sicherheit wegen so fest wie möglich einschlagen.
Es muß daran erinnert werden, daß jeder eingeschlagene Haken vor dem Gebrauch geprüft werden muß. Man prüft, wie wir gesehen haben, durch einen leichten Schlag seitlich oder von oben nach unten. Unter diesen Schlägen darf er sich nicht mehr rühren.
Ein Haken ist fehlerfrei eingeschlagen, wenn er, mit der Hand eingeführt und mit einem einzigen Hammerschlag hineingetrieben, 2000 kg aushält. Mit einiger Übung läßt sich das durchaus machen. Es ist aber zu empfehlen, das Schlagen dieser neuen Haken im Klettergarten zu üben, bevor man sich ihrer bei einer Tour bedient.
Beim Herausschlagen des Hakens wird oft der Fehler gemacht, ihn mit kurzen Schlägen beiderseits zu lockern, anstatt ihn weit genug seitwärts in jeder Richtung zu schlagen. Man muß ihn seitlich so lange in einer Richtung schlagen, bis es nicht mehr weitergeht und ihm dann noch einen Schlag in derselben Richtung versetzen, bevor man in der anderen Richtung schlägt. Man muß jedoch aufhören zu schlagen, bevor sich der Haken verbiegt. Um ein Verformen des Hakenkopfes zu verhindern, schlägt man möglichst auf eine Stelle vor dem Kopf. In tiefen Rissen, und wenn eine Schlinge oder ein Karabiner eingehängt sind, schlägt man leicht unterhalb des Hakenkopfes. Da die Haken konisch sind, gehen sie von selbst heraus, wenn man sie von beiden Seiten her schlägt.
Man kann Haken auch entfernen, indem man aus drei bis vier Karabinern eine Kette macht; in den letzten Karabiner hängt man einen großen Haken und schlägt dann in Richtung nach außen auf den Kopf dieses Hakens.

**Sicherungshaken und Fortbewegungshaken** Sicherungshaken sind, ganz allgemein gesprochen, solche Haken, die nicht nur zur Fortbewegung, sondern ebenso zur Sicherung benutzt werden, die also völlig sturzsicher sind, das heißt mindestens die gleiche Last aushalten wie Seil und Karabiner.
Die Fortbewegungshaken in entsprechend schlechten Rissen können sicher nicht einen Sturz auffangen, aber sie können – daher der Begriff – bei der Fortbewegung helfen. Ein Fortbewegungshaken muß etwas mehr als das doppelte Gewicht des Kletterers aushalten (das Gewicht des Seilersten plus die durch den Zweiten ausgeübte Kraft, wenn er dem Ersten über den Haken Zug gibt). Bei Fortbewegungshaken wird der Seilerste immer Trittleitern benutzen und nicht den direkten Zug, da so nur sein eigenes Gewicht auf den Haken wirkt. Andererseits halten manche Haken in einem waagerechten Riß einigermaßen gut, solange der Zug nach unten, das heißt senkrecht zur Achse des Hakens, ausgeübt wird. Sie würden aber sofort herausgehen, wenn der Kletterer mit seinem Brustgeschirr in die Höhe des Hakens käme, da sie dann horizontal beansprucht würden.

**Hakenklettern** Wenn der Haken sitzt, hängt der Kletterer einen Karabiner ein und zieht sein Seil durch (oder eines der beiden Seile, wenn er am Doppelseil geht), und zwar so, daß das Seilende, das von unten kommt, am Fels liegt (zwischen Fels und Karabiner, wenn dieser wie gewöhnlich nach unten hängt) und das Seilende, das zum Seilersten läuft, oben ist, also direkt zu ihm läuft.

1

Das künstliche Klettern ist auch im Eis möglich, wenn es darum geht, senkrechte oder sogar leicht überhängende Aufschwünge zu überwinden (1).

Chouinard hat den »cliff hanger« erfunden, ein Häkchen, das manchmal das Hakenschlagen überflüssig macht, sofern es gelingt, ihn an einem winzigen Absatz aufzuhängen. Mitunter ist es praktischer, den Karabiner nicht direkt in das Loch des »cliff hanger« einzuhängen, sondern in eine Schlinge, um so zu verhindern, daß der »cliff hanger« gedreht wird (2) und möglicherweise von seinem Absatz springt.

In völlig glattem Fels hilft nur der Bohrhaken. In dem ersten Karabiner das Seil, in dem zweiten eine Trittleiter (3).

Manche Kletterer hängen zuerst den Karabiner ins Seil und dann den Karabiner (mit Seil) in den Haken.
In beiden Fällen darf das Seil nicht über Kreuz laufen, damit es glatt durchläuft, und muß der Karabiner richtig angebracht werden, das heißt, er muß frei hängen, darf nicht schräg verklemmt sein, weil etwa der Haken zu tief hineingeschlagen oder der Riß zu eng ist. Er darf auch nicht auf einem Felshöcker aufliegen, weil er sich sonst im Falle eines Sturzes öffnen könnte. In zweifelhaften Fällen zieht man eine Schlinge als Verbindung zwischen Haken und Karabiner vor. Das ist auch dann zweckmäßig, wenn der Haken tief in einem Loch oder unter einem Überhang sitzt. Man kann auch zwei oder drei Karabiner aneinanderhängen, aber das beste ist eine Schlinge, vorausgesetzt, sie ist mindestens so sicher wie der Haken.

**Seilzug** Mit Hilfe des Karabiners, an dem er sich festhält und des Seils, an dem er sich hochzieht, belastet der Seilerste den Haken, den er soeben geschlagen hat, mit einem Teil seines Gewichts. Gleichzeitig gibt ihm der Zweite Zug auf das Seil, wodurch er ihm zunächst hilft, das Niveau des Hakens zu erreichen und ihn dann dort »auf Zug« hält.
Der direkte Seilzug kann auch für schräg abwärts gerichtete oder sogar horizontale Quergänge angewandt werden, die sonst schwer zu überwinden wären. Das Seil wird durch einen Karabiner gezogen oder durch eine an einem Haken befestigte Schlinge oder direkt durch einen Ringhaken, das Ganze so hoch wie möglich. Der Seilerste drückt sich mit den Füßen ab und zieht sich mit der äußeren Hand an vorhandenen Griffen hinüber, wobei die innere Hand sich an weiteren Griffen hinüberzieht, schiebt oder sich am Seil festhält. Der Zweite gibt auf Anforderung des Ersten Seil aus.

**Klettern mit Trittleitern und Trittschlingen** Wenn der Fels grifflos ist (oder wenn der Haken nicht sehr sicher erscheint), benutzt der Kletterer Trittleitern oder -schlingen. Jede Trittleiter hat einen Karabiner, der in den Karabiner eingehängt wird, durch den das Seil läuft. Man kann auch die Trittleiter direkt in diesen Karabiner hängen, doch kann das Komplikationen geben und sehr anstrengend sein, besonders für den Zweiten. Statt des Karabiners kann man die Trittleiter oder -schlinge mit einem »Fiffi-Haken« ausstatten.
Die besten Karabiner für Trittleitern sind Karabiner, die sich auch unter Belastung leicht öffnen lassen. Doch ziehen manche Bergsteiger den kleinen Cassin-Karabiner vor, weil er kleiner und leichter einzuhängen ist und man dadurch ein Geringes an Höhe gewinnt. Er ist aber schlecht zu greifen und beim künstlichen Klettern, wo es an Griffen fehlt, ist das unpraktisch.
Wenn die vom Ersten eingehängten Trittleitern für den Zweiten hängen bleiben sollen, ist es ratsam, zuerst den Karabiner der Trittleiter einzuhängen und in diesen einen zweiten Karabiner für das Seil. Das Herausnehmen der Karabiner ist dann für den Zweiten viel leichter.
Wenn die Wand überhängt, ist es oft sinnvoll, den Fuß statt von außen mit der Fußspitze von innen mit dem Absatz auf die Sprosse zu stellen, denn so wird der Kletterer durch die Trittleiter gegen den Fels gedrückt.
Die Sprossen der Trittleiter ersetzen die fehlenden Tritte. Man muß sich daher auf diese Sprossen genau so stellen, wie man es bei natürlichen Tritten täte, das heißt, sich auf die Beine stellen und nicht mit den Armen hochziehen. Diese haben auch hier nur begleitende Funktion.
Es kommt darauf an, das hebt auch Noel Blotti in seinem ausgezeichneten Buch hervor, zu lernen, daß man sich von Sprosse zu Sprosse der Tritt-

leiter bis zur höchsten emporarbeiten und sogar den Fuß auf den Haken setzen kann, ohne sich mit den Armen hochzuziehen, solange die Wand noch nicht senkrecht, sondern nur bis zu etwa 80° geneigt ist. Dabei kann man sowohl ausgezeichnet seinen Gleichgewichtssinn prüfen als auch alle Möglichkeiten des künstlichen Kletterns ausschöpfen, indem man mit einem Minimum an Haken auskommt. Nur wenige Kletterer beherrschen diese Technik. Manche fangen schon an, Haken zu schlagen, wenn sie erst auf der zweiten Sprosse stehen. So vergeuden sie die Hälfte aller Möglichkeiten, die die Technik des künstlichen Kletterns bietet.
Sobald eine Trittleiter durch das Gewicht des Kletterers belastet ist, zum Beispiel durch den rechten Fuß auf der untersten Sprosse, liegt die Trittleiter dicht am Fels, und es ist oft schwierig, den anderen Fuß auf die zweite Sprosse zu bringen. Das ist besonders dann so, wenn sich die erste Sprosse in gleicher Höhe mit einem Überhang befindet, und darüber die Wand senkrecht verläuft. Denn in diesem Fall liegen die oberen Stufen der Trittleiter ganz fest am Fels an. Der Kletterer kann dann das rechte Knie gegen den Fels drücken und dadurch den Fuß von der Wand abspreizen oder aber sich ganz zur Seite drehen, was ihm beides dann gestattet, den Fuß auf die Sprosse zu setzen. Außer in bestimmten Fällen (an Überhängen etwa) ist es nicht ratsam, an einem Haken mit zwei Trittleitern zu operieren. Das ist langweilig und unnötig.
Auf der dritten Sprosse der vierstufigen Trittleiter oder auf der mittleren der dreistufigen kann sich der Kletterer, wenn nötig, etwas ausruhen, indem er das Knie anwinkelt, nachdem er zuvor den oberen Teil der Trittleiter an die Innenseite des Oberschenkels geschoben hat. Es ist aber nicht ratsam, sich auf eine Trittleiter zu setzen, denn dafür ist sie nicht gebaut. Wenn man sich hinsetzen möchte, was etwa für den Sichernden ganz angebracht ist, kann man ein Sitzbrett verwenden oder einen Sitzgurt, Modell Robbins. Der Kletterer stützt sich, wenn er sich nicht gerade unter einem Dach befindet, mit dem Fuß auf der Trittleiter gegen den Fels, um ein anstrengendes und unangenehmes Pendeln zu verhindern. Wenn die Wand leicht überhängt, kann er den freien Fuß zwischen den Fuß auf der Trittleiter und den Fels stellen und dadurch seinen Körper senkrecht halten. Hängt die Wand aber stark über, so helfen nur der direkte Zug und die Technik des Doppelseils.

**Das Doppelseil** Man benutzt zwei nach Farbe, Durchmesser oder Oberflächenstruktur verschiedene Seile oder auch ein zweifarbiges Seil von 60 m, anstelle zweier verschiedenfarbiger Dreißigmeterseile.
Das Prinzip der Fortbewegung ist einfach: Der Seilerste hängt abwechselnd das eine und das andere Seil ein, und während er sich auf der Trittleiter aufrichtet, gibt ihm der Zweite mit dem eingehängten Seil Zug, wobei er das andere Seil nachläßt. Nun hält er den Ersten »auf Zug« blockiert, während dieser den nächsten Haken schlägt und das andere (lockere) Seil dort einhängt.
Die Vorzüge des Doppelseils sind erheblich:

– Der Seilerste wird immer durch den Zweiten »auf Zug« gehalten, bald mit dem einen Seil, bald mit dem anderen, und zwar selbst beim Einhängen des Seils in den nächsten Haken, was beim Einfachseil nicht möglich ist. In nicht senkrechter Wand ist das nicht so wichtig, denn das Gewicht des Ersten ruht auf der Trittleiter, und seine Arme haben nicht viel zu tun. Ist die Wand aber senkrecht oder überhängend, so ist der ständige Zug vom Zweiten wichtig. Denn der Erste muß sich, selbst

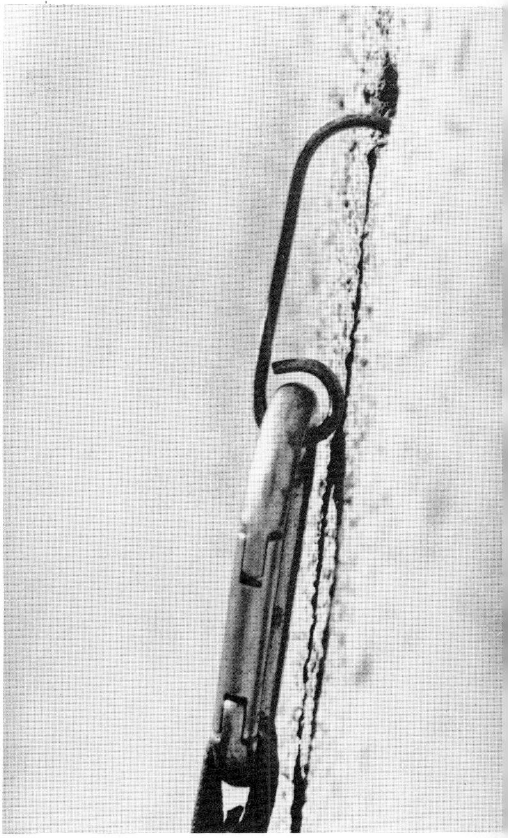

2

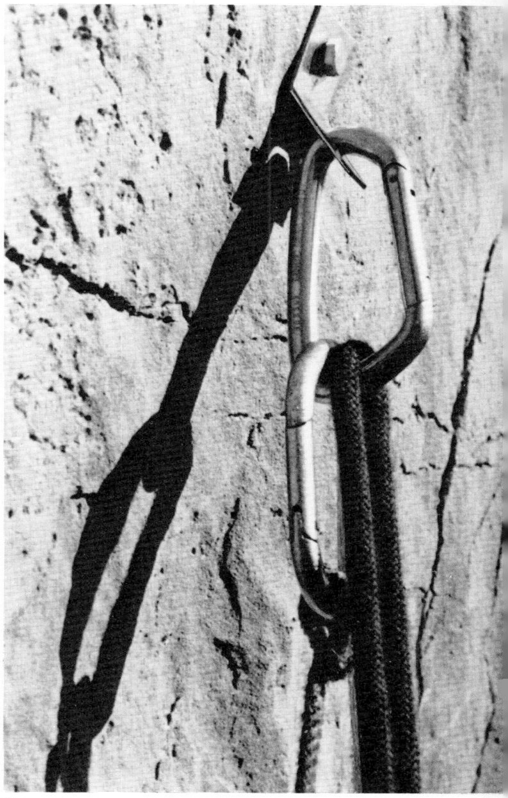

3

wenn er die Trittleiter richtig gebraucht, doch mit einer Hand nach oben ziehen und gleichzeitig mit der anderen das Seil nachziehen, was je nach der Reibung an Karabiner und Fels sehr mühsam sein kann.

- Beim Einfachseil läuft das Seil durch alle Karabiner und um entsprechend viele Ecken und Kanten. Dabei reibt es außerdem am Fels. Beim Doppelseil läuft das Seil nur durch jeden zweiten Karabiner und daher viel gradliniger und mit entsprechend weniger Reibung.
- Schließlich ermöglicht das Doppelseil noch zusätzliche Manöver.

Um die selbst beim Doppelseil mitunter noch unangenehm starke Seilreibung zu verringern, benutzt man Schlingen oder mehrere Karabiner an einem Haken. Man kann auch, wenn die Reibung zu stark wird, nach Erreichen eines sicheren Hakens das Seil oder die Seile bei einzelnen Haken weiter unten wieder aushängen.
In einigen seltenen Fällen können Reibung und Elastizität des Seils schließlich selbst den stärksten Zug des Zweiten aufheben.

Hier helfen dem Ersten nur die verschiedenen Selbstzugtechniken, gleichgültig ob er sich unter, in gleicher Höhe oder über dem Haken befindet. Er kann dazu eine Reepschnurschlinge benutzen oder besser noch einen Prusik- oder Karabinerklemmknoten oder eine Kette von Karabinern, die er an seinem Klettergürtel und am Haken befestigt. Diese Techniken sprengen den Rahmen dieses Buches. Sie sind in dem sehr interessanten Speziallehrbuch von Gianni Mazenga beschrieben. Noel Blotti empfiehlt, das traditionelle System zugunsten der Selbstzugtrittleitern ganz aufzugeben. Er beschreibt sein System in einem ausgezeichneten Buch, das alle Spezialisten des künstlichen Kletterns sehr interessieren wird.

Überwindung des »Toit de Sarre«, eines leicht ansteigenden, 32 m langen Daches, das 25 m überhängt. Ein Teil des Daches ist von einem Riß durchzogen, im anderen Teil waren Bohrhaken nötig.

**Zusammenspiel der Seilschaft** Es gibt verschiedene Möglichkeiten:

– Der Erste klettert mit zwei oder drei Trittleitern, die er zum Vorwärtskommen benutzt und jeweils sofort nachholt. Der Zweite macht es ebenso. Diese Methode erfordert doppelte Zeit und Arbeit, hat aber den Vorteil, daß man mit vier bis sechs Trittleitern auskommt.
– Der Erste klettert mit allen Trittleitern (manchmal können es fünfzehn bis zwanzig sein) und läßt sie für den Zweiten hängen. Das spart Zeit und Kraft, man braucht aber sehr viele Trittleitern, die schwer sind und mitgeschleppt werden müssen.
– Das beste System sowohl für den Ersten als auch für den Zweiten ist die Benutzung von Trittleitern mit »Fiffi-Haken« und Handgriff (»Griff-Fiffi«). Das Nachholen der Trittleitern erfolgt sozusagen automatisch und ohne jede Anstrengung.

Wo immer es möglich ist, benutzt der Seilerste Schlingen, die er um eine Felsnase legt. Das geht viel schneller als das Hakenschlagen, und vor allem entfällt das Herausschlagen. Natürlich kann er auch, wie es die britischen und sächsischen Kletterer tun, Klemmkeile und -knoten verwenden, die er in Rissen verklemmt.

Der Seilerste wird versuchen, einen Standplatz zu finden, bevor er die volle Länge des Seils ausgegangen ist, damit der Zweite bei einem Sturz in den letzten Metern der Seillänge noch genug Seil für eine dynamische Sicherung hat.

Am Stand setzt der Führer zwei sichere Haken:
einen ziemlich hoch für seine Selbstsicherung, den anderen zur Sicherung des Zweiten und eventuell einen dritten zum Anhängen von Trittleiter und Sitzgurt, damit er sich hinsetzen und ausruhen kann, wenn kein ebener Platz zum Sitzen oder Stehen da ist.

Wenn beide Seile gespannt sind, setzt sich der Zweite in Bewegung. Am einfachsten ist es für ihn natürlich, wenn er Trittleitern vorfindet und keine Haken herausschlagen muß. In diesem Fall hängt er, sobald er den Haken erreicht, das Seil aus und steigt dann auf der Trittleiter höher, bis er auf die nächste Trittleiter steigen kann. Jetzt beugt er sich, durch etwas Zug von oben unterstützt, hinunter, um die Trittleiter nachzuholen.

Wenn er die Trittleitern nicht vorfindet, muß er zunächst die obere Trittleiter einhängen, bevor er die untere nachholen kann. Wenn er eine Leiter mit (Griff-)Fiffi benutzt, geht es natürlich viel schneller.

Muß er Haken herausschlagen, so muß er möglicherweise die Trittleiter durch Anhängen einer zweiten verlängern, um auf gleicher Höhe zu sein wie der herauszuschlagende Haken. Das Herausschlagen der Haken ist eine undankbare, manchmal schwierige und in jedem Fall sehr anstrengende Aufgabe. Der Zweite muß sich deshalb hierfür so bequem einrichten wie möglich.

Der Zweite kann auch mit Klemmknoten eine Reepschnurschlinge an einem der Seile anbringen, das dann der Seilerste blockiert. In diese Schlinge hängt der Zweite eine Trittleiter und kann so mit Leichtigkeit den Haken herausschlagen.

In manchen außergewöhnlichen Touren ist auch ein drittes Seil von großem Nutzen:

– zum Nachziehen von zusätzlichem Material (Haken, Karabiner, Trittleitern) für den Fall, daß mehr Material als vorgesehen gebraucht wird;
– zum Nachziehen der Rucksäcke,
– als Seilgeländer,
– als zusätzliches Sicherungsseil,

Häufig sind beide Kletterer in einer künstlichen Passage. Die Trittleitern bilden den »Standplatz« (Schlingenstand).

– als Rückzugsseil, das es dem Seilersten ermöglicht, zum Zweiten abzuseilen, ohne von Haken zu Haken zurückklettern zu müssen,
– für kleine Abseilstellen und Pendelquergänge.

Umgekehrt kann auch ein Einfachseil genügen, wenn in einer Tour die künstlichen Seillängen längs eines geradlinigen, nicht überhängenden Risses verlaufen, so daß das Seil weder um Ecken, noch um die Kanten von Überhängen läuft und dort gebremst wird.

Das künstliche Klettern erfordert ständiges Überlegen und gesunden Menschenverstand. Welches ist das Problem? Wie kann ich es lösen?

Künstliches Klettern, ebenso wie freies Klettern, erfordert in Rissen und Kaminen keine große Kraftanstrengung, wenn man die Technik beherrscht und sich die Mechanik der Kräfte klarmacht. Andernfalls kann man sich dabei »aufarbeiten«.

Ich habe mehrmals die Ostwand des Grand Capucin durchstiegen, eine im wesentlichen künstliche Kletterei. Einmal führte ich eine junge Frau, die sehr gut kletterte, aber sehr leicht war. Sie konnte mir natürlich kaum Zug geben, und ihre Seilhilfe hatte eher symbolischen Charakter. Aber ich bin selten in dieser schweren Wand so »schwerelos« geklettert, wie an jenem Tag, weil mir von Anfang an klar war, daß ich sehr technisch klettern, sehr im Gleichgewicht bleiben müsse, um dadurch Kräfte zu sparen und jedes Risiko auszuschalten.

**Technik der Selbstzug-Trittleitern** Für Kletterer, die lange und schwierige Überhänge überwinden wollen, hat Noel Blotti – meines Wissens als Erster – die Technik der Selbstzug-Trittleitern erdacht, die er in seinem Buch »Technique et école d'escalade« beschreibt.

Hier das Wesentliche daraus:

– Man braucht zwei mit kleinen Karabinern an zwei Reepschnüren ungleicher Länge befestigte Trittleitern, die man am Klettergürtel fixiert.
– Die kürzere ist so lang wie die Entfernung vom Brustgeschirr bis unter den Fuß bei ausgestrecktem Bein.
– Die längere ist so lang wie die Entfernung vom Brustgeschirr bis zur ausgestreckten Hand.
– Die beiden Reepschnüre werden direkt (ohne Verbindungskarabiner) an den Klettergürtel geknotet.

Die Fortbewegung sieht wie folgt aus: Wenn man unter einem Dach ankommt, den ersten Karabiner in den Sicherungshaken einhängen. An diesem Karabiner nicht die Trittleiter festmachen, sondern die längere Reepschnur durch den Karabiner führen. Dann einen Fuß auf die unterste Stufe der an dieser Reepschnur hängenden Trittleiter setzen und das Körpergewicht nach und nach darauf verlagern. Die Trittleiter senkt sich, und gleichzeitig wird der Kletterer zum Haken hingezogen, wobei der Karabiner als »Umlenkrolle« wirkt. Nun die kürzere Reepschnur durch den Karabiner führen und sich so hoch wie möglich auf der Trittleiter mit der kürzeren Reepschnur aufrichten (die Reepschnüre können durch denselben oder zwei verschiedene Karabiner laufen). Die längere Reepschnur aus dem Karabiner nehmen und mit gestrecktem Arm in den nächsten Haken einhängen ...

Vorteil: Der Kletterer braucht sich nicht mit den Armen hochzuziehen, er drückt sich mit den Beinen hoch. Der Zweite braucht seinen Kameraden nicht auf Zug zu halten.

Dadurch tritt der Fall nicht auf, daß wegen der Reibung des Seils an Fels und Karabinern und der Seildehnung der Zweite den Ersten nicht bis dicht

zum Karabiner ziehen oder dort halten kann. So sparen beide Seilgefährten einiges an Kraft.
Die Sicherung durch das Seil ist nach wie vor da, aber ein Doppelseil ist nicht einmal unbedingt nötig. Die Schwierigkeit liegt im richtigen Einhängen der Karabiner. Das ist Sache der Erfahrung.
Diese Technik hat ihre Berechtigung, sobald der Körper auf der Trittleiter nicht ohne Zug im Gleichgewicht bleiben kann, sobald also die Wandneigung über die Senkrechte hinausgeht. Je überhängender die Wand, um so mehr merkt man, welche Muskelkräfte man auf diese Weise spart.
Der Gebrauch einer dritten normalen Trittleiter versetzt den Kletterer in die Lage, sich nach dem Überhang wieder in die Senkrechte zu begeben oder zum Freiklettern überzugehen.

Nach der klassischen Methode wird jeder Haken mit dem zweifachen Gewicht des Kletterers belastet, seinem tatsächlichen Gewicht plus der vom Zweiten ausgeübten Kraft, um dieses Gewicht zu kompensieren und ihn in der gewünschten Höhe zu halten. Mit der Selbstzug-Trittleiter wird der Haken nur mit der Hälfte belastet, nämlich dem einfachen Gewicht des Kletterers.

**Variante** Die beiden Reepschnüre werden normalerweise fast gleich lang sein, denn bei der Mehrzahl der Kletterer wird der Abstand Taille–Fußsohle und der Abstand Taille–ausgestreckter Arm ungefähr gleich sein. In diesem Fall kann der Kletterer sich aus der ersten Trittleiter heraus strecken und die Reepschnur der zweiten Trittleiter in den nächsten Karabiner einfädeln.

Im Granit sind Überhänge im allgemeinen sehr ausgeprägt, weil durch die Struktur der Wand bedingt.

Folgende Seiten: Nordwand der Grandes Jorasses.

Selbst in großer Höhe ist das künstliche Klettern weder äußerst schwierig noch äußerst anstrengend, wenn man es technisch beherrscht.
Wichtig ist hier, neben stets gutem Gleichgewicht, daß man so viel Körpergewicht wie möglich von den Trittleitern tragen läßt (im allgemeinen ist ein Bein angewinkelt; aber das ist verschieden je nach Körperbau und Geschmeidigkeit des Kletterers).
Der vollständige Klettergürtel trägt den Kletterer – ob er sitzt oder liegt –, wodurch die Anstrengung wesentlich herabgemindert wird.
Im Hintergrund die Grandes Jorasses, der Rochefort-Grat, der Mont Mallet und die Dent du Géant.

Wenn der Kletterer sich dagegen auf die höchste Stufe der ersten Trittleiter gestellt hat, kann er sich am Karabiner festmachen (Karabinerkette, Fiffi-Haken) und so beide Hände frei haben, ohne irgendeine Kraftanstrengung leisten zu müssen. Er kann dann leicht den zweiten Karabiner einhängen und die Reepschnur der zweiten Trittleiter anbringen.
Dann:
- verlagert er sein Körpergewicht vollständig auf die erste Trittleiter, damit er seine Befestigung lösen kann,
- setzt er den anderen Fuß in die zweite Trittleiter und
- verlagert das Körpergewicht von der ersten Trittleiter auf die zweite, um sich dann auf der zweiten Trittleiter zu strecken (wie er es bei der ersten gemacht hatte) und
- sich von neuem festzumachen.

Pendelquergänge sind selten, aber manchmal recht nützlich. Der Haken muß möglichst hoch angebracht werden, damit man beim Pendeln den gewünschten Punkt erreicht.

## Pendelquergang

Die Querung, etwa einer völlig grifflosen, aber von zwei Rissen eingerahmten Platte, bewältigt man durch einen Pendelquergang. Dazu steigt man so hoch wie möglich in dem Ausgangsriß, schlägt einen soliden Haken und steigt etliche Meter zurück. Nun hält man mit einer Hand das Seil und pendelt mit Schwung über die Platte bis hinüber zu dem anderen Riß. Dort krallt man sich mit der freien Hand fest. Man kann beim Pendelquergang statt eines Hakens auch eine fest um einen Klemmblock oder um eine Felsnase gelegte Schlinge benutzen, muß aber darauf achten, daß die Schlinge nicht abspringen oder abrollen kann.

## Seilzugquergang

Eine in den Ostalpen sehr verbreitete Methode zur Lösung des gleichen Problems ist der Seilzugquergang (»Dülferquergang«), bei dem der Kletterer ein Seil anbringt wie für einen Pendelquergang, dieses Seil wie zum Abseilen um sich legt, wobei die untere Hand (»Bremshand«) nach der Seite weist, nach der er gelangen möchte. Statt zu pendeln, drückt er sich nun an Rissen und anderen senkrechten Unebenheiten im Fels (die er also nicht als Tritte wohl aber auf diese Weise benutzen kann) ab, um in die gewünschte Richtung zu gelangen. Gleichzeitig läßt er Seil nach, so als seile er ab.

## Seilwurf

Zur Überwindung vollkommen glatter Wandstellen, die auch von keinem Riß durchzogen sind, verfügt der Kletterer noch über ein Mittel: den Seilwurf.
Beim *kleinen Seilwurf* geht es, zum Beispiel am Gipfelblock der Aiguille du Roc, darum, eine mehr oder weniger lange Seilschlinge über eine vorspringende Felsnase zu werfen, an der man sich dann mit Armkraft hochzieht.
Den *großen Seilwurf* benutzt man zum Beispiel am 18 m hohen Gipfelblock der Aiguille de la Republique. Man versucht hier nicht, eine Felsnase einzufangen, sondern wirft das Seil über einen Grat. Zuerst wirft man

eine leichte, aber feste Schnur hinüber, die man mit einem Karabiner oder einem Bleigewicht beschwert hat. Mit immer größer werdendem Radius schwingt man die Schnur lassoartig und schleudert das beschwerte Ende mit kurzem Ruck schnell über den Grat. Auf der anderen Seite wird es von einem Gefährten in Empfang genommen und heruntergezogen.
An dieser Schnur befestigt man mit einem wenig auftragenden Knoten (Weberknoten) ein Hilfsseil, das man »schlenzt«, damit es ohne sehr starke Reibung an der Wand über den Grat gezogen werden kann. Nach dem gleichen Prinzip befestigt man am Hilfsseil das Kletterseil. Der zweite Gefährte blockiert das Seil auf der anderen Seite an einem großen Felsblock oder an einem soliden Haken.

Der Seilerste kann sich nun mit Armkraft an diesem Seil hocharbeiten. Er wählt dafür die günstigste, nämlich die am wenigsten steile Wandstelle. Er kann auch mit Hilfe von Klemmknoten aufsteigen. Dies ist sicherer, dafür aber langwierig und anstrengend. So man kann, hangelt man sich am besten am Seil hinauf, und zwar ohne Zögern und blitzschnell, damit man nur kurze Zeit an den Armen hängt.

## Seilbrücken

können zum Beispiel an den Clochetons de Planpraz oder an der Guglia de Amicis in den Dolomiten angewandt werden. Man wirft das Seil entweder direkt oder mit Hilfe einer am Ende beschwerten Schnur.
Sobald sich das Seil an der Stelle, die man erreichen will, an einem vorspringenden Zacken fest verhängt hat, spannt man es und sichert es fest an der Stelle, an der man sich befindet. Um hinüberzuqueren, gibt es zwei Methoden:
Seilbrücke im Sitzen für kurze Strecken: Man nimmt die beiden Seile zwischen die Beine und quert sitzend, leicht nach vorne geneigt.
Seilbrücke hangelnd für längere Strecken: Man hängt ein Knie über das Seil und zieht sich mit den Händen hinüber.
In beiden Fällen sichert man sich mit einem Karabiner am Seil.

Seilbrücke im Sitzen an den Clochetons de Planpraz (links). Seilbrücke im Liegen an der Guglia de Amicis. Im Hintergrund (genau unter dem Kletterer) die drei Zinnen (rechts).

## Abstieg

Das Absteigen gut zu beherrschen, ist noch wichtiger, als gut aufsteigen zu können. Nach dem Aufstieg ist der Kletterer trotz der Gipfelrast mehr oder weniger stark »angeschlagen«. Deshalb muß er im Abstieg besonders aufpassen. Die meisten Unfälle passieren beim Abstieg. Je nach Art und Neigung des Geländes klettert oder seilt man ab.

## Abklettern

In leichtem Gelände steigt man mit dem Gesicht zum Tal ab, wobei man sich auf die Hände stützt, den Oberkörper nach vorn beugt, sich aber nicht setzt.
In mittelschwerem Gelände: seitwärts absteigen, die Hände unten, der Körper hält Abstand von der Wand.
In schwierigem Gelände: Gesicht zur Wand, die Hände unten, die Beine gespreizt, der Körper hält Abstand vom Fels. In Kaminen steigt man genau so ab wie man aufsteigt, außer in engen Kaminen. Hier kann man sich, Gesicht zum Tal, hinunterrutschen lassen und dabei mit Ellenbogen und Knien bremsen.

## Abseilen

Ist die Wand zum Abklettern zu steil oder zu schwierig, so seilt man sich ab. Das Verfahren ist einfach, bequem und sicher, wenn der Bergsteiger alle Vorsichtsmaßregeln beachtet, sowohl bei Auswahl und Einrichtung der Abseilstelle als auch beim eigentlichen Abseilen und beim Abziehen des Seils. Die geringste Unachtsamkeit aber kann sehr ernste Folgen haben. Man darf nicht vergessen, daß Nylon/Perlon in der Berührung mit dem Fels reibungsempfindlicher ist als Hanf. Die Elastizität der Synthetikseile bewirkt über die normale Reibung an Kanten hinaus zusätzliche Reibung durch das Auf- und Abwippen des Seils bei nicht gleichmäßigem Abseilen. Es ist um so größere Aufmerksamkeit erforderlich, je dünner die benutzten Seile sind (Seil und Abseilschlinge aus Reepschnur).
**Auswahl der Abseilstelle** Bevor man das Seil anbringt, muß man sich vergewissern, daß es bis zu einer möglichen nächsten Abseilstelle hinunterreicht.
**Anbringen des Seils** Man braucht einen Felszacken oder, wenn ein solcher fehlt, einen Haken. In beiden Fällen benutzt man eine Schlinge aus Reepschnur oder Band. Felszacken oder Haken müssen in Taillen- oder Gesichtshöhe des Abseilenden sein. Liegen sie tiefer, so wird der Start eine heikle Sache, nicht zuletzt deshalb, weil die Schlinge von ihrem Felszacken springen kann.
**Abseilen an Felszacken** Einen sehr soliden Felszacken aussuchen, dessen Kanten nicht zu rund (sonst gleitet die Schlinge leicht ab) und nicht zu scharf sind (damit sie nicht eingekerbt wird). Notfalls die Kanten mit dem Hammer breitschlagen. Die Seilschlinge darf den Felszacken nicht zu eng umschließen. Sie muß lang hinunterhängen, damit der Winkel zwischen Fels und Seil möglichst spitz ist. So ist die Belastung für die Abseilschlinge am günstigsten und läßt sich das Seil ohne Schwierigkeiten abziehen. Eine Reepschnurschlinge kann durch einen Spierenstich, einen Weberknoten

oder auch durch einen Sackstich geschlossen werden. Eine Bandschlinge muß mit einem Spezialknoten geknüpft werden. Eine dünne Reepschnur muß man doppelt nehmen, besser knotet man aus ihr zwei Schlingen gleicher Länge.
Hat der Kletterer keine Abseilschlinge und will er nicht ein Ende von seinem Seil opfern, so kann er das Seil auch direkt um den Felszacken legen, ohne eine Abseilschlinge zu benutzen. Er muß aber sorgfältig prüfen, ob es sicher liegt und sich trotzdem gut abziehen läßt. Damit es sich nicht zwischen Felszacken und Wand verklemmen kann, sollte er ein Stück Papier oder ein Taschentuch unterlegen.
**Abseilen am Haken** Auch hier ist eine Abseilschlinge aus Reepschnur oder Band, notfalls die Verwendung eines Karabiners zu empfehlen. Zieht man nämlich das Seil direkt durch die Öse des Hakens, so wird das Seil sehr beansprucht, weil es um einen sehr spitzen Winkel gezogen wird, vor allem dann, wenn es sich um einen dünnen Haken handelt. Auf jeden Fall ist eine Schlinge immer dann unentbehrlich, wenn das Seil sich beim Abziehen dadurch blockieren kann, daß der Mantel des Seils auf das Ende hin zusammengeschoben wird.
**Einrichten der Abseilstelle** Die im allgemeinen empfohlene und übliche Technik ist folgende:
- Die Schlinge, die um den Felsvorsprung gelegt oder durch den Haken gezogen wird, verknoten,

Seite 114:
Im leichten Felsgelände steigt man Gesicht zum Tal ab, wobei man sich auf die Hände stützt, den Oberkörper nach vorn beugt, sich aber nicht hinsetzt.

Seite 115:
Wenn die Fels- oder Eiswand steil wird, muß man abseilen. Hier ist der Wind so stark, daß er die Seile seitlich wegbläst.

– durch diese Schlinge eines der beiden Enden des Seils ziehen und an diesem Ende weiterziehen (immer dasjenige Ende, das zwischen Schlinge und Fels läuft). Dann das Seil werfen. Diese Prozedur ist langwierig und anstrengend.

Ich rate, so zu verfahren:

– die Schlinge vorbereiten.
  Wenn es sich um eine große Schlinge handelt, sie zunächst verknoten und dann auf einmal die vorher aufgeschossene Hälfte des Seils als Ganzes durchziehen und hinabwerfen.
  Wenn es sich um eine kleine Schlinge handelt, diese zunächst nicht verknoten, sondern zuerst das Seil hinabwerfen und dessen Mitte festhalten. Wenn man befürchtet, daß das Seil sich selbständig macht, die Seilmitte hinter die Felsnase legen oder in einen Karabiner hängen. Nun die Schlinge um die Seilmitte verknoten. Dadurch erspart man es sich, das halbe Seil durch die Schlinge zu ziehen.

Noch schneller geht es, wenn ein Kletterer sich mit dem Werfen des Seils beschäftigt, während der andere die Schlinge vorbereitet.

Wenn mehrere Abseilstellen unmittelbar aufeinander folgen, so kann der Kletterer, der als erster abseilt, die Schlinge schon einrichten, so daß, wenn der zweite ankommt, nur noch das Seil durchzuziehen ist, was man mit dem Abziehen von oben gleichzeitig tun kann.

Man kann jede Hälfte getrennt werfen (wenn das Seil zweifarbig ist oder wenn man zwei aneinandergeknotete Seile benutzt, die gleich lang sind) oder die beiden Enden zusammen (wenn die Seilmitte nicht gekennzeichnet ist oder die Seile verschiedene Längen haben).

Wenn man zwei aneinander geknotete Seile benutzt (gleicher oder ungleicher Länge), muß die Seilhälfte mit dem Knoten unten zu liegen kommen (gegen den Fels und der Knoten unterhalb der Schlinge).

Nachdem man Seilschlingen gleicher Länge aufgeschossen hat, wirft man das Paket leicht nach außen, damit sich das Seil glatt entrollt. Man überzeugt sich, daß das Seil sich nicht verhängt hat, daß die Hälften von gleicher Länge sind, und daß die beiden Seilenden bis zum Standplatz hinunterreichen.

**Abseilmethoden** Mit Recht seilt man immer mehr im Karabinersitz oder mit Abseilbremse ab, aber es ist notwendig, die klassiche Abseilmethode zu kennen, falls man entweder nicht über das notwendige Material verfügt oder gezwungen ist, mit zwei nicht gleichlangen Seilen abzuseilen, wobei der Knoten »unterwegs« die Benutzung von Karabiner oder Abseilbremse verhindert.

*Die klassische Methode: Dülfersitz* Von der Abseilschlinge aus geht das doppelte Seil unter einem Oberschenkel durch und läuft schräg über die Brust zur entgegengesetzten Schulter. Zum Beispiel unter dem rechten Oberschenkel und über die linke Schulter. In diesem Fall hält die linke Hand das Seil vorn oben, und die rechte Hand hält unten das von der linken Schulter kommende Seil. Die linke Hand vorn darf sich niemals an dem Seil verkrampfen und schon gar nicht einen Teil des Körpergewichts halten. Das Körpergewicht wird nur durch die Bremswirkung des um den Kletterer führenden Seils gehalten, und diese Bremswirkung wird durch die rechte, hintere Hand gesteuert.

Zunächst muß der Kletterer lernen, daß er die obere Hand loslassen kann und muß wissen, daß die untere Hand alles steuert. Obwohl der natürliche Reflex des Anfängers dagegen spricht, kann man die obere Hand durchaus loslassen, denn sie ist nur dazu da, den Oberkörper im Gleichgewicht zu halten. Man darf aber niemals die untere Hand loslassen. Will man stärker bremsen, so muß man die untere Hand nach vorne führen, wodurch sich die Reibungslänge des Seils am Körper vergrößert. Man kann darüber hinaus die Bremswirkung erhöhen, indem man das Seil gegen den Körper drückt. Man muß gleichermaßen über den rechten Oberschenkel und die linke Schulter oder über den linken Oberschenkel und die rechte Schulter abseilen können. Wichtig ist auch, daß man sehr darauf bedacht ist, seinen Hals zu schützen, indem man Hemd, Pullover oder Anorak an der Seite hochschlägt, an der das Seil läuft (notfalls einen Schal, ein Taschentuch oder einen Handschuh dazu benutzen), nicht nur wegen der Seilreibung, sondern auch wegen des sehr starken Drucks auf die Nerven, die an dieser Stelle sehr empfindlich und ungeschützt sind. Dieser Druck kann eine Nervenquetschung oder eine Nervenprellung mit Lähmung der oberen Gliedmaßen herbeiführen (Dr. Gailland, Les Alpes, Juni 1967). Es ist nicht ausgeschlossen, daß Bergsteiger, die aus unerfindlichen Gründen beim Abseilen das Seil losgelassen haben, Opfer dieser Unfallursache waren. Darum darf im Dülfersitz nie ohne Sicherung abgeseilt werden – zumindest bei Anfängern – und ohne einen ganz besonderen Schutz der Schlüsselbeingrube.

*Karabinersitz* Er ist bequemer als der Dülfersitz, besonders wenn die Seile feucht sind. Man steigt mit beiden Beinen in eine Reepschnur oder Bandschlinge, die man zwischen den Oberschenkeln mit einem (möglichst Schraub-) Karabiner zusammenzieht, oder besser noch durch zwei Karabiner (deren Schnapper in verschiedener Richtung liegen). In den oder die Karabiner hängt man das Seil, das nun wie beim Dülfersitz über eine Schulter läuft. Zwei Karabiner sind viel sicherer als einer, auch wird dann das Seil geschont, weil es keinen so scharfen Knick macht.

Benutzt man einen kompletten Klettergürtel, so ist die Schlinge unnötig.

*Abseilen mit Abseilbremse* Pierre Allain hat als erster ein solches Gerät erdacht. Heute gibt es viele verschiedene Modelle.

Der Gebrauch dieses Geräts macht alle Reibung des Seils am Körper unnötig. Das ist angenehm und kraftsparend. Man kann das Seil gleichmäßig durchlaufen lassen und auch ganz blockieren und mit ein wenig Übung das Gerät mit einer Hand bedienen.

Trotzdem hat das Gerät zwei kleine Nachteile: Es ist zwar nicht schwer (150 g), aber man muß es eben doch tragen, und es verschleißt die Seile mehr als es beim Dülfersitz der Fall ist. Andererseits kann es bei Rettungsaktionen sehr gute Dienste leisten.

*Zwischenformen* Zwischen Karabinersitz und Abseilbremse gibt es in den verschiedenen Systemen der Karabinerbremse Zwischenformen. Das Einfachste ist die durch zwei gekreuzte Karabiner hergestellte Bremse. Es gibt auch den Salewa-Abseilkarabiner, bei dem ein drehbarer Bremssteg den quergestellten Bremskarabiner ersetzt. Schließlich gibt es die Abseilbremse nach Magnone, bei der eine Platte aus profiliertem Metall quer auf den Karabiner gesetzt wird. Auch die Seilbremse Stich-Salewa kann zum Abseilen benutzt werden.

*Beginn des eigentlichen Abseilens* Er ist der schwierigste Augenblick. Zunächst die beiden Seile greifen, und zwar so tief wie möglich unter dem Befestigungspunkt und senkrecht unter diesem (damit die Schlinge nicht von der Felsnase springt), dann die Seile mit einer Hand halten und mit der anderen um den Körper legen. Danach sich gleich in den Abseilsitz setzen, denn die Seile verrutschen sonst leicht. Sich von Anfang an klarmachen, daß die untere Hand die Bewegung steuert. Am Anfang muß

Beim Abseilen (wie auch vorher während man klettert) gilt es, einen Augenblick innezuhalten und sich klarzumachen, wie und warum man Halt findet. Hier beim Abseilen kommt es auf die untere Hand an, die die Reibung des Seiles am Körper steuert.

1

Der einfachste Abseilsitz ist der Dülfersitz (1). Am bequemsten ist der Karabinersitz (5) oder das Abseilen mit einer Bremse. Immer muß man, leicht zur Seite geneigt und ohne zu springen, gleichmäßig die Wand hinunterlaufen (2 und 6).

5

2

4

6

3

Die Bremswirkung erzielt man mit der unteren Hand. Die obere Hand darf nicht verkrampft sein. Sie hat nur die Aufgabe, für das Gleichgewicht des Oberkörpers zu sorgen (3 und 7). Wenn man stärker bremsen will, so benutzt man den Abseilsitz in der Achterform (4).

7

diese das hängende Seil leicht anheben, danach aber muß sie bremsen. Wenn man gesichert abseilt, wenn man also mit dem Kletterseil angeseilt bleibt, muß man die beiden Seile auseinanderhalten, damit sie sich nicht ineinander verheddern können. Wenn der Befestigungspunkt tief liegt und der Beginn des Abseilens deshalb gefährlich ist, muß man zunächst seitlich und sitzend abseilen, und sich erst nach einigen Metern zur Wand hin drehen.

*Für das Weitere gilt:*

1. Gleichmäßig »hinunterlaufen«, ohne Stocken, ohne Ruck, genau so, als ob man ginge, nicht als ob man liefe oder spränge. Abseilen ist nicht eine Folge kleiner Sprünge, sondern ein gleichmäßiges Schreiten längs der Wand.
2. Langsam und ohne Anhalten abseilen. Schnelles Abseilen ist gefährlich für den Bergsteiger, wie auch für die Seile, die sich dabei erhitzen und dadurch schneller abnutzen.
3. Sich in leichtem Abstand von der Wand halten, ohne jedoch die Beine waagerecht gegen die Wand zu stemmen, wie es oft geraten wird. Mit waagerechten Beinen kann der Kletterer kein Gleichgewicht halten. Auch das Abseilen ist eine Sache des Gleichgewichts. Der Kletterer muß aufrecht bleiben, das heißt, er muß auf dem Seil sitzen (auf dem Seil selbst oder auf der Schlinge). Das Kniegelenk federt, der Unterschenkel ist leicht angewinkelt, die Beine bleiben insgesamt senkrecht, nur die Fußspitzen stützen sich gegen die Wand ab und halten den Bergsteiger leicht auf Abstand.
4. Wenn man etwas Übung hat, ist es leichter, nicht mit dem Gesicht direkt zur Wand abzuseilen, sondern leicht seitlich, damit man schauen kann, wohin man tritt.

*Abziehen des Seils* Der Erste, der unten ankommt, muß sich vergewissern, ob das Seil einwandfrei läuft, vor allem, wenn an zwei aneinandergeknoteten Seilen abgeseilt wird. Läuft das Seil nicht gut, so muß der Zweite die Befestigung ändern. Wer als Letzter abseilt, muß beim Abseilen die beiden Seile auseinanderhalten. Das Einfachste ist, eines der beiden Seile durch einen am Klettergürtel befestigten Karabiner laufen zu lassen. Wenn man mit zwei Seilen ungleicher Länge abseilt, kann man weder im Karabinersitz abseilen noch eine Abseilbremse benutzen. Auch muß in diesem Fall der Karabiner, der die Seile trennt, in das Seilende ohne Knoten eingehängt werden.

Unten angekommen, trennt man die beiden Seilenden und zieht an dem Ende, das oben an der Schlinge am Fels liegt. Das Abziehen geschieht gleichmäßig ohne Ruck. Man kann in dem Augenblick, in dem das Seil aus der Schlinge gleitet, durch einen kurzen Schlenker bewirken, daß es nach außen springt und sich im Fallen nicht verhängt.

*Selbstsicherung beim Abseilen* Sie ist dann angebracht, wenn der zuerst Abseilende nicht gesichert werden kann und sie ist es immer für den, der als Letzter abseilt. Man kann das eine der beiden (am Ende zusammengeknoteten) Seilenden mit einem Karabiner am Klettergürtel befestigen.

Am besten aber ist ein Klemmknoten, den die obere Hand während des Abseilens am Seil entlangschiebt. Er zieht sich bei plötzlicher Belastung (also im »Ernstfall«) zu, vorausgesetzt, er ist nicht zu locker (darauf achten, daß die Reepschnur kurz ist, daß der Klemmknoten immer in Reichweite der Hand ist, damit der Kletterer, falls der Knoten sich ohne sein Wollen zuzieht, sich selbst befreien kann).

# Technik in Schnee, Firn und Eis

Im Fels kann man sich mit den Händen an Griffen festhalten und mit den Füßen auf Tritte steigen. Das schafft ein Gefühl der Sicherheit. Auf Schnee und Eis dagegen – einem ungewohnten und glatten »Parkett« – kann man sich an nichts festhalten. Darum ist es hier noch wichtiger als im Fels, gleichzeitig mit dem Erlernen der Technik den Sinn für das Gleichgewicht zu erwerben. Ganz gleich wie stark die Neigung des Hanges ist, der Körper muß immer senkrecht bleiben, d. h. aufrecht auf den Füßen ruhen.
Bei seinen ersten Versuchen muß der künftige Eisgeher den Eispickel benutzen. Er dient ihm als dritter Auflagepunkt. Aber nachdem er jede neue Bewegung gut einstudiert hat, sollte er diese Bewegung noch einmal ohne Pickelhilfe ausführen. Dann wird er von selbst den Körper senkrecht halten. Seine Steigeisen werden fest ins Eis greifen. Und vor allem: er wird sich seines Gleichgewichts bewußt werden, wird sich klar darüber werden, daß er Halt findet – und mehr als einmal wird er darüber selbst überrascht sein –, warum er Halt findet und bis zu welcher Grenze. Umgekehrt wird es ihm aber auch klar werden, daß er sein Gleichgewicht verliert und stürzt, sobald sein Schwerpunkt über die Basis (also die Füße) hinausragt. Im Fels ist das nur von relativer Wichtigkeit, weil sich der Kletterer mit den Händen an Griffen festhalten kann. Im Eis gibt es diese aber – von seltenen Ausnahmen abgesehen – nicht. Darum genügt es hier noch weniger als im Fels, nur Bewegungsformen zu erlernen, vielmehr muß man sich jeder neuen Erfahrung bewußt werden. So erarbeitet man sich schnell die notwendige Standsicherheit, die Folge der Bewegungen lernt man ganz von selbst.
Die Verwendung von Pickel und Steigeisen ist notwendig der Sicherheit wegen, doch wird der Anfänger Nutzen daraus ziehen, auf Schneeflanken bis zu 40° Neigung ohne Steigeisen zu gehen und auf Eisflanken bis zu 50° Neigung Stufen zu schlagen und darin ohne Steigeisen aufzusteigen. Man fühlt im übrigen mit Steigeisen an den Füßen am allerwenigsten, ob eine Stufe gut geschlagen ist, ob nämlich der Fuß sicher und fest darin steht. Gewiß, die Steigeisen wurden erfunden, weil sie notwendig sind. Diese Übungen auszuführen aber rate ich zukünftigen Bergsteigern aus zwei Gründen: einerseits, damit sie ihr Gleichgewicht finden und die nötige Standsicherheit erwerben und andrerseits, damit sie besondere Situationen sicher und souverän meistern, etwa wenn eine Eisrinne im Verlauf einer Felstour ohne Steigeisen zu queren ist. Wenn der Bergsteiger das Wesentliche erst einmal in sich aufgenommen hat, wird er schnell Fortschritte machen. Anstatt Abneigung gegen das Eis zu empfinden, wird er sich hier so sicher fühlen wie im Fels. Ich behaupte sogar, daß der im Eis erworbene Gleichgewichtssinn ihm auch im Granit sehr zugute kommen wird und ganz besonders im Kalk, wo subtiles Gleichgewichtsspiel alles bedeutet.
Durch die Schulung in den Klettergärten sind die jungen Bergsteiger mehr Felskletterer als Eisgeher. Wenn sie aber die Möglichkeit hätten, im Eis zu schulen, dann würden sie bald feststellen, daß es weniger schwer ist, ein guter Eisgeher zu werden als ein guter Felskletterer.

In der Montblanc-Gruppe:
die Seilschaft erreicht den Col de la Brenva.

Als wir 1955 den Film »Sterne und Stürme« drehten, waren die Verhältnisse in den »Nordwänden« außerordentlich schlecht. Die untere Schneeflanke der Grandes Jorasses, die gewöhnlich ganz harmlos ist, wies diesmal glattes Blankeis auf, das von einer nicht mit ihm verbundenen Schicht lockeren Pulverschnees bedeckt war. Wir waren zu viert: Maurice Baquet, Georges Tairraz, Paul Habran, mit dem ich drei Jahre vorher die Besteigung gemacht hatte, und ich. Paul ging hinter mir am Doppelseil (dreißig Meter). Ich bat ihn, da ich keinerlei Möglichkeit sah, mich zu sichern (Eisschrauben gab es damals noch nicht), sich loszumachen und einfach anzuseilen, damit ich noch dreißig Meter weiter steigen könne. Ich wollte einen Felsblock erreichen, den ich über mir aus dem Eis ragen sah. Von dort aus würde ich ihn sichern können. Als ich den Felsblock erreichte, sah ich aber, daß er rund und zum Sichern unbrauchbar war. Paul knotete nun das Seil der Seilschaft Baquet–Tairraz an unser Seil, und ich stieg noch zwanzig Meter weiter. Dann sah ich aber ein, daß es bei diesen schlechten Verhältnissen und wegen der vorgerückten Zeit unmöglich war zu filmen, und ich beschloß umzukehren. Da aber fingen die Schwierigkeiten erst an: Ich mußte nun ohne jede Sicherung diese Eisflanke hinunterklettern, die steil und glatt war wie eine Sprungschanze. Meine Freunde standen selbst nur auf ganz kleinen Stufen mitten in der Flanke.
Später gestanden sie mir die große Unruhe, die sie überkam, als sie sahen, wie ich achtzig Meter über ihnen mich daran machte, diesen heiklen Abstieg über die in die Tiefe weisende Flanke zu unternehmen. Wenn ich ausgerutscht wäre, hätten sie mich nicht halten können, ich hätte sie vielmehr aus dem Stand und mit in die Tiefe gerissen.
Ich fing an, mit Vorsicht die notwendigen Bewegungen zu machen. Es war mir sofort klar, daß ich vor allem absolut im Gleichgewicht bleiben mußte, wenn ich einen Fuß abwärts setzte und ganz vorsichtig mein Körpergewicht auf ihn verlagerte. Das Eis war außerordentlich glatt, der labile Pulverschnee stob davon. Keinerlei Griffe für die Hände. Ich fühlte sehr deutlich, daß mein Schwerpunkt auf keinen Fall über die Basis der Füße hinausragen dürfe und sei es auch nur um ein paar Zentimeter.

## Schnee und Eis

Die Hauptschneemengen fallen im Winter und im Frühjahr. Bei Temperaturen über null Grad fällt der Schnee naß, schwer und pappig, in großen, aus einer Vielzahl von Kristallen zusammengefügten Flocken. In großen Höhen, wo die Temperatur häufig unter null Grad liegt, fällt der Schnee pulvrig, trocken und leicht. Der Neuschnee enthält dort viel Luft und setzt sich darum schnell. Doch dann spielen mit ihm die Sonne, der kalte Wind und der Föhn. Sie füllen Spalten oder bauen Schneebrücken, verursachen Lawinen oder bilden Schneewehen, Wächten, Schneebretter, Windgangeln, Runzeln. Nach und nach verändern diese Umstände zusammen mit Nachtfrost und Auftauen am Tage die Beschaffenheit des Schnees. Die Oberfläche stabilisiert sich, wird gleichmäßig und begehbar. Doch auch dann noch ändert sie sich täglich unter dem Einfluß von Temperatur, Wind und Sonneneinstrahlung. Der Bergsteiger wird von der Konsistenz her vier verschiedene Gruppen des Schnees antreffen:
**Weicher Schnee** kann pulvriger oder feuchter Neuschnee, Pappschnee oder Faulschnee sein.

In der Nordwand des Matterhorns

Folgende Seiten:
Wächte auf dem Midi-Plan-Grat

Spazierstockpickel im Aufstieg

Spazierstockpickel im Abstieg

Stützpickel

**Harter Schnee,** der sehr gut zu begehen ist. (Man tritt mit den Fußspitzen hinein, wenn man in der Fallinie aufsteigt, dagegen mit den Sohlenrändern, wenn man seitlich aufsteigt.) Die verschiedenen Formen des harten Schnees sind: der Harsch, der weiche Firn, die weichen Arten des Preßschnees.
**Gefrorener Schnee, normales Gletschereis,** auf denen der Fuß nicht oder kaum greift. So harter Preßschnee, harter Firn oder aperes Gletschereis, das besonders nach Regen sehr glatt ist.
**Blankeis** ist äußerst hart und glasklar, durch Wechsel von Auftauen und Neufrost entstanden, sehr schwierig zu bearbeiten.
So wird die Technik von der Beschaffenheit des Schnees und des Eises bestimmt werden, ebenso aber auch von der Steilheit des Hanges oder der Flanke. Schwach geneigte Hänge haben bis zu 25° Neigung, Flanken mittlerer Steilheit bis zu 40° und Steilflanken 40 bis 50°. Sehr steile Wände haben eine Neigung von mehr als 50°. Diese Ziffern können aber nur ungefähre Hinweise sein, denn es ist leichter, eine Eiswand von 55° bei guten Verhältnissen zu durchsteigen als eine Flanke von 45° bei labiler Schneeauflage.
Der Eispickel ist das Werkzeug zur Fortbewegung in Schnee und Eis. Was die Steigeisen betrifft, wenn sie auch nicht immer unentbehrlich sind – im »Goldenen Zeitalter des Alpinismus« wurden außergewöhnliche Eistouren ohne Steigeisen gemacht –, so erleichtern sie doch die Touren ganz gewaltig und erhöhen zugleich die Sicherheit. Man soll aber bei ihrer Verwendung nicht übertreiben. Manchmal ist es sogar besser, sie nicht zu benutzen. Die Füße sind dann leichter, beim Aufstieg entfällt die kleine Anstrengung, die in den Hang eingedrungenen Vorderzacken zu befreien, beim Abstieg gibt es nicht die mitunter gefährlichen Stollen unter den Sohlen. Außerdem hat man ohne Steigeisen ein besseres Gleichgewichtsempfinden und geht auch mit größerer Leichtigkeit.

## Der Pickel

Der Pickel dient sowohl zum Stufenschlagen als auch zur Sicherung und zum Sondieren von Schneebrücken nach verborgenen Spalten, in erster Linie aber als Stütze während des Gehens, des Kletterns im Eis und beim Abfahren.

### Pickelhaltung

Sie wird von der Neigung des Hanges und von den Schneeverhältnissen bestimmt.
**Spazierstockpickel** Der Pickel wird wie ein Spazierstock in die Hand genommen. Die Hand packt den Pickelkopf von oben, der Handballen liegt dabei auf der Schaufel, die Haue zeigt nach vorn und leicht nach außen. Wenn man quert, hält man den Pickel auf der Bergseite.
**Stützpickel** Bei mittlerer Hangneigung auf hartem Firn oder Eis, beim schrägen Anstieg und beim Queren ist diese Haltung oft vorteilhaft, manchmal auch im Abstieg in etwas steilerem Gelände.
Man hält den Pickel mit zwei Händen etwa waagerecht vor sich, der Dorn wird in den Hang gestoßen, die Haue zeigt nach vorn.

Die vom Hang abgewandte (talseitige) Hand hält den Kopf des Pickels, wobei der Handballen auf der Schaufel ruht. Diese Hand übt Zug nach oben aus. Die dem Hang zugewandte (bergseitige) Hand packt den Stiel des Pickels nahe am Dorn und drückt diesen nach unten.
Je nach Hangneigung, Pickellänge und Größe des Bergsteigers hält sich die obere Hand näher oder weiter in Richtung Dorn. In stärker geneigtem Gelände ist die Hand näher am Dorn und umgekehrt.
Der Stützpickel wird besonders bei Quergängen in mittleren oder steilen Flanken benutzt.
Er wird auch beim Abstieg »Gesicht zum Hang« benutzt, und zwar sowohl beim Abstieg in der Fallinie als auch beim mehr oder weniger schrägen Absteigen. Der Einsatzpunkt des Dorns liegt – rechts oder links des Bergsteigers – so tief unten wie möglich. Der Bergsteiger hält den Pickel nicht mehr vor sich, sondern auf der Bergseite, wenn er schräg absteigt, sonst nach Belieben rechts oder links.

**Hauensicherung** Der Pickel wird an der Haue nur mit einer Hand gehalten. Die Spitze, die so fest wie möglich verankert ist, zeigt gegen den Schnee. Der Stiel liegt in Fallinie flach auf dem Schnee auf, der Dorn ist nach unten gerichtet.
Die Hauensicherung wird im Aufstieg in steilem und sehr steilem Gelände benutzt. Man geht dabei Gesicht zum Hang.

Hauensicherung im Aufstieg

**Ankerpickel** Der Pickel wird mit der Spitze fest verankert, und zwar vor dem Bergsteiger, in Kopfhöhe, den Dorn nach unten gerichtet.
Zum Verankern nimmt die obere Hand die Schaufel zwischen Daumen und Zeigefinger, die restlichen Finger schließen sich über dem Pickelkopf. Die andere Hand packt den Stiel nahe dem unteren Ende.
Der so mit beiden Händen gehaltene Pickel wird durch einen einzigen Schlag mit der Spitze der Haue verankert, der Stiel berührt die Flanke nur mit dem Dorn. Man kann den Pickel auch noch auf viel wirksamere Weise verankern, indem man den Stiel mit einer oder beiden Händen etwas oberhalb des Dorns hält. Wenn die Spitze verankert ist, packt die obere Hand den Kopf des Pickels, wie oben beschrieben.
Der Ankerpickel wird in steilen und sehr steilen Flanken beim Aufstieg, Abstieg und Quergang benutzt.
Man ist manchmal erstaunt wie ausgezeichnet ein gut verankerter Ankerpickel hält. Doch muß dazu die Spitze der Haue immer sehr gut geschärft sein, und die Zahnung muß bis ganz zur Spitze gehen.

Ankerpickel

**Bremspickel** Diese im Fall des Ausgleitens anzuwendende Pickelhaltung ähnelt dem Ankerpickel.
Der in solchen Fällen weniger gestreckte Körper übt mittels der oberen Hand starken Druck auf die Spitze der Haue aus.

**Eingerammter Pickel** Der mit einer oder beiden Händen gehaltene Pickel wird senkrecht wie ein Pfahl eingerammt. Der Bergsteiger hat den Pickel vor sich, die flache Seite des Stiels zu seinem Gesicht gekehrt.
Je nach Schneebeschaffenheit dringt der Stiel mehr oder weniger tief in den Schnee ein. Er muß aber immer so tief wie möglich eingerammt werden, und vor allem muß die Zugbelastung nahe der Oberfläche des Schnees erfolgen.
Der eingerammte Pickel wird in steilem und sehr steilem Gelände sowie beim Überschreiten des Bergschrundes benutzt, und zwar in hartem, vor allem aber in tiefem Schnee.

**Geländerpickel** Diese Pickelhaltung gilt beim Abstieg »Gesicht zum Tal«. Der Pickel wird mit einer Hand seitlich gehalten, der Stiel zeigt in

Hauensicherung im Abstieg

Richtung des Hangs, Dorn nach oben, Pickelkopf nach unten. Die Hand hält den Pickel dicht am Dorn. Die Verankerung wird allein durch die Haue bewirkt, denn der Stiel (der parallel zur Abstiegsspur zeigt) berührt den Schnee nicht.
Während der Bergsteiger absteigt, gleitet die Hand den Stiel entlang bis unter den Pickelkopf, wo sie den Pickel dann herauszieht. Der Pickel hat nur einen Auflagepunkt: die Haue.
Der Geländerpickel wird bei mittleren oder steilen Abstiegen benutzt, auf hartem Schnee und auf Eis.
**Hauensicherung im Abstieg** hat zwei Auflagepunkte: die Haue und den Dorn, wobei letzterer nach oben zeigt. Der Pickel wird mit einer Hand am Stiel gehalten, und zwar etwa im Schwerpunkt. Die Haue steckt im Schnee. Anwendung: beim Abstieg (in der Fallinie oder schräg).
In steilen Flanken zeigt der Stiel parallel zur Abstiegsspur. Bei schrägem Abstieg liegt der Pickel auf der Bergseite, die Haue leicht nach oben gedreht.

# Stufenschlagen

## Der Pickel

Ein Pickel, der gut »ankert«, ist oft nicht zum Stufenschlagen geeignet. Umgekehrt ist ein Pickel, mit dem sich gut Stufen schlagen läßt, nicht immer besonders gut als »Ankerpickel« brauchbar.
In der Tat ist der Pickel sowohl dem Beil verwandt (mit dem man Holz spaltet) als auch der Sapine (mit der der Holzfäller Baumstämme bewegt). In fernen Zeiten, als man sehr viele Stufen schlug, weil es noch keine Steigeisen gab, hatten die Bergsteiger »Beilpickel« (die »Beil«seite des Pickels war die, an der heute die Schaufel ist).
Ein Eispickel, der gut »ankert«, hat eine sehr feine Hauenspitze (damit er gut eindringt) und eine Zahnung, die bis ans äußerste Ende dieser Spitze reicht (des Haltes wegen). Man ist manchmal geradezu überrascht, wie ein solcher Pickel (zum Beispiel der Charlet Super-Conta) sogar in sehr hartes Eis eindringt und »ankert«.
Ein Pickel zum Stufenschlagen dagegen soll kein kleines und tiefes Loch machen und sich dort verankern. Er soll das Eis vielmehr anschneiden, heraussprengen, zerhauen, damit möglichst schnell eine Stufe entsteht. Dafür hat Grivel unlängst einen »Beilpickel« herausgebracht (dessen Haue nicht in einer Spitze endet, sondern in einer etwa 2 cm hohen Schneide), der sich nach Berichten der Führer, die ihn benutzt haben, ausgezeichnet zum Stufenschlagen eignet.
Es ist hier wie bei den Steigeisen (lange oder kurze Zacken), bei den Haken (aus hartem Stahl oder aus weichem Stahl), bei den Rucksäcken (mit oder ohne Außentaschen), wie bei vielen Dingen, die unterschiedlichen Zwecken dienen müssen, in den Bergen wie auch sonstwo.
**Pickelhaltung** Man schlägt Stufen am besten mit zwei Händen. So hat man mehr Kraft und arbeitet genauer. Die Hände packen den Stiel ziemlich weit unten. Man übt sich, beim Schlagen abwechselnd die rechte und die linke Hand vorne zu haben. Die hintere Hand gibt mehr die Kraft, die vordere steuert mehr. Wie weit man ausholt, hängt von der Beschaffenheit des Eises ab. Die Bewegung kommt aus den Schultern, wird durch die

In gleichförmig steilen Flanken erscheinen Eistouren oft monoton. Doch häufig ist die Führe abwechslungsreich und bietet Eindrücke, wie man sie im Fels nicht findet.

1

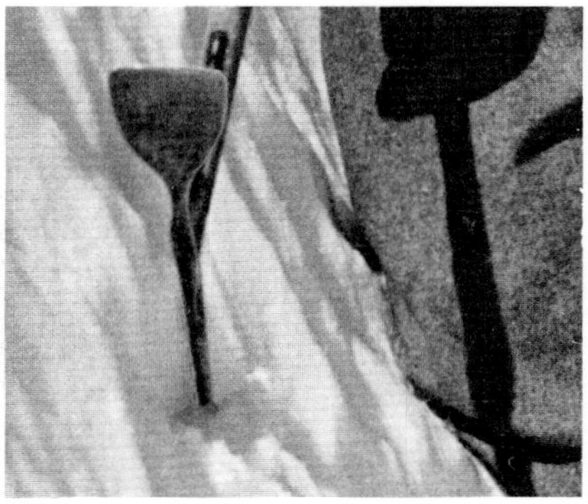
2

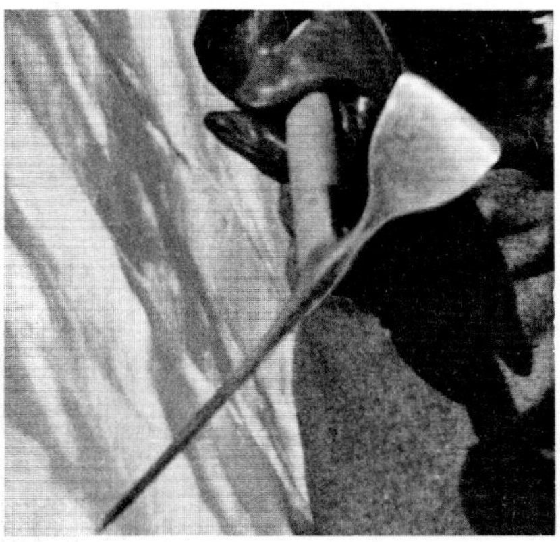
3

4

Horizontales Stufenschlagen
1 Entscheiden, wo man die Stufen schlägt und richtig zielen
2 durch senkrechte Schläge die Eisfläche anschneiden
3 mit schräg gehaltener Haue des Pickels das Eis herausschlagen
4 die Trittfläche vergrößern und nivellieren

Arme übertragen und durch die Unterarme und die Handgelenke gesteuert. Man kann auch mit einer Hand Stufen schlagen. Auch dann muß man sich darin üben, sowohl mit der rechten als auch mit der linken Hand zu schlagen. Die Hand hält den Pickel ein wenig höher als bei der Haltung mit zwei Händen. Der Unterarm holt stärker aus.

**Anordnung der Stufen** Anders als beim Felsklettern, bei dem der Bergsteiger nur vorhandene Griffe und Tritte benutzen kann, hat er im Eis alle Freiheit, seinen Weg selbst zu bahnen, wo er will. Er sollte diesen Umstand nutzen. Dazu muß er aber das Gelände genau studieren. So ist zum Beispiel eine Eisflanke nie ganz regelmäßig, sie kann an manchen Stellen nach innen oder außen gewölbt oder von Rissen durchzogen sein. Dementsprechend wechselt die Steilheit. Auch kann das Eis von einem Meter zum anderen härter oder weicher sein. Man kann sich auch die verschiedenen Schichtungen des Eises zunutze machen. Mit anderen Worten: Man muß, will man von hier nach dort gelangen, sich sehr genau umsehen, bevor man anfängt Stufen zu schlagen. Man muß sich über die Himmelsrichtung der Flanke klar sein, muß die Verhältnisse abschätzen, um danach den richtigen Wegverlauf zu bestimmen. Dieses Erwägen und Überlegen, dieses sich Hineinversetzen in die Natur ist etwas sehr Schönes. Ob man Stufen für schrägen Aufstieg (horizontale Stufen) oder Aufstieg in der Fallinie (Vertikalstufen = Stufen in Weihwasserkesselform) schlägt: es gilt die Folge der Bewegungen vorauszusehen, die jeweilige Stellung der Füße, die Notwendigkeit, sich in den Stufen aufzurichten. Nach all dem wird bestimmt, wo die Stufe zu schlagen ist.

Die Entfernung zwischen zwei Stufen muß so berechnet werden, daß der Schritt von der einen zur anderen keine unverhältnismäßig große Anstrengung fordert, und daß dabei auch der Schwächste der Seilschaft nicht Gefahr läuft, aus dem Gleichgewicht zu geraten.

Soll der gleiche Weg für den Abstieg benutzt werden, so sollten die Stufen näher beieinanderliegen. Nachdem man drei oder vier Stufen geschlagen hat, probiert man sie zunächst im Abstieg aus. Man kann dann, wenn nötig, korrigieren.

## Stufenschlagen im Eis

**Das klassische Verfahren:** waagerechte Stufen bei schrägem Aufstieg.

*Körperhaltung:* Um gut schlagen zu können, muß der Bergsteiger sich im Gleichgewicht fühlen (ist die Flanke extrem steil, so muß er zuerst einen Griff für die obere Hand aus dem Eis schlagen und dann mit der unteren Hand die Stufe schlagen).

Der etwas nach vorn geneigte Körper muß im übrigen senkrecht bleiben, darf sich also nicht an den Hang schmiegen. Das ist besonders wichtig bei dem Schritt von einer Stufe auf die andere, ebenso aber beim Schlagen der Stufe und sei es nur wegen der Pickelhaltung, denn es wird senkrecht und eher noch etwas von außen nach innen geschlagen. Manchmal ist es aber auch angenehm, das bergseitige Bein und Knie gegen die Flanke abzustützen, weil man so stabiler steht.

*Das eigentliche Stufenschlagen* Die horizontalen Stufen müssen abwechselnd für den rechten und linken Fuß passen. Das Verfahren ist folgendes:

- Die Grundfläche der Stufe durch kleine, waagerechte Pickelschläge von hinten nach vorne abgrenzen.
- Mit vertikalen Schlägen von hinten nach vorne das Eis anschneiden.

5

4

3

Aufstieg in den Stufen. Wenn man die Richtung wechselt, schlägt man zwar keine größere, wohl aber eine tiefere Stufe, in der beide Fußspitzen Platz finden.

2

1

Dabei niemals zweimal an dieselbe Stelle schlagen, weil der Pickel sonst leicht stecken bleibt. Dann mit schräger Haue die Stufe und besonders ihre Grundfläche vergrößern, der Stufe dabei eine leichte Neigung nach innen geben.
– Den Grund der Stufe nivellieren und mit der Schaufel die Eisstücke wegräumen.

Eine Stufe ist gut geschlagen, wenn sie kaum größer als der Fuß des Bergsteigers und mit einem Minimum an Hieben geschlagen worden ist.

Beim Stufenschlagen in weichem Eis und sehr hartem Schnee kann die erste Phase (Abgrenzen) wegfallen.

*»Abwechselndes« Stufenschlagen* Durch abwechselnd senkrechte und waagerechte Schläge wird das Eis »von zwei Seiten angegriffen«. Das geht wohl etwas schneller, erfordert aber größere Genauigkeit und mehr Geschick.

**Schlagen von Stufen in »Weihwasserkesselform«** Der Aufstieg erfolgt in Fallinie. Man benutzt diese Technik besonders zur Überwindung kleiner

Steilaufschwünge. Je steiler die Flanke ist, desto mehr Stufen muß man im voraus schlagen, in sehr steilen Flanken bis zu drei.

Die Stufe ist so geformt, daß nur Fußspitze (im Aufstieg) und Absatz (im Abstieg) Platz finden.

Die Stufen sollten, entsprechend der Fußstellung, leicht gespreizt sein. Das Eis senkrecht zu seiner Oberfläche mit der Haue des Pickels von oben nach unten anschneiden, so daß ein Loch in der Form eines Weihwasserkessels entsteht, das, sich nach unten vergrößernd, der Form der Stiefelspitze entspricht. (Beim Abstieg in einer sehr steilen Flanke ist bergwärts eine Auskehlung nötig, die Wade und Fußknöchel aufnimmt.)

Das Schlagen von Stufen in »Weihwasserkesselform« hat folgendes Unangenehme: Die Eissplitter fallen auf den Bergsteiger, der die Stufe schlägt,

Abstieg in den Stufen. Das Schwierigste ist der Schritt talwärts mit dem Innenfuß. Man muß dazu das talseitige Bein stark beugen.

Stufenschlagen in der Fallinie

und mitunter fliegen sie ihm genau ins Gesicht. Aber man kommt, vor allem auf hartem Schnee, auf diese Weise sehr schnell voran.

**Blankeis** Dieses glasklare, sehr harte Eis ist am allerschwierigsten zu bearbeiten, denn es bricht leicht in ganzen Schollen heraus. Noch mehr als beim Firn- und Gletschereis muß man darauf achten, nicht zwei Pickelschläge auf eine Stelle zu geben oder überhaupt zu stark zuzuschlagen. Ob man waagerechte Stufen schlägt oder Stufen in »Weihwasserkesselform«, die Technik bleibt die oben beschriebene, nur in der Stärke der Schläge liegt ein Unterschied. Am Anfang schlägt man nur sachte zu und begrenzt dabei die Stufe, vor allem ihre Basis, mit kleinen leichten Pickelschlägen und erst dann heftiger. Oft hört man am Klang der Schläge ob die Stufe gut ist. Klingt der Schlag hohl, wird das Eis wohl herausbrechen.

Aufstieg in Stufen in der Fallinie

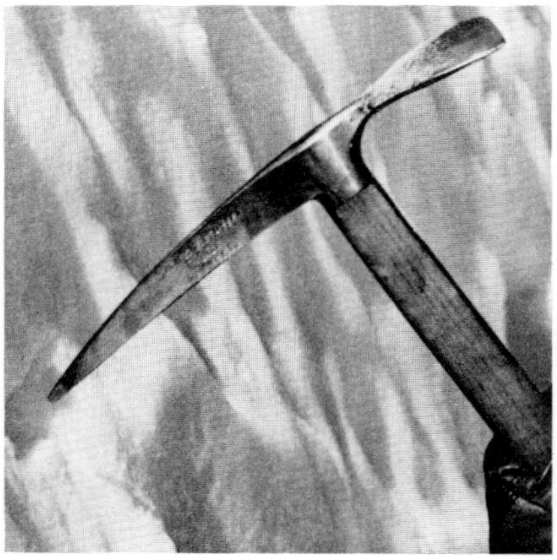

Schlagen eines Griffes

**Stufen in hartem Schnee** Das Stufenschlagen kann hier meist durch einen kräftigen Tritt ersetzt werden, der die Schneeoberfläche eindrückt und eine genügende Vertiefung schafft. Ist die Oberfläche aber hart, vielleicht weil die Sonne den Firn noch nicht aufgetaut hat, dann muß man doch Stufen schlagen. Das ist leichter als im Eis.

Es gibt zwei Methoden:

– mit zwei Händen, indem man die Oberfläche mit der Schaufel des Pickels kräftig aufschabt, um so die gewünschte Vertiefung zu schaffen,
– mit einer (und zwar der bergseitigen) Hand, indem man den Pickel quasi wie ein Pendel benutzt. Man schlägt mit der Schaufel im spitzen Winkel in den Schnee und nimmt gegen Ende der Bewegung den Ellenbogen hoch, damit die Schaufel nicht im Schnee stecken bleibt.

Folgende Seiten:
In den Eisbrüchen der Allée-Blanche

Steigeisentechnik auf wenig steilem Hang im Aufstieg. Spazierstockpickel (1).

Steigeisentechnik auf steiler Flanke im Abstieg. Spazierstockpickel (2).

Steigeisentechnik in einer Flanke mittlerer Neigung. Stützpickel (3–4–5).

1

2

**Aufstieg in den Stufen** Die Pickelhaltung beim Übergang von der einen Stufe zur anderen wird durch die Neigung der Flanke bestimmt: Spazierstockpickel, Stützpickel, Ankerpickel usw.

Was die Beine betrifft: Man muß das ganze Körpergewicht auf den Fuß übertragen, der auf die soeben geschlagene Stufe tritt, und zwar den Körper nach vorne neigen und das Körpergewicht auf das weit vorgeschobene Knie »überkippen«, dann sich auf dem oberen Bein und Fuß aufrichten. Das Prinzip ist genau das gleiche wie beim Felsklettern. Auch hier sollte man, so oft man kann, sich auf den Pickel stützen, statt sich an ihm hochziehen. Bei schrägem Anstieg muß man bei Richtungswechsel nicht eine größere, wohl aber eine tiefere Stufe schlagen, in der zwei zum Hang gewandte Fußspitzen Platz finden.

**Überschlagen einer Stufe** Beim Gehen mit Steigeisen: Man schlägt nur eine Stufe für zwei Schritte, und zwar für den bergseitigen Fuß. Der talseitige Fuß steht, mit Steigeisen bewehrt, in der Flanke. Während des Schrittes wird der Pickel als Stützpickel oder als Ankerpickel benutzt.

Ohne Steigeisen: Man schlägt eine gute Stufe für den bergseitigen Fuß, für den talseitigen begnügt man sich mit einer »Ministufe«.

Pickelhaltung: Stützpickel oder Ankerpickel.

**Das Schlagen von Griffen** ist in sehr steilen Flanken notwendig. Man soll damit nicht warten, bis die Situation kritisch oder auch nur unangenehm wird. Am Anfang einer schwierigen Passage muß man, wenn man noch auf einer guten Stufe steht, im voraus in vernünftiger Entfernung zwei bis drei Griffe schlagen.

Der erste Griff kann mit zwei Händen geschlagen werden. Wenn er fertig ist, hält der Bergsteiger sich daran fest und schlägt dann die folgenden Griffe mit der freien Hand.

*Das eigentliche Schlagen des Griffes* Mit kleinen, horizontalen Pickelschlägen den Griff mit der Pickelspitze anreißen, so, als wolle man ein Loch machen. Dann abwechselnd mit Schaufel und Spitze zuschlagen, dabei den Pickelstiel anheben, damit man eine hohle, nach unten gerichtete Vertiefung bekommt.

**Stufenschlagen im Abstieg** Glücklicherweise ist es nur selten nötig, im Abstieg Stufen zu schlagen, denn das ist schwierig und sehr anstrengend. Der Bergsteiger muß sich stark nach vorne und nach unten beugen, um mit beiden Händen arbeiten zu können, da er nur so genau und kraftsparend arbeiten kann.

Abstieg von einer Stufe auf die andere: Stützpickel oder Hauensicherung.

Wenn Stufen vom Aufstieg her vorhanden sind, deren Abstand aber zu groß ist, dann werden sie beim Abstieg nur für den jeweils oberen Fuß gebraucht. Der untere Fuß steht mit Steigeisen in der Flanke oder in einer für ihn geschlagenen kleinen Stufe.

## Steigeisentechnik

Steigeisen werden häufig benutzt, und zwar gewöhnlich auf allen Eis- und (harten) Schneehängen über 30° Neigung. Selbst auf vereistem Fels sind sie oft eine große Hilfe.

**Befestigen der Steigeisen** Oft muß man sie nachts anlegen, darum ist es gut, das schon vorher geübt zu haben. Man darf nicht vergessen, daß die Steigeisen dem Stiefel genau angepaßt sein müssen: Wenn man also neue

Schuhe anschafft, immer an die Steigeisen denken und umgekehrt! Man darf nicht versuchen, die Steigeisen unter die Schuhe zu schieben. Vielmehr tritt der Fuß des Bergsteigers auf das Steigeisen, das flach auf dem Schnee oder Eis liegt, wobei alle Ringe nach außen geklappt sind.
Dann die Riemen richtig festziehen, nicht zu eng, denn das kann die Blutzirkulation hemmen und Erfrierungen verursachen, auch nicht zu locker, denn das Steigeisen hat dann nicht den nötigen Halt am Schuh, es kann sich drehen oder sich ganz vom Fuß lösen.

**Gehen mit Steigeisen** Es ist wichtig, relativ breitbeinig zu gehen, damit die Steigeisen nicht an den Strümpfen oder den Gamaschen hängen bleiben können. Niemals rennen; man muß seine Bewegungen und besonders sein Gleichgewicht immer unter Kontrolle haben.
Beim Steigeisengehen spielt der Pickel eine große Rolle. Die Pickelhaltung hängt von der Neigung des Hanges ab.
Es gibt zwei dem Prinzip nach sehr verschiedene Techniken des Steigeisengehens, die sich jedoch in der Praxis je nach der Art des Geländes und im Hinblick auf einen Wechsel in der Beanspruchung von Bein- und Fußmuskeln ergänzen.

*Die Eckensteintechnik* Hierfür hat man Steigeisen mit zehn senkrechten Zacken. Die Technik besteht darin, alle zehn Zacken gleichzeitig greifen zu lassen und dazu die Sohle des Stiefels parallel zum Hang zu halten. Sie muß flach auf dem Hang aufliegen, unabhängig von dessen Neigung, dank einer entsprechend starken Biegung des Knöchels, während der Körper senkrecht bleibt. Sobald der Hang steil wird, hält sich der Bergsteiger nicht mehr »Gesicht zum Hang«, sondern wendet sich zur Seite.

*Die Frontalzackentechnik* Hier haben die Steigeisen zwölf Zacken. Die 1931 von Laurent Grivel, einem Bergführer und Schmied in Courmayeur, erfundenen Zwölfzacken-Steigeisen haben zehn senkrechte und vorn zwei etwa waagerechte Zacken und in der Mitte das traditionelle Gelenk.
Seit einigen Jahren benutzen österreichische und deutsche Eisgeher gelenklose, vollkommen starre, aus einem Stück gearbeitete Eisen mit acht senkrechten Zacken (die hinteren Zacken), zwei leicht nach vorn gerichteten Zacken (die zwei Zacken unter den Fußspitzen, die früher senkrecht waren) und zwei nahezu waagerechten Vorderzacken.
Die Frontalzackentechnik beruht darauf, daß man nicht schräg, sondern direkt in der Fallinie aufsteigt. Je nach der Steilheit des Geländes steht man nur auf den Vorderzacken. Wir haben hier eine sehr natürliche und spontane Technik, die ein kontinuierlicheres Vorwärtskommen erlaubt. Die Haltung des Eisgehers, Gesicht zur Wand, auf der äußersten Fußspitze stehend, erinnert hier an die Haltung des Felskletterers, der ebenfalls Gesicht zur Wand auf der äußersten Spitze der Füße steht. Der Vergleich zwischen Eis und Fels ist noch treffender, seit man im Fels anstelle der weichen Schuhe von früher (bei denen man durch Reibung der Sohlen, verbunden mit Zug der Arme, Halt fand) starres Schuhwerk mit armierten Sohlen benutzt, mit dem man sich mit den Fußspitzen auf ganz kleinen Tritten von manchmal nur einigen Quadratmillimetern halten kann.
Die Frontalzackentechnik erfordert einige Muskelkraft in Füßen und Beinen. Sie ist aber trotzdem natürlicher als das akrobatische, unangenehme und auch etwas unsichere Verbiegen der Knöchel (bei dem Stiefelschaft und Steigeisenriemen störend entgegenwirken), wie es die Eckensteintechnik verlangt.
Ich selbst habe mir 1946 Zwölfzacker gekauft und habe sie immer noch, nach vielen Unternehmungen wie der Nordwand des Matterhorns (Juni

3

4

5

Steigeisentechnik in steiler Flanke. »Eckensteintechnik« mit Zehnzackern. Ankerpickel (1–2–3).

Steigeisengehen in steiler Flanke. »Frontalzackentechnik« mit Zwölfzackern und Pickel-Drucksicherung (4).

1949), wo ich sie nicht nur in der Eisrinne zu Anfang, sondern während der ganzen Tour im vereisten Fels anbehalten habe und in der Eiger-Nordwand (August 1952), wo während des ersten Biwaks das Wetter umschlug und ich sie die ganze Tour über (auch am zweiten und dritten Tag) anbehielt. Es scheint mir, daß die beiden Vorderzacken eine Zahnung haben könnten, wie die Hauen der zum Ankern besonders geeigneten Pickel (Charlet Super-Conta zum Beispiel). Es scheint mir aber ebenso des Nachdenkens wert zu sein, den Rahmen der Steigeisen nicht den seitlichen Rundungen der Schuhe folgen zu lassen, sondern rechteckig in der Verlängerung der Vorderzacken zu konstruieren, damit die Vorderzacken weniger federn und man sie dadurch beim Hineintreten besser verankert.
Mit Zwölfzackern kann man beide Techniken anwenden: die Vorderzackentechnik und die Eckensteintechnik, wobei man abwechseln und dadurch der Muskelermüdung vorbeugen kann, indem man diejenige der beiden Techniken anwendet, die je nach Geländeform, Schnee- und Eisbeschaffenheit, Steilheit der Flanke und so weiter gerade günstiger erscheint.
Im Hochgebirge wird man in erster Linie die Vorderzackentechnik anwenden. Man kann mit ihr extrem steile Strecken auf kürzestem Weg in kürzester Zeit überwinden, ohne Stufen zu schlagen. Doch sollte man im Eiskurs beide Techniken erlernen. Die Eckensteintechnik verleiht den Knöcheln eine ausgezeichnete Geschmeidigkeit, und sie lehrt den Bergsteiger, die Grenzen seines Gleichgewichts auf dem Eis sehr genau zu erkennen und zu beherrschen. Im Hochgebirge wird man diese Technik vor allem bei Firnflanken bis zu 40° Neigung anwenden, vor allem, wenn man beim Anstieg Serpentinen dem direkten Weg vorzieht oder wenn man lange Querungen zu machen hat.

## Künstliche Hilfsmittel

Künstliche Hilfsmittel werden im Eis nur ausnahmsweise benutzt. Den Steigbaum jedoch braucht man oft zur Überwindung des Bergschrundes, einer Wächte oder eines kurzen Aufschwungs. Eisschrauben werden oft zur Sicherung und bei kurzen künstlichen Passagen gebraucht.
**Der Steigbaum** wird im Eis genau so gemacht wie im Fels. Der Erste steigt auf ein Knie, dann auf die Schulter des Zweiten, der sich vorher gut gesichert und verankert hat. Die Sache wird schwieriger, wenn das zu überwindende Hindernis aus Eis ist. Der Erste steigt ohne Steigeisen und schlägt Stufen. Wenn er unbedingt Steigeisen anbehalten muß, schützt sich der Zweite mit seinem Rucksack, während der Erste seinen Fuß sehr behutsam auf dessen Schulter stellt, und zwar mit dem Zwischenraum zweier Steigeisenzacken.
**Hakentechnik** Die langen messerförmigen oder runden Eishaken, die man früher im Gebrauch hatte, werden heute sehr vorteilhaft durch Eisschrauben ersetzt. Man verwendet diese zur Sicherung am Standplatz, zur Zwischensicherung und eventuell auch beim künstlichen Klettern, obwohl dies im Eis selten nötig ist; manchmal zum Überwinden eines kurzen Aufschwungs oder des Bergschrundes.
Man muß eine Stelle wählen, an der das Eis kompakt ist und keine Unregelmäßigkeiten in der Konsistenz aufweist.
**Dünne Eisschrauben aus vollem Material** Man darf sie nicht zu Anfang mit dem Hammer einschlagen, sondern muß mit dem Pickel ein Loch

1

2

3

4

anreißen und dann die Schraube unter Druck eindrehen. Wenn dies zu schwer geht, den Hammer oder Pickel als Hebelarm einsetzen. Manche Pickel (Charlet zum Beispiel) haben in der Schaufel ein Loch für den Kopf der Eisschraube. So kann man die Schrauben leicht hineindrehen, selbst wenn sie sich in einer Vertiefung befinden.

**Röhrenförmige Eisschrauben (Rohreisspiralen) und dicke Eisschrauben aus vollem Material** Hier ist es nicht nötig, mit dem Pickel ein Loch anzureißen. Hat man einen Hammer zur Hand, so kann man die Schraube ein Stück ins Eis schlagen, dann dreht man sie ein wie andere Eisschrauben.

# Technik des Gehens auf Schnee und Eis

Im Fels nimmt man nur dann zum künstlichen Klettern Zuflucht, wenn alle Möglichkeiten des freien Kletterns erschöpft sind.

In Schnee und Eis sollte es ebenso sein. Nicht weil man sich auf einem Gletscher befindet, muß man auch unbedingt Steigeisen anlegen. Nicht weil vor uns ein Hang sich aufsteilt, muß man sofort beginnen, Stufen zu schlagen.

Man muß also zuerst lernen, so weit wie möglich ohne Steigeisen vorwärtszukommen. Abgesehen davon, daß man ohne Steigeisen »leichtfüßiger« ist, findet man über den direkten Kontakt vom Fuß zum Schnee und mitunter sogar zum Eis einen über das rein Körperliche hinausgehenden Kontakt zu diesem Element. Gleichzeitig erprobt man sein Gleichgewicht und empfindet Vergnügen daran, sich an die Grenze des Möglichen heranzutasten. Voraussetzung ist jedoch, daß man seine Grenzen erkennt und achtet. Sobald man sich dann nicht mehr sicher fühlt, legt man die Steigeisen an, wohl wissend, daß die Steigeisen von allein weder klettern noch Schwierigkeiten und Risiko aus der Welt schaffen. Auf Steigeisen zu gehen, muß man lernen wie das Skilaufen. Man muß dabei ein neues Gleichgewichtsgefühl finden.

Diese Steigeisentechnik setzt zunächst die Kenntnis der Schnee- und Eisverhältnisse voraus, die Kenntnis ihrer unzähligen Erscheinungsformen und deren Wechsel in kürzester Zeit auf Grund von Temperaturschwankungen. Man muß fühlen und verstehen, warum man Halt findet und bis zu welcher Grenze, wie weit man mit Zehnzackern gehen kann und wie weit mit Zwölfzackern, damit man erst dann Stufen schlägt, wenn die Steigeisen nicht mehr ausreichen. Man muß aber immer wachsam sein und den kritischen Augenblick voraussehen, damit man nicht plötzlich »gelähmt« ist, wenn man feststellt, daß man mit den Steigeisen nicht mehr weiterkommt, weil der Hang zu steil ist, daß man aber auch keine Stufen schlagen kann, weil man keine Bewegungsfreiheit hat und keinen festen Stand findet. Wir erinnern uns, daß schwache Hänge bis 25° Neigung aufweisen, mittlere Flanken von 25° bis 40°, steile von 40° bis 50° und sehr steile Flanken steiler sind als 50°. Diese Ziffern gelten ähnlich annähernd wie die Skala der sechs Schwierigkeitsgrade im Fels. Wichtig ist, daß man einen Hang, eine Flanke zunächst beobachtet, studiert, die Wegführung, das Aneinanderreihen der Passagen plant, sich dabei über die Schnee- und Eisverhältnisse klar wird, über die Steilheit, die Temperatur, die Himmelsrichtung. All das macht übrigens echte Freude.

Es kann durchaus möglich sein, ohne Steigeisen in voller Sicherheit einen Hang von 45° oder mehr zu begehen, dann nämlich, wenn der Schnee gut hart, genau richtig ist. Das ist manchmal je nach Sommer im Juni der Fall, wenn noch gut verfirnter Winter- und Frühjahrsschnee liegt, der mit dem Eis schon eins geworden ist, oder im September nach einem halb pulvrigen halb feuchten Schneefall, der fest auf der Unterlage haftet. Es muß aber nachts gefroren haben, doch auch nicht zu stark. Dieser harte Schnee ist dann an der Oberfläche weich genug, daß man die Fußspitze mit einem kräftigen Tritt genügend tief hineinbohren kann (es ist aber gut, dabei Schuhe mit steifer Sohle zu tragen), und er ist auch hart genug, das Gewicht des Bergsteigers zu tragen, obwohl die Standfläche nur klein und die Flanke steil ist.

Umgekehrt ist es an manchen Tagen ganz ausgeschlossen, ohne Steigeisen oder ohne Stufen zu schlagen auch nur eine Rinne mit gerade 25° Neigung zu überschreiten, wenn sie aus Blankeis besteht und es am Abend vorher vielleicht noch geregnet und während der Nacht gefroren hat. Darum sind die nun folgenden Hinweise wirklich nur Hinweise. Im übrigen bin ich froh, und viele sind es mit mir, daß man das Hochgebirge und die Technik des Bergsteigens in Eis, Schnee und Fels nicht in Wegediagrammen, Kolonnen, Zahlen, Punkten und Koordinaten erfassen kann. Natürlich soll der Bergsteiger sich nicht ins Abenteuer stürzen, er soll auch nicht improvisieren, sondern nachdenken, erraten, verstehen und dann auf dieser Grundlage folgerichtig handeln. Auch das ist eine Form der Liebe zu Fels und Eis.

## Gehen ohne Steigeisen

**Im Tiefschnee**

*Pulverschnee* Normales Gehen mit Spazierstockpickel. Je nach der Tiefe des Schnees Fuß und Bein anheben, unter Umständen bei jedem Schritt den Schnee zusammentreten.

Wenn die Sohle die Unterlage (unter der Schicht Pulver) erreicht, muß die Spitze (bei Anstieg in der Fallinie) oder der bergseitige Sohlenrand (bei schrägem Anstieg oder bei Quergang) im harten Schnee die Unterlage greifen. Beim Abstieg Vorsicht, die Technik richtet sich nach der Beschaffenheit der Unterlage.

In steilen Flanken muß man, wenn der Pulverschnee nur dünn ist, Steigeisen benutzen. Ist der Schnee tief, so besteht Lawinengefahr, besonders beim Queren des Hanges.

*Nasser Schnee* Das Gehen ist mühsam, gegebenenfalls muß man den Schnee zusammentreten. Fuß und Bein bei jedem Schritt anheben (Spazierstockpickel, eingerammter Pickel).

Auf mittelsteilem Hang Querungen vermeiden (Lawinengefahr) und in Fallinie aufsteigen, den Schnee bei jedem Schritt zusammentreten, um die Stufen zu festigen. Vorsichtig das Körpergewicht vom einen Fuß auf den anderen verlagern, unter Umständen mit Knie und Pickel nachhelfen (Hauensicherung, eingerammter Pickel).

In steilen Flanken sind Steigeisen erforderlich, doch ist es manchmal besser, sie nicht zu benutzen, zumindest bei sehr pappigem Schnee, um Stollenbildung zu vermeiden.

Bei sehr tiefem Naßschnee besteht große Lawinengefahr.

*Faulschnee* Gewöhnlich findet man mit Wasser gesättigten Altschnee vor, wenn es mehrere Nächte hintereinander nicht gefroren hat. Faulschnee kann auch am Tage erwärmter Neuschnee sein, der nachts selbst in großer Höhe wegen zu hoher Temperatur nicht gefroren ist. Faulschnee ist ein

Folgende Seiten:
Unterwegs zum Gipfel des Montblanc. Hier: La Jonction.

Seite 142
In weichem Firn »auf Fußspitzen«. Spazierstockpickel.

Am Col de Nantillons

Im steilen Eis

gefährlicher, schwerer Schnee, der leicht als Schneerutsch abgeht. Querungen vermeiden, in Fallinie aufsteigen, den Schnee zusammentreten, damit man möglichst die Unterlage erreicht, in die man dann den Fuß greifen läßt. Sehr vorsichtig das Gewicht vom einen Fuß auf den anderen verlagern.

Beim Abstieg ist es oft zweckmäßig, mit dem Gesicht zum Hang zurückzusteigen. Sich auf den Pickel stützen (Hauensicherung), und auch hier sehr vorsichtig das Körpergewicht vom einen Fuß auf den anderen verlagern!

**Hartschnee** *Auf hartem an der Oberfläche leicht aufgetautem Firn* ist das Vorwärtskommen leicht und bequem. Man kann auf den Fußspitzen aufsteigen (Fallinie) oder in Serpentinen, wobei man mit dem Fuß im Gehen ein kleine Stufe tritt. Man stützt sich dabei, je nach der Hangneigung in verschiedener Weise auf den Pickel (Spazierstockpickel, Stützpickel, Hauensicherung).

Man muß sich dennoch vorsichtig bewegen, da dieser Schnee oft sehr rutschig ist.

Ist der Schnee an der Oberfläche etwas stärker aufgeweicht, so dringen die Füße tiefer ein, und man rammt dann am besten den Pickel ein.

Beim Abstieg gibt es je nach Hangneigung folgende Möglichkeiten:

- Man macht weit auseinanderliegende, gleitende Schritte (Spazierstockpickel)
- Man »fährt ab« (sitzend, in Hocke oder stehend)
- Absteigen auf den Absätzen, Gesicht talwärts (Spazierstockpickel) auf mittelsteilen Hängen
- Absteigen auf den Fußspitzen, Gesicht zum Hang, auf steilen Hängen (Hauensicherung, eingerammter Pickel).

*Harter, nicht an der Oberfläche aufgeweichter Schnee* Beim Aufstieg auf schwach geneigten und mittleren Hängen (Spazierstockpickel) und in steilen Flanken mit Hauensicherung oder eingerammtem Pickel wird der Fuß mit einem einzigen, gezielten Tritt bis zur Hälfte der Sohle in den Schnee getrieben.

Dieser harte (aber nicht ganz harte!) Schnee ist nicht an der Oberfläche aufgeweichter Firn, sondern ist einheitlich von dieser Konsistenz. Hier hat man ideale Verhältnisse, bei denen es nicht nötig ist, Steigeisen zu verwenden, auch in sehr steilen Flanken nicht. (Sie würden nichts helfen und wären allenfalls hinderlich.) Das Vorwärtskommen ist hier ausgesprochen angenehm: sehr sicher, schnell und nur wenig anstrengend. Beim Abstieg, Gesicht zum Tal, (Spazierstockpickel) muß man mit aller Kraft die Absätze einrammen. Der durch Hang und Fußspitze geformte Winkel muß so spitz wie möglich sein, damit der Absatz wie eine Spitze in den Schnee dringt.

**Harsch** ist Schnee, der an der Oberfläche verkrustet, darunter aber weich ist.

Auf schwach geneigtem Hang (Spazierstockpickel) muß man versuchen, an der Oberfläche zu bleiben, indem man »sich leicht macht«. Vorsichtig schreiten, wobei man das Körpergewicht auf die ganze Sohle verteilt. Den Fuß nicht abrollen, damit die Fußspitze die Schneekruste nicht aufbricht und man doch in den Schnee einbricht. Das Körpergewicht langsam von einem Fuß auf den anderen übertragen. Auf mittleren Hängen (Spazierstockpickel) und in steilen Flanken (Hauensicherung oder eingerammter Pickel) den Schnee mit der Fußspitze leicht aufbrechen, damit der Fuß, ohne unter die Kruste zu kommen (die Ferse bleibt außerhalb), sich doch mit seiner Mitte auf der Kruste abstützen kann. Den Fuß waagerecht halten, den Auflagepunkt vorsichtig wechseln. Ist die Kruste nur schwach, so muß man versuchen, große, weite Schritte zu machen, damit man nicht die ganze Kruste zertritt und im weichen Untergrund »herumwühlt«. Mit anderen Worten, man muß Löcher in die Schneekruste machen, ohne sie aber zu zerstören.

Beim Abstieg schreitet man, Gesicht talwärts, ohne Hemmungen aus, tritt die Kruste kräftig zusammen. In sehr steilen Flanken rückwärtsgehend absteigen, die Fußspitze tief in den Schnee treten.

Wenn der Schnee sehr hart ist, der Fuß also nicht eindringen kann, muß man Steigeisen verwenden, selbst wenn es sich nur um einen Hang mittlerer Neigung handelt.

**Körniges Eis** Auf schwachen und mittleren Hängen kann man ohne Steigeisen auskommen, indem man kleine Unebenheiten ausnützt oder wenn das Eis tatsächlich so körnig ist wie das Korn des Granits.

Umgekehrt ist es nach manchen Regentagen fast schwierig, das »Mer de Glace« an den ebenen Stellen zu überschreiten, so spiegelglatt ist dann das Eis durch das Wasser poliert.

## Gehen mit Steigeisen

### Tiefer Schnee

Wenn die Unterlage, die den Neuschnee (Pulverschnee oder feuchten Schnee) oder den Faulschnee trägt, aus sehr hartem Schnee oder aus Eis besteht, so wird man, selbst wenn man fest mit der Fußspitze tritt, keinen Halt finden. In diesem Falle muß man Steigeisen verwenden.

Wenn die Neuschnee- oder Faulschneeauflage nicht dick ist, genügt ein Fußtritt, damit sich die Vorderzacken der Steigeisen im harten Schnee oder Eis verankern. Ist die Schneeauflage tief, so muß sie weggeräumt werden, damit die Unterlage erreicht wird.

### Eis

**Eckensteintechnik** mit Zehnzackern

*Auf schwach geneigten Hängen (bis 25°)* Spazierstockpickel.

Beim Aufstieg in der Fallinie sind die Füße in normaler Stellung, je nach der Hangneigung mehr oder weniger geöffnet.

Beim schrägen Anstieg und beim Quergang: den bergseitigen Fuß ziemlich horizontal, die Spitze des talseitigen leicht nach unten gedreht.

Beim Abstieg: Fußspitzen leicht geöffnet.

*Bei mittleren Hängen (25° bis 40°)* Meist Stützpickel; aber auch Hauensicherung und Spazierstockpickel.

Beim Aufstieg in der Fallinie oder schrägem Aufstieg und beim Quergang: den bergseitigen Fuß horizontal, die talseitige Fußspitze leicht nach unten gedreht.

Beim Abstieg:
- in der Fallinie: Fußspitzen leicht geöffnet,
- schräger Abstieg: die Füße drehen sich entsprechend der zunehmenden Hangneigung nach oben.

*In steilen Flanken (von 40° bis 50°)* Stützpickel oder Ankerpickel.

Beim schrägen Aufstieg und beim Quergang bergseitigen Fuß horizontal, die Spitze des talseitigen Fußes leicht nach unten gedreht.

Der Anstieg in der Fallinie ist nicht mehr möglich.

Pulverschnee auf Blankeis in der Nordwand des Matterhorns

Beim Abstieg die gleiche Haltung wie beim schrägen Aufstieg, man kann den Pickel auch in Hauensicherung abwärts oder als Geländerpickel benutzen.

*In sehr steilen Flanken (über 50°)* Beim Aufstieg versuchen, alle zehn Zacken greifen zu lassen.

Der Hang ist jetzt so steil, daß der Bergsteiger den Knöchel nicht mehr so stark beugen kann, wie es nötig wäre, um sich im Gleichgewicht zu halten. Daher hilft man sich mit dem Ankerpickel, der hier nicht nur zusätzliche Hilfe ist, sondern das Gleichgewicht hält. Es gibt hier einen Augenblick fehlenden Gleichgewichts, wenn man die Verankerung umsetzt.

Wenn wegen der Steilheit der obere Fuß zwischen talseitigem Bein und Eisflanke nicht mehr durchgeht, muß man sich mit beiden Füßen parallel ohne Übertreten vorwärtsarbeiten.

Man kann auch das talseitige Bein einen Augenblick blockieren, damit man beim Umsetzen des Pickels besser das Gleichgewicht halten kann; der talseitige Fuß ist in der Höhe der Wade des anderen Beines und hinter diesem, die Fußspitze nach unten gerichtet.

**Frontalzackentechnik** Man benutzt dazu Zwölfzacker (mit denen man sich auch der Eckensteintechnik bedienen kann).

Beim *Aufstieg* bewegt sich der Eisgeher mit dem Gesicht zum Hang, ob es sich nun um einen schwachgeneigten, mittleren, steilen, oder sehr steilen Hang handelt. Bei zunehmender Steilheit benutzt der Bergsteiger die hinteren Zacken der Steigeisen nicht mehr, sondern nur noch die vier vorderen Zacken:

- die zwei horizontalen Vorderzacken fest im Eis verankern,
- die anderen beiden fast senkrechten vorderen Zacken unter dem Vorderfuß dienen zur zusätzlichen Unterstützung,
- der Pickel wird auf schwach geneigten oder mittleren Hängen als Spazierstockpickel benutzt.

In steilen und sehr steilen Flanken bleibt die Steigeisentechnik die gleiche, aber für Pickel und Arme gibt es mehrere Techniken:

- den mit zwei Händen gehaltenen Ankerpickel (Deutsche und Österreicher benutzen eine Handschlaufe für die untere Hand). Mit dem Ankerpickel kann man sehr steile Hänge begehen und im Falle eines Ausgleitens schnell zum Bremspickel übergehen. Diese Haltung ist aber sehr anstrengend.

  Die anderen Techniken gehen von vier Auflagepunkten aus, anstelle von dreien beim Ankerpickel.

  Einen Pickel in der einen Hand, einen Eisstichel oder notfalls einen Eishaken in der anderen. Die Hände sind in Brusthöhe, den Pickel hält man entweder in halber Höhe des Stiels oder an der Schaufel. Man stützt sich auf den Pickel, indem man ihn in Hauensicherung verwendet.

  Einen Pickel in einer Hand (Hauensicherung) und einen Eishammer oder ein Eisbeil in der anderen (die andere Hand stützt sich ebenfalls auf den Kopf des Eisbeils). So dienen die Hände, die in Höhe der Hüfte liegen, nicht nur zum Halten des Gleichgewichts, sondern auch zur Fortbewegung. Es ist nicht nur möglich, sondern auch angenehmer, zwei Pickel zu benutzen. Dagegen ist es nicht empfehlenswert, nur zwei Eisbeile zu benützen. Es ist einleuchtend, daß das Eisbeil ebenso wie der Pickel eine dünne und gezahnte Spitze haben muß.

Beim *Quergang* bleibt der Eisgeher »Gesicht zum Hang«, macht mit dem einen Fuß einen Schritt zur Seite und holt den anderen nach. Er kann auch die Eckensteintechnik anwenden.

Beim *Abstieg* bleibt der Bergsteiger mit dem Gesicht zum Hang. Für die Hände benutzt er entsprechend eine der drei Aufstiegstechniken.
Die Vorderzackentechnik ist anatomisch viel normaler, viel natürlicher und entspricht mehr dem Gefühl als die Eckensteintechnik. Von einer bestimmten Hangneigung an ist sie auch viel sicherer und darum eigentlich die einzig praktikable Technik. Die Eckensteintechnik kann wohl im Eiskurs an senkrechten Wänden eindrucksvoll demonstriert werden. Im Hochgebirge aber ist die Vorderzackentechnik viel schneller und sehr kräftesparend, vor allem im Hinblick auf die nervliche Beanspruchung, denn wenn man diese Technik gut beherrscht, kommt man in gutem Gleichgewicht und ohne Nervenanspannung vorwärts. Man muß jedoch ihre Grenzen kennen und muß, bevor man die größtmögliche Steilheit erreicht hat, anfangen, Stufen zu schlagen, weil dabei schnell die Kraft ausgeht.

### Harter Schnee

Hier gibt es wie beim Eis zwei Techniken:
**Eckensteintechnik** Die Technik der Füße und der Beine bleibt die gleiche, nur die Haltung des Pickels ändert sich.
*In steilen Flanken (40° bis 50°)*
Beim Aufstieg je nach Steilheit und Schneeverhältnissen: Spazierstock-, Stützpickel, Hauensicherung.
Beim Quergang: Spazierstockpickel oder Stützpickel.
Beim Abstieg: Spazierstockpickel (man rammt den Stiel so tief ein wie möglich), Stützpickel oder Geländerpickel.
*In sehr steilen Flanken (über 50°)*
Beim Aufstieg und beim Quergang: Ankerpickel oder eingerammter Pickel.
Beim Abstieg: Spazierstockpickel (den Stiel so tief wie möglich einrammen), Ankerpickel, Geländerpickel oder Stützpickel, je nach der Steilheit der Flanke, »Gesicht zum Tal« oder seitlich absteigen.
**Frontalzackentechnik** Diese Technik ist hier die gleiche wie im Eis, nur muß man mit den Spitzen fest in den Hang treten, damit sie sich im harten Schnee gut verankern. An der Oberfläche aufgeweichtem Schnee ist, je nach Tageszeit und Himmelsrichtung, mit Mißtrauen zu begegnen.
Der Pickel dagegen findet hier besser Halt, denn die Haue dringt in jeder Position besser in harten Schnee ein als in Eis; den Ankerpickel nur wenig benützen, mehr die Hauensicherung.

Abfahren mit Stützpickel

## Spalten, Bergschründe und Wächten

Spalten, Bergschründe und Wächten sind Hindernisse, die der Bergsteiger mit Vorsicht angehen und »sehr technisch« überwinden muß.
**Spalten und Schneebrücken** Im Sommer sind die Spalten und Schneebrücken ziemlich leicht auszumachen, gleichgültig ob die Spalten offen sind oder nicht. Im Winter ist das sehr viel schwieriger, und darüber hinaus sind da Schneebrücken sehr unsicher, denn der Schnee ist noch nicht verfirnt. Hat man Ski unter den Füßen, so ist die Gefahr geringer (weil das Gewicht auf eine größere Oberfläche verteilt ist), falls man nicht gerade in der Längsrichtung auf einer Spalte steht.
Man muß lernen, Spalten und Schneebrücken zu erkennen. Der Schnee ist leicht eingesenkt, von matter Farbe und machmal von kleinen Rissen durchzogen. Der Erste geht vorsichtig, von seinen Kameraden gut gesichert über die Spalte, wobei er mit seinem Pickel sondiert. Manchmal

kann man die Dicke der Brücke feststellen, indem man einige Meter an der Spalte entlanggeht. Je nach Schneebeschaffenheit und Dicke der Brücke macht man einen großen, leichten, gleitenden Schritt. Bricht die Brücke zusammen, so muß man sich kräftig der Länge nach nach vorn oder hinten werfen und darf den Pickel nicht loslassen. Ist die Brücke sehr unsicher, so überquert man sie auf allen vieren oder kriechend, damit das Körpergewicht auf eine große Fläche verteilt wird. Nach dem ersten Schnee und bei Tauwetter sind die Brücken besonders gefährlich.

**Offene Spalten** Bei Spalten auf aperem Gletscher sind die Ränder deutlich abgegrenzt. Man überspringt die Spalte an der schmalsten Stelle, sofern dort der Aufsprung günstig ist. So weich wie möglich aufspringen, vor allem, wenn man Steigeisen anhat. Ist die Aufsprungstelle ungünstig, dann zieht man die Steigeisen besser aus. Sind die Spaltenränder aus Schnee, so untersucht man von der Seite her, ob sie überhängen. Dann geht man, gut gesichert, so nah wie möglich an den Rand und tritt den Schnee fest. Man springt aus dem Stand oder, wenn die Spalte sehr breit ist, mit ein bis zwei Meter Anlauf. Sehr weich aufspringen und den Pickel, wie bei jedem Spaltensprung, nach vorn und seitwärts halten.

**Bergschründe** Einen Bergschrund nennt man die Kluft zwischen Eis verschiedener Neigung, zum Beispiel am Fuß der Eisrinnen. Manchmal sind Bergschründe teilweise mit alten Lawinenresten gefüllt. Dann kann man sie mit Steigeisen oder durch Schlagen von Stufen überwinden.

Ist ein Bergschrund offen und überhängend, so muß man zuerst den lokkeren Schnee auf der Bergseite wegräumen, bis man auf harten Schnee oder Eis stößt, und dann die Folge der Bewegungen überlegen:

- Ist der obere Rand aus hartem Schnee, so muß man den Pickel tief einrammen (Stiel mit der Breitseite quer zum Hang). Ist er aus Eis, dann setzt man eine Eisschraube. Nun das Seil hinter dem Pickel durchziehen oder es mit Karabiner an der Eisschraube befestigen,
- einen und wenn möglich, mehrere Griffe schlagen,
- zwei oder drei Stufen für die Füße schlagen,
- sich langsam und ohne Ruck hochziehen. Hängt der Bergschrund stark über, so hilft der Zweite mit Steigbaum,
- wenn nötig einen zweiten Pickel oder eine zweite Eisschraube anbringen, während man über den ersten Pickel bzw. die erste Eisschraube gesichert oder sogar auf Zug gehalten wird. Man kann nun, wenn der Bergschrund nicht sehr hoch ist, auf dem oberen Rand Fuß fassen.

Beim Abstieg muß man, wenn eine Schneebrücke fehlt, springen und beim Aufsprung stark federn. Wenn der Aufsprung ungünstig oder der Bergschrund zu hoch oder zu überhängend ist, muß man abseilen.

**Wächten** Das sind Schneegebilde, häufig von großer Schönheit, die bis zu zwanzig Meter, wie etwa am Col de la Brenva, überhängen. Man findet sie an Graten, meist auf der dem Wind abgewandten Seite, zuweilen aber auf Grund der Geländeform und der Windverhältnisse auch auf beiden Seiten desselben Grates. Man darf sie nur auf der Luvseite betreten und nie über die kleine Spalte hinaustreten, die die Trennungsstelle zwischen Grat und überhängender Schneemasse bezeichnen.

Manchmal überragt eine Wächte den Hang so, daß sie den Weiterweg versperrt. Man muß die schwächste Stelle suchen (meist am Rand) und abschätzen, ob man sie wird überwinden können. Oft muß man die Wächte umgehen. Wenn es keinen anderen Ausweg gibt, muß man wie bei der Überwindung eines Bergschrundes verfahren. Bei manchen Expeditionen mußte man einen senkrechten Tunnel durch die Wächte graben.

**Bei einem Ausgleiten** ist das Wichtigste, daß man den Pickel nicht losläßt, denn er ist das einzige Mittel zum Bremsen. Man muß die Füße immer niedriger halten als den Kopf. Hat man Steigeisen an den Füßen, so muß man sich vorsehen, daß sie nicht den Schnee berühren, denn man würde sich dann wahrscheinlich überschlagen. Man muß sich auf den Bauch drehen und mit aller Kraft auf den Bremspickel stützen. Hat man keine Steigeisen an, so kann man auch mit den Füßen bremsen. In einer Schneeflanke kann man ziemlich leicht anhalten, in einer Eisflanke ist das sehr viel schwerer, aber wenn man dennoch bremst, wird der Sichernde den Sturz besser halten können.

Seite 150
Abseilen im Eisbruch

**Abseilen** ist im Eis seltener als im Fels. Man seilt im Eis nur ab: bei richtigen Eiswänden, bei Bergschründen, die zu hoch zum Springen sind, in Eisbrüchen und in sehr steilem Blankeis. Zum Anbringen des Seils kann man Felsvorsprünge am Rand der Eisrinne benutzen oder auch Felszacken, die aus dem Schnee ragen, allerdings nur unter der Voraussetzung, daß sie fest sitzen. Aber manchmal hat man keine dieser Möglichkeiten. Dann muß man zu anderen Hilfsmitteln greifen.
Hat man gutes Eis, so dreht man am besten eine Eisschraube ein, an der man das Seil befestigt. Hat man keine Eisschraube, so muß man einen Abseilblock schlagen. Das kostet ziemlich viel Zeit, denn man muß eine tiefe Rinne schlagen, damit das Seil oder die Abseilschlinge nicht herausspringen kann. Seilt man in einem Eisbruch ab, so findet man häufig herausstehende Eisblöcke, die die Form eines Abseilblocks haben. Die Arbeit ist dann sehr viel leichter, denn man muß dann nur noch die Rille um den Block herum bearbeiten.

Abseilbirne im Eis

In einer Schneeflanke gibt es verschiedene Verfahren:
Wenn man bei einer Tour mit einem Abseilen über einen hohen und überhängenden Bergschrund rechnet (wie am Mont Mallet oder am Mont Maudit), ist es gut, einen Holzpflock mitzunehmen, den man tief in den Schnee einrammt und um den man das Seil legt. Hat man keinen Holzpflock, so muß man einen Pickel opfern, wenn es nicht möglich ist, den weichen Schnee wegzuräumen und in das Eis darunter eine sichere Eisschraube zu drehen. Man muß ggf. die Schraube senkrecht in den Schnee eindrehen und eine sehr lange Reepschnur anbringen, damit der Zug des Seils die Eisschraube nicht ausreißen kann.
Wenn alle diese Verfahren nicht möglich sind, bleibt nichts übrig, als einen Abseilblock zu hauen. Während diese Arbeit im Eis eher anstrengend als schwierig ist, ist sie im Schnee sehr viel heikler. Der Abseilblock muß groß sein, damit er dem Seil eine große, kompakte Masse entgegensetzt, die das Seil nicht durchsägen kann. Im Oisans mußten wir bei einer Skitour mit der École de Haute Montagne auf dem Gletscher des Mont de Lans einen ganz ungewöhnlichen Abbruch mit überhängenden Wächten im Abstieg überwinden. Wir mußten abseilen und dazu einen Abseilblock herstellen. Aber der Schnee war noch nicht verfirnt, denn wir hatten erst die Mitte des Winters, Februar 1943. Ich hatte schon einige große Touren gemacht, aber da ich erst drei Jahre im Hochgebirge lebte, kannte ich die verschiedenen Schneearten im Winter noch nicht genügend. Ich habe Lucien Amieux und Alexis Simond sehr bewundert, als sie mit Präzision die Stelle bezeichneten, wo der unregelmäßige Schnee am wenigsten schlecht war und ebenso präzise angaben, welchen Umfang der Abseilblock haben müsse, damit er halte. Wir gruben dann eine Rinne von 40 cm Tiefe um den Block, der eineinhalb Meter Durchmesser hatte. So konnten wir abseilen.

# Die Seilschaft

Eine Seilschaft besteht normalerweise aus drei Personen. Die Zweierseilschaft ist weniger sicher, dafür aber ist sie schneller. Nun kann aber in den Bergen die Sicherheit auch von der Schnelligkeit abhängen. So gelingt es etwa der Zweierseilschaft, ein gefährliches Biwak zu vermeiden, der langsameren Dreierseilschaft jedoch nicht. Die ideale Verbindung von Sicherheit und Schnelligkeit ist meist gegeben, wenn sich zwei Zweierseilschaften zusammentun. Die Sicherheit wird aber nicht durch die Zahl, sondern auch durch die Qualifikation der Seilgefährten bestimmt. Die Zweierseilschaft aus einem erfahrenen und einem schwachen Bergsteiger ist weniger sicher als die Dreierseilschaft aus zwei guten und einem schwachen. Doch ist sie sicherer als die Dreierseilschaft aus einem guten und zwei schwachen Bergsteigern. Wenn in letzterem Fall einer der beiden Schwachen in eine Spalte fällt, so wird es, insbesondere wenn er sich am Anfang oder am Ende des Seils befindet, wahrscheinlich auch den zweiten Schwachen mitreißen. Der »Gute« muß also zwei Personen halten statt einer. Deshalb gehe ich ungern mit zwei Anfängern am Seil. Ist dies nicht zu vermeiden, dann seile ich mich mit der Seilmitte und meine beiden Gefährten an je einem Ende an. So habe ich jeden quasi einzeln am Seil, kann jedem einzeln Seilhilfe geben, einen Sturz erahnen und sofort das Notwendige tun. Man spürt durch das verbindende Seil vieles, selbst wenn man den Kletternden um eine Felskante herum nicht sieht, ob er gleichmäßig vorankommt oder zögert, unsicher wird oder ermüdet.

Es ist wichtig, während der ganzen Tour ein möglichst gleichmäßiges Tempo zu halten. Man will einen Gipfel besteigen, keinen Geschwindigkeitsrekord aufstellen. Man geht in die Berge, weil es Freude macht. Dazu gehört auch, daß man unterwegs oder auf dem Gipfel innehält und schaut. Um das aber in aller Sicherheit tun zu können, muß man sich an einen Zeitplan halten, der im wesentlichen von den jeweiligen Verhältnissen am Berg diktiert wird.

Der Abstand zwischen den Seilgefährten hängt von der Schwierigkeit und der Länge jeder Kletterstelle ab. Der Abstand sollte immer etwas größer sein als die Entfernung zwischen den beiden Standplätzen, damit der Seilerste nicht Gefahr läuft, in den letzten Metern der Seillänge blockiert zu sein, und damit er genügend Seil für eine ordentliche Sicherung hat. Ob man gleichzeitig oder nacheinander klettert, das Seil muß immer gespannt sein, damit es sich nicht verhängt, nicht einklemmt, keinen Steinschlag auslöst und damit die Bergsteiger nicht über das Seil stolpern. Auch kann man nur bei gespanntem Seil den ausgleitenden Gefährten halten, bevor er »Fahrt aufgenommen« hat.

In leichtem Gelände geht die Seilschaft gleichzeitig, einer dicht hinter dem anderen. Jeder hat einige Seilschlingen in der Hand. Jeder muß die Gefährten im Auge behalten, damit er, wenn es notwendig wird, Seil nachlassen kann. Hat der Seilerste eine etwas schwierigere Stelle langsam überwunden, so wird er erst dann wieder zum normalen Tempo übergehen, wenn auch seine Gefährten diese Stelle hinter sich gebracht haben,

Überschreitung des
Dôme de Miage

denn sonst könnte ein Ruck am Seil sie in der schwierigen Passage aus dem Gleichgewicht bringen. Auf dem Gletscher hält man die Seilschlingen in der talseitigen und den Pickel in der bergseitigen Hand.
Im schwierigen Gelände bewegt sich jeweils nur einer, während die anderen ihn sichern. Wenn schwieriges Gelände mit leichtem wechselt, ist es praktisch, die Seilschlingen im leichten Gelände nicht in der Hand zu halten, sondern sie um die Brust zu legen. Dabei darf man aber nicht vergessen, sie mit einem festen Knoten am Brustgeschirr zu blockieren.

# Das Sichern

**Die Notwendigkeit zu sichern** Zu Anfang dieses Buches habe ich gesagt, der Kletterer müsse vor jeder Kletterstelle seine Liebe zu den Bergen, seine Kletterleidenschaft und seine Vorfreude auf eine bestimmte Tour vergessen und in aller Klarheit nüchtern abwägen, zwischen

- der Schwierigkeit der Kletterstelle, wie sie sich nach sorgfältiger Schätzung ergibt und
- seinem ebenfalls kritisch bewerteten technischen, physischen und psychischen Können.

Aus dieser Gegenüberstellung ergibt sich die Entscheidung.
Doch kann es dessenungeachtet im Laufe einer Klettertour Zwischenfälle geben, die zum Ausgleiten eines der Kletterer führen. Deshalb muß der Sichernde, bevor sein Gefährte zu klettern beginnt, diese Überlegung weiterführen. Und zwar muß er sich, obwohl dies unangenehm ist, vorzustellen versuchen, was sich abspielen würde, wenn sein Gefährte ausgleiten sollte, und wiederum die Beziehung herstellen zwischen

- der Möglichkeit eines Ausgleitens, mit oder ohne nachfolgendem Sturz, Richtung und Geschwindigkeit des Sturzes, Position des Kletterers, Neigung der Wand, Seilführung, Zwischensicherungen über Haken oder Schlinge usw. und
- der Möglichkeit, den Sturz zu halten.

Dies ergibt sich aus der Art des Standplatzes, der Selbstsicherung und der Sicherung des kletternden Gefährten (über eine Felsnase, einen Klemmblock, einen Haken, einen Pickel, über die Schulter, um die Hüften), der Bewegungsfreiheit auf dem Standplatz usw.
Aus dieser Beziehung: Ausgleiten (Sturz) / Sicherungsmöglichkeiten ergibt sich das weitere Verhalten.
Wenn ein Ausgleiten beim Klettern mit an Sicherheit grenzender Wahrscheinlichkeit auszuschließen wäre, so bestünde in der Tat keine Notwendigkeit zum Sichern. Da dem aber nicht so ist, muß man sichern. Richtiges Sichern bedeutet zugleich ein Sichbewußtwerden, bedeutet Übernahme von Verantwortung und schließlich die Beherrschung einer schwierigen Technik, bei der es wesentlich auf die Schnelligkeit des Handelns ankommt. Zunächst aber erfordert das Sichern eine sorgfältige Vorbereitung, die man nicht Zufall oder Improvisation überlassen darf.

## Entwicklung der Technik

In der Technik der Sicherung des Seilersten durch den Zweiten hat es seit etwa fünfzehn Jahren eine ganze Reihe neuer Elemente gegeben. Diese sind mit geringer zeitlicher Verschiebung der Einführung der Perlon-

und Nylonseile gefolgt. Sie sind das Ergebnis von Untersuchungen, die die Amerikaner und einige europäische Bergsteiger, insbesondere Dr. Avcin, unternommen haben.

Früher gab es im Falle eines Sturzes des Seilersten die folgenden vier Möglichkeiten:

1. Der Zweite hatte das Seil blockiert. Unter der Sturzbelastung riß dieses im allgemeinen (wir haben in dem Kapitel über die Seile, anhand der Untersuchungen von Prof. Dodero, gesehen, wie wenig sturzsicher insbesondere Seile aus Naturfaser sind).
2. Der Zweite hatte das Seil blockiert und dieses riß nicht (also etwa bei einem sehr reißfesten Seil oder – für die theoretische Überlegung – einem Stahlseil). Der Sturz wurde gehalten, der Seilerste aber dennoch getötet, zwar nicht durch den Sturz, sondern durch den äußerst hohen Fangstoß.
3. Der Zweite konnte das Seil nicht blockieren, wurde aus dem Stand gerissen und folgte dem Sturz des Ersten.
4. Beiden geschah nichts, der Sturz wurde gehalten, und zwar dank der Summierung folgender Bremseffekte:
   Reibung des Kletterers und des Seils an Fels, Schnee oder Eis,
   Reibung des Seils in den Sicherungskarabinern,
   Verbiegen und Ausreißen von Haken.

Auf diese Weise wurde in der Tat ein großer Teil der Sturzenergie vernichtet, so daß sowohl das Seil selbst hielt als auch der Zweite den Ersten halten konnte, als auch der Erste durch die Vernichtung von Energie während des Sturzes keinen zu großen Fangstoß erhielt.

Hier als Beispiel ein Auszug aus meiner Schilderung der Durchsteigung der Nordwand der Grandes Jorasses im Jahr 1945 mit meinem Freund Edouard Frendo:

»Am späteren Nachmittag gelangen wir bei 4000 m an den Fuß der großen Steilstufe. Nun geht es wieder hart auf hart. Nach einem vereisten Couloir und einem dreieckigen Firnfeld stehen wir vor einem Kamin. Der Fels ist brüchig. Frendo, der mit schlechtem Fels mehr Erfahrung hat als ich, versucht, diese Stelle zu bewältigen. Er quert vier Meter nach rechts, dann packt er an. Er schlägt einen Haken, aber der sieht nicht so aus, als werde er halten. Jetzt ist er fast am Ausstieg aus dem Kamin und will sich an einem großen Klemmblock hinaufziehen, der fünfzehn Meter über mir einen Überhang bildet. Einen Augenblick zögert er noch, dann entschließt er sich. Gerade als er sich hochzieht, sehe ich, wie er, den Block in den Armen, hinterrücks abwärts fliegt. Sein Sturz geht blitzschnell und doch verläuft er für mein Gefühl sehr langsam. In solchen Fällen sind Reaktion und Schnelligkeit des Handelns erstaunlich. Als ich Frendo stürzen sehe, hole ich blitzschnell das uns verbindende Seil ein, um die Fallhöhe nach Möglichkeit zu mindern. Als er dann rechts neben mir vorbeifliegt – der Haken hatte zwar den Sturz gebremst, aber nicht gehalten –, sage ich mir: ›Ich darf das Seil nicht weiter einziehen, sonst läuft es mir durch die Finger, und ich kann den Ruck nicht abfangen.‹ Ganz schnell schlinge ich das Seil um eine kleine Felsschuppe vor mir, dann nehme ich etwas von dem losen Seil in meine Rechte, um den Ruck zu mildern, damit das Seil nicht etwa durch den plötzlichen Stopp dort, wo es der Felsschuppe aufliegt, reißt. – Es hat gehalten. Zehn Meter unter mir wird Frendo aufgefangen.« (»Sterne und Stürme«).

Großer – von oben gesicherter – Spreizschritt von der Aiguillette d'Argentière hinüber zur kleinen Aiguillette.

Links:
Walkerpfeiler in der Nordwand der Grandes Jorasses.

Bei nachträglicher Analyse der spontanen Bewegungen des Augenblicks erscheinen mir zwei Dinge ganz wesentlich:

- Sobald ich Frendo abstürzen sehe, hole ich blitzschnell das uns verbindende Seil ein, um die Fallhöhe zu mindern.
- dann nehme ich etwas von dem losen Seil in meine Rechte, um den Ruck zu mildern, damit das Seil nicht etwa durch den plötzlichen Stopp dort, wo es der Felsschuppe aufliegt, reißt.

Ich kann hinzufügen, daß ich mich noch heute an den enormen Stoß erinnere, der auf meine rechte Körperseite über Hand, Unterarm, Oberarm und Schulter einwirkte und mich auf das rechte Bein stauchte.
Wenn ich nicht mit der linken Hand fest verankert gewesen wäre, hätte mich dieser Stoß sicherlich aus dem Gleichgewicht gebracht und aus dem Stand gerissen.
In der Tat hatte ich an jenem Tag des Jahres 1945 rein instinktiv zwei Bewegungen gemacht, die in keinem Lehrbuch beschrieben oder empfohlen und in den Bergführerkursen der École Nationale d'Alpinisme nie gelehrt worden waren. Sie hatten Frendo und mich gerettet, und die zweite dieser Bewegungen war im Ansatz das, was wir heute die »dynamische Sicherung« nennen.
Schon 1959 hat Dr. Avcin in den »Alpen«, der Zeitschrift des schweizerischen Alpenclubs, einen sehr interessanten Artikel geschrieben über die Seile und die »dynamische Sicherung«, die darin besteht, daß man das Sicherungsseil nicht blockiert, sondern kontrolliert eine gewisse Strecke durchlaufen läßt, um den Sturz dabei abzubremsen und schließlich zum Halten zu bringen: »Ich habe Gelegenheit gehabt, die dynamische Sicherung in Washington im Klettergarten gründlich zu studieren. Jedes männliche oder weibliche Mitglied des Potomac Appalachian Trail Club muß diese Technik beherrschen, bevor man es an den Fels läßt. Aus praktischen Gründen wird das Sichern an einem hohen kräftigen Baum geübt. Ein Schraubkarabiner wird in halber Höhe des Stammes angebracht. Das Sicherungsseil läuft vom Sichernden durch den Karabiner zu einem Betonklotz von 70 kg, genannt ›Oscar‹. Zunächst sichert man vom Boden aus und im Sitzen, die gestreckten Beine gegen einen Baumstamm abgestützt. Die Arbeitslänge des Seils ist so relativ groß. Nachdem man einige Erfahrungen gewonnen und das Prinzip in sich aufgenommen hat, steigt man in eine Astgabel und sichert von dort aus, auf einem kleinen Brettchen sitzend und natürlich mit einer Selbstsicherung versehen. Die Arbeitslänge des Seils ist nun erheblich kürzer, und dementsprechend ist der durch die Seillänge erbrachte Beitrag zur Vernichtung der Sturzenergie entsprechend geringer.
Mittels einer tragbaren Motorwinde und eines anderen Seils wird ›Oscar‹ in die gewünschte Höhe gehievt, die zunächst unter und später dann über dem Umlenkkarabiner liegt. Ein von unten mittels einer Schnur betätigter Ausklinkmechanismus bewirkt den Sturz des mit dem Sicherungsseil verbundenen ›Oscar‹. Das Sicherungsseil läuft dabei um die Hüfte des Sichernden.
Bei diesen Übungen werden die Hüften durch einen breiten Ledergürtel (etwa 50 cm) und die sichernde Hand durch einen Lederhandschuh geschützt. Gesichert wird abwechselnd über beide Körperseiten. Die Sache wird noch dadurch erschwert, daß die zahlreichen Übungsstürze das Nylonseil äußerst glatt gemacht haben.
Wenn man das Seil zu fest packt, wird man ganz einfach in die Luft gehoben. Damit das nicht geschieht, wird der Sichernde rückwärts an einem Pflock

Begehung des Bonattipfeilers an den Drus. Platten und Verschneidung oberhalb des fünften Biwakplatzes von Bonatti.

gesichert. Die dynamische Handhabung des Seils bewirkt ein Gleichgewicht zwischen den beiden Kräften: dem Zug nach vorn und dem Zug von hinten. Das Gleichgewicht ist hergestellt, wenn ›Oscar‹ den Boden nicht berührt. Diese Übung ist relativ leicht auszuführen, wenn man am Boden sitzt. Sie ist schwieriger auf dem Baum auszuführen und erst recht schwierig, wenn ›Oscar‹ aus einer Position oberhalb des Karabiners fällt, was oft auf einen maximalen Sturz hinausläuft. Fast alle Arbeit muß nun durch die Reibung am Gürtel geleistet werden. Die kurze Arbeitslänge des Seils leistet praktisch nichts.

Eine solche Schulung ist äußerst nützlich und lehrreich. Man erfährt einerseits in recht eindrucksvoller Form, wie minimal die Chance ist, einen direkten Sturz mit klassischen Sicherungsmethoden zu halten. Man erlebt, welche Kräfte bei einem Sturz überhaupt auftreten. Man macht sich klar, daß Stürze von einem Punkt oberhalb des Sichernden selten durch die einfache Körpersicherung gehalten werden können, selbst wenn der Sichernde selbst an einem Standhaken gesichert ist. Nur die Kombination von Hakentechnik und dynamischer Sicherung ergibt eine wirkliche Sicherung. Es braucht nicht betont zu werden, daß diese Technik so geübt werden muß, daß sie in Fleisch und Blut übergeht.«

Zuvor hatte Dr. Avcin Sicherungsversuche im Schnee unternommen, über die er folgendes schreibt:

»Um mir über die Unbrauchbarkeit der üblichen Sicherungsmethoden im Schnee klar zu werden, habe ich gründliche Versuche in den Julischen Alpen unternommen. Die Versuche fanden in einer sehr steilen Eisflanke statt, die in einen sanften Schneehang auslief. Der Stürzende, ein Mann von einigem Gewicht, war mit einem sehr glatten, beschichteten Schneeüberanzug bekleidet. Er wurde von einem unserer stärksten Leute, der über große Wintertourenerfahrung verfügte, gesichert. Dieser versuchte zunächst, ihn nach der klassischen Methode über die Schulter zu sichern, wobei er in badewannengroßen Stufen stand und an einen in den Schnee gerammten Pickel angebunden war. Trotz der psychologischen Vorbereitung und der idealen Bedingungen wurde er jedesmal mit seinem Pickel aus dem Stand gerissen. Gründe: Zu hoher Angriffspunkt der Kraft und zu starres Halten des Seils, dementsprechend zu große und zu ruckartige Krafteinwirkung. Allen anderen erging es gleich. Wir gingen nun zur dynamischen Sicherung über. Nach einigen Versuchen gelang es mir, und danach allen anderen Kursteilnehmern, jeden nach Wunsch absichtlich so heftig wie möglich konstruierten Sturz fast mit einer Hand zu halten. Man stellte fest, daß für wiederholte Versuche ein Handschuh für die sichernde Hand zweckmäßig ist. Seitdem wird die dynamische Sicherung in allen Bergsteigerkursen in Slovenien gelehrt.

Nach diesem doppelten Anschauungsunterricht im Schnee der Alpen und auf den ›Sicherungsbäumen‹ graust mir wirklich vor allen nichtdynamischen Sicherungsmethoden. Ein Schauer läuft mir über den Rücken beim Gedanken an die möglichen Risiken, wenn ich in schwierigen Kletterstellen andere als gleitende Sicherungen sehe. Die statische Sicherung halte ich nur dann für vertretbar, wenn man über ein gespanntes Seil von oben sichert.«

Man kann zwei Sicherungstechniken unterscheiden, die traditionelle oder statische Sicherung, mit der der Erste den Zweiten sichert, und die aktive, dynamische Sicherung, mit der der Zweite den Ersten sichert. Doch müssen wir, bevor wir von der Sicherung vom Standplatz aus sprechen, uns mit den Sicherungselementen zwischen den Standplätzen befassen.

Seite 159
Dynamische Sicherung des Seilersten durch den Zweiten (im Eis). Die Haltung der Arme ist verschieden, je nachdem, ob in nahem Abstand eine Zwischensicherung vorhanden ist oder nicht. Der Zweite ist auf jeden Fall über eine Eisschraube gesichert (Selbstsicherung).

Schultersicherung durch den Seilersten.

# Zwischensicherung

Daß ein Sturz gehalten wurde und die Seilschaft mit heiler Haut davonkam oder auch nur einer der Kletterer nach einem Ausgleiten nicht in eine heikle Situation kam, ist häufig auf die Zwischensicherung zurückzuführen. Im allgemeinen besteht sie aus Haken oder Eisschrauben, die in entsprechenden nicht zu großen Abständen angebracht werden, was besonders bei Quergängen zur Vermeidung sehr großer Pendelstürze wichtig ist. Reepschnur- und vor allem Bandschlingen (letztere den Reepschnurschlingen weit überlegen) sind jedoch den Haken vorzuziehen. Deshalb sollte jeder Kletterer etwa zehn Bandschlingen bei sich haben, die er so oft wie möglich zur Sicherung anbringt. Das Hakenschlagen ist umständlich und anstrengend, das Herausschlagen noch um einiges anstrengender. Eine Bandschlinge anzubringen und wieder an sich zu nehmen, erfordert wenig Zeit und keine Anstrengung. Außerdem können die Geschmeidigkeit und die Elastizität des Bandes im Falle eines Sturzes wichtige Sicherungsfunktionen wahrnehmen, ganz abgesehen davon, daß das Seil um wenige Ecken und somit sicherer läuft.

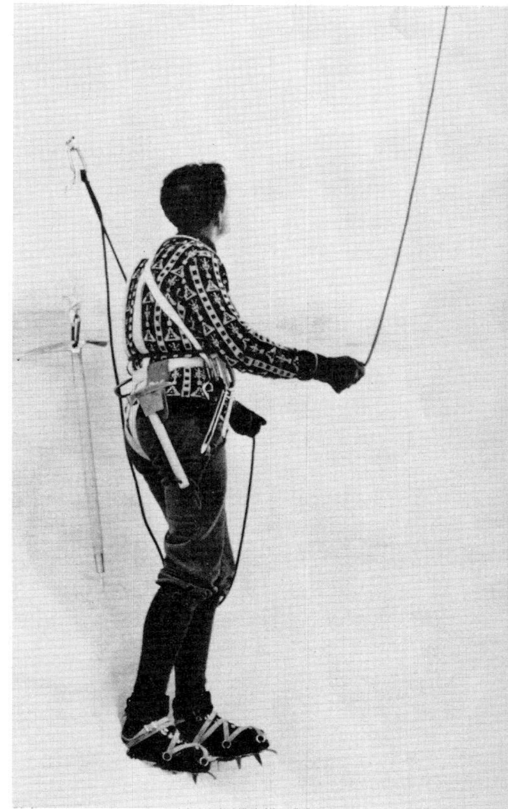

Eine Bandschlinge kann man um eine Felsnase legen, auch um einen aus einer Eisflanke herausragenden Felszacken. Da sie flach ist, haftet sie besser am Fels als eine Reepschnurschlinge; auch kann sie weniger leicht abrollen. Man kann sie auch durch zwei benachbarte und im Fels durch einen »Tunnel« verbundene Löcher ziehen oder um eine »Sanduhr« oder um einen Klemmblock. Auch kann man sie an einem Holzkeil befestigen. Man kann sie sogar über eine Felsschulter legen, die keinen eigentlichen Zacken darstellt, wo sie (zumindest im Granit, dessen körnige Oberfläche sich in das Band eindrückt) so lange Halt findet, wie der Kletterer sich unterhalb befindet und einen Zug nach unten ausübt. Im letzteren Fall kann sie allerdings nur eine sehr provisorische Sicherung darstellen, denn sie wird abgleiten, sobald der Kletterer an Höhe gewinnt. Selbst eine um einen richtigen Zacken gelegte Bandschlinge kann durch die Bewegung des Seils je nach weiterem Seilverlauf sich lösen, sobald der Kletterer sich weiter oben befindet.

Die Technik der Sicherung mit Bandschlingen ist noch wenig verbreitet, doch sollte sie wegen ihrer großen Vorteile (als da sind Schnelligkeit und Leichtigkeit des Anbringens, Dämpfung eines Sturzes dank der Elastizität und der Reibung am Fels) und trotz ihrer Nachteile mehr Verbreitung finden.

Es gibt derzeit drei Typen von Band: Man sollte das stärkste (25 mm Breite, 1600 kg) gebrauchen. Die mittlere und kleinste Größe (20 mm und 15 mm, 700 kg) sollten nur benutzt werden, wo das breite Band sich nicht anbringen läßt.

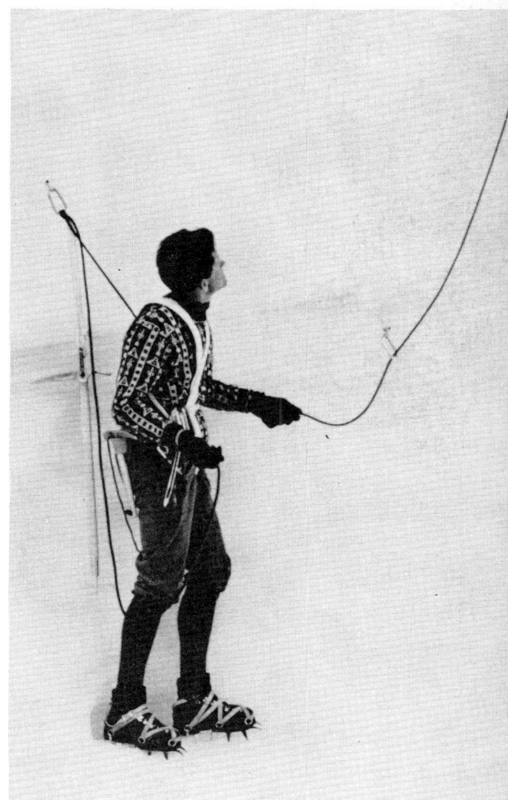

Auf die Bedeutung der Zwischensicherung über Schlingen oder Haken möchte ich eindringlich hinweisen. Sie wird um so notwendiger, je höher sich der Seilerste über dem Zweiten befindet. Hier zwei Beispiele mit im übrigen den gleichen Leuten und den gleichen Seilen:

- Ein Kletterer stürzt fünf Meter über dem Stand. Die Sturzhöhe ist zehn Meter.
- Ein Kletterer schlägt 20 m oberhalb des Standes einen Haken und stürzt 25 m oberhalb des Standes. Auch hier beträgt die Sturzhöhe 10 m.

Die beiden Fälle scheinen gleich zu liegen. Dem ist aber nicht so. Die am Stand wirkende Kraft ist im zweiten Fall – ohne daß wir hier ins Detail gehen müßten – fünfmal geringer als im ersten Fall, denn die Arbeitslänge des Seiles ist fünfmal größer.

Im Lichte dieser Überlegungen wird die Bedeutung der dynamischen Sicherung deutlich: Sie erhöht künstlich das Arbeitsvermögen des Seiles und setzt den Fangstoß herab.
Davon ganz abgesehen, hätte in unserem Beispiel ohne die Zwischensicherung bei 20 m die Sturzhöhe 50 m betragen.

## Sicherung des Zweiten durch den Seilersten

Hier wird nach wie vor traditionell (statisch) gesichert. Wichtig ist, daß das Seil immer gespannt bleibt. Dadurch wird dem Zweiten im Falle eines Ausgleitens der Sturz erspart. Ein Sturz wird sozusagen »im Keime erstickt«. Der Zweite kann höchstens auf Grund der durch sein Gewicht bewirkten Längung des Seils etwas an Höhe verlieren. Im übrigen kann der Erste, selbst wenn er den Zweiten nicht sieht, über das verbindende Seil vieles spüren und erraten, und er kann, wenn er den Zweiten an einer schwierigen Stelle weiß, einen Augenblick lang das Seil besonders straff halten.
Der Standplatz sollte direkt oberhalb des Zweiten liegen, damit diesem im Falle eines Sturzes ein starkes Auspendeln erspart wird. Wenn der Standplatz auf einem Band liegt, läßt sich seine genaue Lage häufig nach diesem Gesichtspunkt auswählen. Ist das nicht möglich, so kann der Seilerste durch Anbringen einer weiteren Sicherung (in gleicher Höhe wie der Standplatz oder oberhalb) den gleichen Effekt erzielen.
Wenn die Seilschaft mit Doppelseil klettert, ist das Ganze einfacher: Ein Seil folgt dem Verlauf der Führe, also dem Quergang, über das zweite Seil wird der Nachfolgende direkt gesichert. Entweder hat der Erste dieses Seil nicht durch die Karabiner laufen lassen, oder er hat es, nachdem sich der Zweite ausgebunden hat, vom Standplatz aus durch die Karabiner gezogen und dem Zweiten zum erneuten Anseilen hinuntergeworfen. Im übrigen stellt sich dieses Problem anders, je nach der Länge des Querganges und vor allem danach, ob der Quergang viele oder wenige Meter unterhalb des Standplatzes auszuführen ist.
Selbst bei einem langen, aber erheblich unterhalb des Standplatzes verlaufenden Quergang, ist der Pendeleffekt dank der beschriebenen direkten Sicherung des Zweiten wesentlich geringer.
Wenn umgekehrt der Quergang lang ist und nur zwei oder drei Meter niedriger verläuft als der Standplatz liegt (zum Beispiel der Quergang am Ende der ersten Seillänge der Direttissima der Scoiatoli am Torre Grande d'Averau), ist eine wirksame Sicherung schon erheblich schwieriger, und eigentlich dürfen sich nur Kletterer an eine solche Passage wagen, die sich auch ohne direkte Sicherung völlig sicher sind. Aber auch hier gibt es noch mehrere Möglichkeiten:
- Der Zweite klettert so hoch wie möglich über den Standplatz hinaus und hängt sein Seil in einen hoch und möglichst direkt oberhalb des Zweiten gelegenen Sicherungspunkt ein.
- Der Nachfolgende läßt ein Seil durch einen am Beginn des Querganges zurückbleibenden Ringhaken (oder eine dort angebrachte Schlinge) laufen, und der Seilerste läßt während des Querganges des Zweiten dieses Seil langsam nach, während er das andere langsam nachzieht. Auf diese Weise ist der Nachfolgende während des ganzen Querganges horizontal von beiden Seiten gesichert. Am Ende des Querganges oder auch erst am Standplatz löst er das durch Schlinge oder Ringhaken laufende Seil, zieht es durch und seilt sich wieder an.

Schwierige Quergänge finden sich im allgemeinen in schwierigen Führen, in denen man ohnehin mit Doppelseil geht. Wenn jedoch aus irgendeinem Grund ein schwieriger Quergang mit Einfachseil bewältigt werden muß, so wird der Erste während des Querganges eine hinreichende Anzahl von Haken oder Schlingen anbringen und dann am Standplatz nach der Länge des Querganges und insbesondere der Lage des Standplatzes entscheiden, ob das Seil für den Zweiten besser durch die Karabiner läuft oder es zweckmäßiger ist, es durchzuziehen und dem Zweiten wieder hinunterzuwerfen, um ihn dann direkt zu sichern. Im letzteren Fall kann dieser die im Quergang verbliebenen Haken, Schlingen und Karabiner als Hilfe zur Fortbewegung benutzen und dann einsammeln.

Für die eigentliche Sicherung sind zwei Möglichkeiten denkbar:

– Direkte Schultersicherung durch den Seilersten und
– Sicherung über eine feste Verankerung, wie eine Reepschnur oder Bandschlinge, die man um einen Felszacken oder Klemmblock legt oder durch Löcher im Fels oder um eine Sanduhr zieht, oder aber ein Haken.

**Direkte Sicherung** Sie ist nur dann zweckmäßig, wenn der sichernde Seilerste sich ohne Einschränkung dazu in der Lage fühlt,

– den Nachfolgenden im Falle des Ausgleitens zu halten und
– ihm anschließend notfalls den erforderlichen Zug zu geben.

Wenn diese beiden Voraussetzungen erfüllt sind, ist dies die schnellste Methode sowohl hinsichtlich der Sicherung als auch der anschließenden Seilhilfe. Doch muß man kräftig gebaut und sich seiner Kraft sicher sein. Diese Technik benutzen meist die Bergführer, bisher immer mit Erfolg. Nun ist allerdings den Bergführern die Gewohnheit in Fleisch und Blut übergegangen, das Seil immer straff gespannt zu halten. Dadurch spüren sie augenblicklich ein Zögern und Ausgleiten des Nachfolgenden. Der Bergführer kann dann, fest auf seine Beine gestützt, wenn nötig dem Zweiten Zug geben und ihm so über die schwierige Stelle hinweghelfen. 80 kg (wozu manchmal noch die Reibung kommt) hinaufzuhieven, ist nicht einfach, ist andererseits aber auch nicht so schwierig, wie man gemeinhin glaubt. Diese »Übung« ist in etwa dem Hangeln an einem freihängenden Seil vergleichbar. In beiden Fällen kommt es auf Schnelligkeit von Entschluß und Ausführung an. Wichtig ist hier vor allem, daß man ganz sicher steht.

Mit dem eben Gesagten sollte die gebräuchliche Technik der Bergführer, über die sich die »Führerlosen« häufig wundern, erklärt werden. Entscheidend bei dieser Technik ist: man darf sich nie überraschen lassen. Wenn diese Technik nicht in Fleisch und Blut übergegangen ist, muß man zunächst unbedingt eine Selbstsicherung anbringen, doch ist es dann häufig einfacher und auch sicherer, den Zweiten ebenfalls über eine Schlinge oder einen Haken nachzusichern.

**Haltung des Sichernden bei der Schultersicherung** Leicht zur Seite gedreht und fest auf Füße und Beine gestützt. Das vom Zweiten kommende Seil verläuft längs des äußeren Beines, unter dem äußeren Arm und über die innere Schulter. Selbst wenn der Standplatz eine breite und tiefe Plattform bildet, muß der Sichernde ziemlich nahe an der Außenkante stehen, damit das Seil parallel zum äußeren Bein verlaufen kann. Wenn der Sichernde weiter innen steht, so bildet das Seil einen Winkel mit dem äußeren Bein, und ein Sturz des Zweiten würde ein Überkippen des Sichernden bewirken. Deshalb muß man vom Rand der Plattform aus sichern, ohne sich jedoch über den Rand hinabzubeugen, etwa, um dem Nachfolgenden einen Griff zu zeigen oder etwas zu erklären, denn auch in

Pendelquergang oberhalb der künstlichen Seillänge in der Südwand des Clocher du Portelet.

Dynamische Sicherung im Fels

Gewiß, die Sicherung ist unerläßlich. Doch was vor allem zählt: der Gleichgewichtssinn.

dieser Haltung würde man bei einem Sturz des Zweiten aus dem Gleichgewicht kommen.

Statt auf die eben erläuterte Weise zu sichern, kann man auch die Kreuzsicherung anwenden.

**Indirektes Sichern** ist die bessere Lösung. Man benutzt dazu eine um einen Felszacken, einen großen Block, eine Schuppe oder einen Klemmblock gelegte oder durch zwei Löcher oder um eine Sanduhr gezogene Schlinge, oder aber Haken oder Keile.

Um doppelte Arbeit und Zeitverlust zu vermeiden, muß der Seilerste den Sicherungspunkt so wählen, daß er brauchbar ist sowohl

- zum Nachsichern des Zweiten als auch
- zur weiteren Sicherung des Ersten in der folgenden Seillänge.

Ausschlaggebend für die Entscheidung ist dabei die Sicherung des Ersten in der nächsten Seillänge, denn diese ist sehr viel schwieriger als das Nachsichern des Zweiten. Am häufigsten benützt man einen Felszacken. Sicherer ist jedoch die Benutzung von Löchern (Auswaschungen) und Sanduhren oder aber von Haken oder Keilen, weil in diesen Fällen die Schlingen nicht abspringen können. Auch ist ein Felszacken nicht immer aus allen Richtungen belastbar.

Für den Einsatz von Schlingen gilt folgendes:

- Sie müssen mindestens die gleiche Festigkeit haben wie das Sicherungsseil. Man muß deshalb mitunter zwei oder drei gleich lange Schlingen nebeneinander anbringen. Dies ist sicherer als eine einzige doppelt oder dreifach genommene Schlinge. In letzterem Fall kann man eine Schlinge jedoch durch einen oder zwei Knoten entsprechend präparieren.
- Die Schlinge muß genügend lang sein. Die um einen Zacken, eine Schuppe oder eine Sanduhr gezogene Schlinge darf nie stramm sitzen, sondern muß deutlich herunterhängen.
- Wenn die Felsnase, die ausgewaschenen Löcher oder der Block scharfe Kanten haben, muß man diese mit dem Hammer rundschlagen. Man kann die Schlinge auch durch Unterlegen von Papier oder eines Taschentuches schützen. Man kann für die Schlinge statt Band oder Reepschnur auch das Seil benutzen (Mastwurf oder Achterknoten).

Der ideale Sicherungspunkt liegt in Gewichtshöhe des Sichernden, doch sollte er lieber etwas höher als niedriger liegen, zumindest für das Sichern des Zweiten.

Wenn ein einziger Sicherungspunkt nicht sicher erscheint oder nur einen bestimmten Winkel des Sturzes deckt (zum Beispiel nur eine Richtung), so muß man eine zweite Sicherung anbringen.

*Sicherung um einen Block* Im allgemeinen benutzt man Klemmblöcke in Rissen oder Kaminen. Man muß prüfen, ob sie unter Zug nicht herausspringen oder sich drehen können. Häufig findet man auch aufeinander gehäufte Blöcke, um deren gegenseitige Berührungspunkte herum man Schlingen legen kann. Auch findet man sehr große, auf Bändern und Terrassen liegende oder gegen eine Wand gelehnte Blöcke.

*Auswaschungen* kann man natürlich nur verwenden, wenn die Löcher nicht zu weit voneinander entfernt sind und sich die Schlinge durch den »Tunnel« ziehen läßt. Auch sind Risse manchmal außen für ein kurzes Stück geschlossen, innen jedoch nicht. Manchmal findet man auch oben und unten in den Fels übergehende kleine Säulen (»Sanduhren«), um die man eine Schlinge legen kann.

*Felszacken, Schuppen, freistehende Platten* Prüfen, ob sie fest sind. Die Schlinge darf nicht wie eine Krone auf der Spitze liegen, sondern muß in

der Scharte zwischen Felsnase und Wand aufliegen und nach der Talseite weit durchhängen, damit sie nicht abspringen kann.
*Haken, Keile* Wenn keine andere Möglichkeit besteht, muß man einen Haken oder Keil schlagen (Holz-, Bong-Bong) oder nach der sächsisch-britischen Technik, die allerdings einige Erfahrung erfordert, eine Knotenschlinge oder einen Klemmkeil aus Metall oder Plastik (oder eine Schraubenmutter entsprechender Größe) in einem Riß plazieren. Je nach Lage müssen Haken oder Keil durch eine Schlinge verlängert werden.
Zunächst wird mit dem eigenen Seil (Mastwurf oder Heuknoten) und einem Karabiner eine Selbstsicherung hergestellt. Wenn der Seilerste den Nachkommenden sichert, kann er entweder – wie oben erläutert – über die Schulter sichern oder aber direkt über die Schlinge. Im letzteren Fall läßt er das Seil durch einen zweiten in die Schlinge gehängten Karabiner laufen und zieht es mit zwei Händen während des Nachkommens des Zweiten durch den Karabiner. Eine Hand geht mit dem von unten kommenden Seil nach oben, die andere zieht das aus dem Karabiner kommende Seil nach unten. Zweckmäßigerweise schlingt man das vom Karabiner kommende Seil einmal um die Hand.
Immer darauf achten, daß das Seil gespannt ist! Wenn der Nachfolgende Seilhilfe braucht, zieht der Sichernde das vom Zweiten kommende Seil mit der talseitigen Hand kräftig nach oben, wobei er den Zug durch eine Bewegung mit dem ganzen Körper verstärkt. Mit der anderen Hand zieht er gleichzeitig das lockere Seil durch den Karabiner. Er steht hierbei wie bei der Schultersicherung fest auf den leicht gespreizten Beinen, aber natürlich »Gesicht zur Wand«. Wenn diese Seilhilfe nicht ausreicht, so muß man sich mit Klemmknoten helfen (Prusikknoten usw.), doch in schwierigen Kletterstellen wird man gewöhnlich mit Doppelseil klettern, so daß es einfacher ist, ein Seil (mit Mastwurf) an einem dritten Karabiner zu blokkieren, damit der Zweite dieses als fixes Seil benutzen und sich daran festhalten oder hochziehen kann. Der Zweite kann sich dann auch mit Klemmknoten und Trittschlingen an diesem Seil hinaufarbeiten. Der Sichernde unterstützt ihn dabei durch Zug mit dem anderen Seil.
In besonderen und glücklicherweise seltenen Fällen, etwa bei großen Überhängen, wird man sich mit weiteren Überlegungen und komplizierteren Techniken helfen müssen. Die Beschreibung würde den Rahmen dieses Buches sprengen. Näheres bei Gianni Mazenga: »Sicherheit im Fels«.

## Sicherung des Seilersten durch den Zweiten

Es handelt sich hier nicht mehr nur darum, ein hängendes Gewicht zu halten, sondern einen Sturz zu bremsen, das heißt, eine ganz beachtliche Bewegungsenergie aufzunehmen.
Beim Sturz wird Energie frei, und das Problem beim Halten besteht in der verzögerten Vernichtung dieser Energie. Es genügt nämlich nicht, den Stürzenden irgendwie zum Halten zu bringen, denn nicht der Sturz selbst führt den Tod des Stürzenden herbei, sondern dessen plötzliches Abbremsen, sei es, daß er am Boden zerschellt, sei es, daß er von einem Seil ohne Elastizität, etwa einem starren Kabel, gehalten wird. Auch diesen Fall würde der menschliche Körper nicht überstehen.
»Bei der rein statischen Sicherung«, schreibt Avcin, »geht der Bremsprozeß sehr schnell, zu schnell, vor sich. In knapp einer Zehntelsekunde, nachdem sich das Seil gespannt hat, ist der Sturz völlig abgebremst, es sei

Sicherung über eine Seilschlinge um eine Felsnase

Hakensicherung

Ich habe das Glück gehabt, in zahlreichen Gebirgsgruppen mehr als 1000 Bergfahrten zu unternehmen, dank der Technik, der Ausrüstung – doch vor allem auch dank eines Gespürs für das Gleichgewicht. Viele dieser Bergfahrten waren schwierig, manche sogar sehr schwierig. Und doch denke ich oft, »wie unendlich klein sind doch wir Menschen gegenüber den hohen Bergen«.

denn, der Kletterer schlägt beim Stürzen auf den Fels auf. Durch diese kurze Bremsdauer werden bei extremen Stürzen die auftretenden Kräfte so unheimlich groß.«
Man muß also zweierlei erreichen, daß das Seil nicht reißt, und daß der Fangstoß nicht zu stark ist. Ein nach klassischer Methode gehaltener Sturz ging häufig aus folgenden Gründen glimpflich aus:

– Das Seil war reißfest und zugleich elastisch genug (genauer gesagt, es hatte ein hinreichend großes Arbeitsvermögen), so daß die kinetische Energie des fallenden Körpers durch die Verformung des Seils in Wärmeenergie umgewandelt wurde. Dazu kam eine gewisse Energieaufnahme des fallenden Körpers selbst.
– Auch der Sichernde selbst absorbierte in dem Augenblick, in dem das Seil sich spannte, ein gewisses Maß an Energie. Manchmal wurde er auch zu den Zwischenhaken hin in die Luft gehoben.
  Das Verbiegen und manchmal Ausreißen der Zwischenhaken nahm Energie auf.
– Das Seil rieb am Fels und in den Karabinern.
– Die Reibung des fallenden Kletterers am Fels vernichtete ebenfalls Energie.

Von diesen Überlegungen ausgehend, kam der amerikanische Kletterer und Physiker Wexler auf den Gedanken, daß es möglich sein müsse, durch Vergrößerung dieser Reibungseffekte einen Sturz kontrolliert zu bremsen. »Dies Ziel erreicht man«, so schreibt Avcin, »wenn man das Seil über eine möglichst große Auflagefläche gleiten läßt und dieses Gleiten steuert. Die Reibung zwischen Seil und Auflagefläche ist dann der bestimmende Faktor bei der Vernichtung dieser Energie.«
Die praktische Anwendung dieser Gedanken ist die »dynamische Sicherung«, die im übrigen im Zusammenhang mit folgenden Verbesserungen auf anderen Gebieten zu sehen ist:

– Die Seile aus Perlon und Nylon sind reißfester und vor allem elastischer, das heißt, sie haben ein größeres Arbeitsvermögen als die Seile aus Naturfasern.
– Der »vollständige Klettergürtel« verteilt den Fangstoß besser auf den Körper als das einfache Anseilen an Taille oder Brust.
– Der Helm schützt den Kopf.

**Dynamische Sicherung** Der Sichernde richtet eine Selbstsicherung ein, er trägt Handschuhe und, falls er mit bloßen Armen klettert, bedeckt er die Arme während des Sicherns. Während der Erste klettert, beobachtet der Sichernde ständig. Wenn er ihn nicht sehen kann, achtet er mit verstärkter Aufmerksamkeit auf die Bewegungen des Seils. Es ist sehr wichtig, daß der Sichernde über das Seil »spürt«, was der Erste tut.
Manchmal merkt der Erste, daß er stürzen wird. In diesem Stadium ist es besser, irgend etwas zu tun als inaktiv zu bleiben. Sich am Fels entlang auf einen Haken gleiten lassen und vor allem den Sichernden warnen. Meistens ist jedoch der Sturz nicht vorhergesehen, und doch darf die Überraschung beim Sichernden nur ganz kurz dauern. Sicherlich muß dieser nicht permanent mit einem Sturz des Seilersten rechnen, sonst wäre das Bergsteigen ein Alptraum, doch muß er dauernd reaktionsbereit sein.
Ein Sichernder mit großer Erfahrung, in guter Form und mit äußerst schneller Reaktion kann in bestimmten Fällen durch blitzschnelles Einholen des Seils die Sturzhöhe verringern, wenn es sich nicht um einen freien Fall handelt, sondern um ein sehr schnelles Herunterrutschen. Doch hierzu bedarf es größten Geschickes.

**Haltung des Sichernden** Die Schultersicherung scheidet aus. Die Reibungslänge des Seils am Körper ist hier zu gering, die Handhabung des Seils zu unbequem und vor allem der Angriffspunkt der Kraft zu hoch am Körper, und aus Letzterem ergäbe sich ein zu großes Kippmoment.
Das Seil läuft hinter dem Rücken des Sichernden, und zwar entweder in der Höhe der Taille, oder der Hüften, oder unter dem Gesäß.
Die erste der beschriebenen Haltungen eignet sich beim freien Klettern, wenn Zwischensicherungen nicht vorhanden sind und der Zug am Ende des Sturzes von unten kommt. Die anderen Haltungen sind angebracht, wenn solide Sicherungen vorhanden sind, so daß der Zug von oben kommen würde.
Das Seil wird auf der dem Seilersten zugewandten Seite von der »Richtungshand« gehalten, die das Seil nur leiten, nicht aber bremsen soll. Auf der anderen Seite hält die »Bremshand« das in einer Spirale um das Handgelenk geschlungene Seil.
Die Bremshand stützt sich auf den Oberschenkel (wobei der Ellenbogen am Brustkorb liegt), weil sie auf diese Weise schnell Kraft ausüben kann. Der Seilerste muß den nächsten Standplatz so wählen, daß der Zweite noch einige Meter Seil übrig hat, die er im Falle eines Sturzes durchlaufen lassen kann. Zwar liegt jeder Fall anders, doch kann man als Grundregel annehmen, daß die durchlaufende Seillänge etwa ein Fünftel der Sturzhöhe beträgt.
Die dynamische Sicherung ist die beste Methode, mit der der Zweite den Seilersten sichern kann. Jedoch läuft sie dem natürlichen Furchtinstinkt entgegen, der bewirkt, daß man bei einem Sturz das Seil blockiert, um den Sturz zu halten. Die dynamische Sicherung muß man deshalb im Klettergarten üben, bevor man sie im Gebirge anwendet. Sie muß nach anfangs bewußtem Üben in Fleisch und Blut übergehen.
**Seilbremse Sticht-Salewa** Natürlich hat man versucht, ein Gerät zu entwickeln, mit dem man die oben beschriebene manuelle Technik der dynamischen Sicherung auf mechanische Weise einfacher und bequemer anwenden kann. Die von Fritz Sticht entwickelte Bremsplatte hat hier in gewissem Sinn die gleiche Funktion, die beim Abseilen den verschiedenen Abseilbremsen zukommt (zumal auch das Abseilen eine Art gebremsten Sturz darstellt). Diese Bremsplatte kann auch als Abseilbremse verwandt werden. Ebenso kann man sie beim Nachsichern des Zweiten zum Blockieren des Seiles benutzen. In erster Linie jedoch dient sie der dynamischen Sicherung. Diese läßt sich so in der Tat leichter bewirken, denn die Hände sind dicht beieinander, brauchen sich nicht um die Seilführung zu kümmern, und das Bremsen geschieht quasi automatisch. Die Bremshand liegt »hinter« der Bremsplatte. Wenn die auf das Seil wirkende Kraft 200 bis 250 kg übersteigt, läuft das Seil durch. Die Bremsplatte wird bei Belastung automatisch vom Karabiner herangezogen und bremst automatisch, bis das Seil zum Stillstand gekommen ist.
Die Stichtbremse erfordert, daß das Seil glatt durchläuft und nicht krangelt. Ein Nachteil besteht darin, daß das Seil durch die Bremswirkung an einer Stelle relativ stark erwärmt werden kann. Die Bremsung besteht darin, daß die (kinetische) Energie des Sturzes in Wärmeenergie verwandelt wird, und zwar an Bremsplatte und Karabiner. Diese erhitzen ihrerseits das zum Stillstand gekommene Seil. Auch wird das durchlaufende Seil an drei aufeinanderfolgenden Stellen je um 90° geknickt. Es ist daher äußerst wichtig, daß die Seile in bestem Zustand sind, daß sie den nötigen Durchmesser aufweisen und vor allen Dingen nicht krangeln.

Gebrauch der Bremsplatte Sticht-Salewa. Bei Sturz oder Zug straffen sich die beiden Seilenden automatisch bis auf 180°. Die »Bremshand« greift instinktiv das Seil, wodurch die Bremsplatte gegen den Karabiner gezogen und das Seil gebremst wird. Beim Doppelseil benutzt man zwei Karabiner, und zwar so, daß die Schlitze der Bremsplatte sich in der Längsachse der Karabiner befinden. Die Seile müssen so durchlaufen, daß sie nicht krangeln.

Auch ist es nicht ausgeschlossen, daß der Karabiner im Augenblick seiner Beanspruchung nicht mit seiner Schmalseite, sondern mit der Längsseite oder vielleicht gar mit dem Schnapper an die Bremsplatte gedrückt wird. Wie dem auch sei, die Bremsplatte ist ein wichtiges Hilfsmittel, und es ist wahrscheinlich, daß in Zukunft auch ihre Nachteile auszumerzen sind.

## Sichern auf Eis und Schnee

Auch hier gelten die oben dargelegten Grundsätze. Nur müssen sie den Besonderheiten von Eis und Schnee angepaßt werden.
Zunächst erscheint es mir jedoch wichtig, kurz auf die wesentlichen Unfallursachen und die sich daraus ergebenden Sicherungserfordernisse einzugehen.
Dank der Klettergärten sind die Bergsteiger mit dem Fels vertraut, und selbst in ungewohntem Gestein – Granit für den Kalkkletterer und umgekehrt – bleibt die Körperhaltung in etwa die gleiche. Auf jeden Fall können die Hände immer etwas greifen und sich somit laufend durch das Halten des Gleichgewichts am Steigen beteiligen. Das eben nennt man Klettern.
In Schnee und Eis dagegen bewegt man sich meist nicht durch Klettern fort, sondern man *geht* in mehr oder weniger steilem Gelände. Die Bewegung besteht dementsprechend in einem dauernden Überkippen des Körpergewichts, im Aufstieg bergwärts, im Abstieg talwärts. Die Hände packen keine Griffe – es sei denn, man schlägt Griffe in das Eis, oder man hält sich an Eishaken oder -schrauben fest. Dagegen hält eine Hand den Pickel. Auf ihn *stützt* sie sich, während sie beim Klettern an den Griffen zieht.
So ist, abgesehen davon, daß Schnee und Eis dem Bergsteiger weniger vertraut sind, auch beim Fels die Gleichgewichtshaltung nicht dieselbe, das Grundprinzip der Fortbewegung und der Haltung ein anderes.
Darüber hinaus können Schnee und Eis, anders als der Fels, der sich im Laufe eines Tages nicht ändert – höchstens, daß er mitunter naß, verschneit oder vereist ist – sich ständig in ihrem Aussehen, in ihrer Konsistenz, in ihrer Festigkeit ändern, und zwar sehr oft im Laufe eines Tages, manchmal innerhalb weniger Minuten. Dies ist unter anderem abhängig von Tageszeit, Himmelsrichtung, Sonnenstand, starker oder schwacher Sonneneinstrahlung, Vorbeiziehen von Wolken, die die Sonne verdecken, warmem, kaltem oder eisigem Wind, von der Dicke der Schnee- oder Eisschicht auf dem Fels oder der Dicke der Schneeschicht auf dem Eis, auch davon etwa, ob sich der Schnee mehr oder weniger stark gesetzt hat, von Schneerutschen oder Lawinen fortgefegt oder mehr oder weniger heftig vom Regen abgewaschen worden ist usw. Alle diese Faktoren überlagern sich, und das Ergebnis unterliegt noch zusätzlichen Einflüssen, je nachdem, ob ein Hang stark oder weniger stark geneigt, gleichförmig steil oder stark gegliedert, weit offen oder in eine Rinne oder den Grund eines Kamins eingeschlossen ist usw.
Es erscheint oft sonderbar, daß man einen Meter rechts Halt findet, während man einen Meter links daneben tief einsinkt oder aber gar keinen Halt findet. Doch gehört gerade dies für den Bergsteiger zum Schönsten, die sichere Routenführung zu erspüren, zu erraten, die von Minute zu Minute wechseln kann. In gewissem Sinne erlebt dies der Skifahrer, der am selben Tag die Piste mehrfach hinabfährt und je nach Wetter, Tageszeit, Sonnen-

stand, Wind und Temperatur unterschiedliche Verhältnisse vorfindet. Im Hochgebirge ist es genauso, nur ungleich intensiver, denn dort ist im Sommer die Sonne wärmer und stechender in ihrer Strahlung, ist der Wind stärker usw.
Durch meinen Beruf habe ich achtmal den Montblanc über die Brenvaflanke bestiegen. Die Verhältnisse waren nie die gleichen. Ich habe sechsmal die Nordwand der Aiguille du Plan durchstiegen, einmal sogar an zwei Tagen hintereinander. Die Verhältnisse waren auch hier nie die gleichen. Um seiner Sicherheit willen muß der Bergsteiger alle diese Umstände und alle ihre Veränderungen sorgfältig beobachten. Die Schneeverhältnisse ändern sich plötzlich. Es bilden sich Stollen unter den Steigeisen! Schon dies kann ein Ausrutschen, einen Sturz, einen Unfall zur Folge haben.

**Zwischensicherung** Man benutzt Felszacken, die aus dem Eis herausragen. Nachdem man sie auf ihre Festigkeit geprüft hat, legt man eine Band- oder Reepschnurschlinge von genügender Länge um sie, mit ihr verbindet man mittels Karabiner das Seil. Fehlt ein Felszacken, so benutzt man Eisschrauben. Diese Zwischensicherungen sind besonders nützlich vor der Querung von steinschlaggefährdeten Rinnen, die man schnell überschreiten muß.

**Sicherung des Seilersten durch den Zweiten** Der Zweite muß sich zuerst eine Selbstsicherung schaffen, indem er seinen Pickel senkrecht und bis zum Kopf in den Schnee rammt. Ist der Schnee locker, so muß er ihn zusammentreten, um harten Schnee zu erreichen, in den er dann den Pickel rammt. In hartem Firn oder in einer Eisflanke benutzt man eine Eisschraube. In Rinnen ist es häufig möglich, Felszacken am Rande der Rinne zu benutzen.
Manchmal gelingt es auch, den Pickel fest zwischen Fels und Eis zu verankern oder auch im Eis enge Risse zu finden, in denen man den Pickel verklemmen oder verkeilen kann. Jedoch muß man sich vergewissern, daß er gut hält und sich nicht herausdrehen kann.
Sobald die Selbstsicherung eingerichtet ist, wird eine Stufe geschaffen, in der der Sichernde bequem aufrecht stehen, die Beine leicht spreizen und sich gegen den Hang lehnen kann. Der Sichernde muß deutlich unterhalb der Selbstsicherung stehen.
Er sichert nun den Seilersten, wie er es im Fels täte, wobei das Seil um seinen Rücken oder unter dem Gesäß verläuft, je nach der weiteren Sicherung des Ersten. Die »Richtungshand« ist auf der Seite, auf der der Seilerste klettert.
Durch Einbeziehen des Pickels kann der Sichernde eine »Dreipunktstabilität« erreichen, indem er das vom Ersten kommende Seil zunächst hinter dem eingerammten Pickel durch, dann über die »Richtungshand« und hinter dem Rücken oder unter dem Gesäß und anschließend zur »Bremshand« führt. Bei einem Sturz des Seilersten wirkt so der Zug auf ein stabiles »Gesamtsystem«, bestehend aus dem Sichernden und dem Pickel, auf den er je nach den Verhältnissen mit dem Fuß, dem Knie, der »Richtungshand« oder sogar der Brust drücken kann. Gleichzeitig wird das durchlaufende Seil sanft aber wirkungsvoll durch die große Reibung an der Kleidung gebremst.
Auch auf Firn oder Eis sichert man nicht anders als im Fels, doch muß der Zweite mit einer oder mehreren Eisschrauben eine Selbstsicherung einrichten. Der Seilerste darf dann nicht in der Fallinie des Standplatzes weiterklettern, damit er bei einem Sturz nicht auf den Sichernden fällt.
Der Standplatz muß so nah wie möglich an der schwierigen Passage (wo

der Seilerste möglicherweise stürzen könnte) liegen, damit dessen Sturz so schnell wie möglich und bevor der Fallende Geschwindigkeit aufgenommen hat, abgebremst werden kann.
Schließlich kann man, wie im Fels, die Sticht-Salewa-Bremse benutzen.

**Nachsichern des Zweiten** Wie im Fels ist hier nicht Sturzenergie zu vernichten, sondern nur ein Gewicht zu halten.

Bei guten Schneeverhältnissen, wenn also der Seilerste den Pickel einrammen kann, ist es das beste, über den eingerammten Pickel zu sichern, und zwar entweder direkt oder über eine um den Pickelstiel gelegte Schlinge.

Möglich sind auch – mit guter Selbstsicherung und von einem bequemen Standplatz aus – sowohl die Schultersicherung »Gesicht zum Tal« als auch die Hüftsicherung »Gesicht zum Hang«, wobei das vom Zweiten kommende Seil zunächst hinter dem Pickel durch und durch die »Richtungshand« und dann hinter dem Rücken zur Bremshand läuft.

Wichtig ist, daß der Pickel nicht herausgerissen wird, deshalb sollte man sich mit dem Knie oder der Richtungshand auf den Pickelkopf stützen.

Wenn der Firn zum Einrammen des Pickelstiels zu hart ist, kann der Seilerste den Nachkommenden über die völlig in den Firn eingerammte Pickelhaue sichern, doch hat dieses Verfahren eine kaum über das Symbolische hinausgehende Wirkung.

In hartem Firn oder in Eis ist die beste und einzig sichere Methode die Verwendung einer oder mehrerer Eisschrauben.

### Sichern beim gleichzeitigen Gehen

*In sehr leichtem Gelände* Das Seil muß immer gespannt sein, der Seilerste muß voraussehen, wann der Zweite zögern wird und sein Tempo danach einrichten bzw. Seil nachgeben.

Sicherung über einen Felszacken

Nur der Seilerste (genauer: derjenige, der oben ist) trägt Schlingen in der Hand, wobei er die äußerste Schlinge einmal um seine Hand schlingt, damit sich bei einem Sturz des anderen die Schlingen nicht öffnen. Ist das Seil zu lang, so legt man die Schlingen um die Brust und blockiert deren letzte, denn man darf nur ganz wenige Schlingen in der Hand haben.

Manche Bergsteiger lassen das Seil über die Schulter laufen, damit es nicht am Boden schleift. Man sollte das nicht tun, denn bei einem Sturz des anderen kommt man dadurch leicht aus dem Gleichgewicht.

*In leichtem Gelände* wie oben, jedoch seilt man sich in sehr kurzem Abstand an. Beim Abstieg über einen Steilhang im Schnee macht der Erste (der im Abstieg als letzter geht) eine Schlinge (Heuknoten), die er mit einer Hand hält, um den Pickel. Die andere Hand hält das Seil mit zwei Reserveschlingen.

**Gehen auf Gletschern bei Spaltengefahr** Immer mit Doppelseil anseilen, wobei die beiden Seilenden ungleich lang sind. Fällt einer der Bergsteiger in eine Spalte, so wird hierdurch die Bergung beträchtlich erleichtert (eines der Seilenden dient als fixes Seil, das andere zur Sicherung oder aber die Seilenden dienen abwechselnd zum Ziehen).

Der Abstand ist ziemlich groß. Der Erste geht bei gespanntem Seil ohne Schlingen, der Zweite nur mit drei oder vier Schlingen in der Hand. Der Erste kann eine Schlinge ins Seil knoten, ungefähr in Armlänge, die er in der Hand hält.

Jeder der beiden befestigt eine etwa bis zum Fuß reichende Reepschnurschlinge mit Klemmknoten am Seil und läßt sie hinter dem Klettergürtel durchlaufen. Auch sollten sie eine oder zwei Eisschrauben bei sich haben.

Schultersicherung

Sicherung des Zweiten durch den Ersten über Eishaken oder Eisschraube.

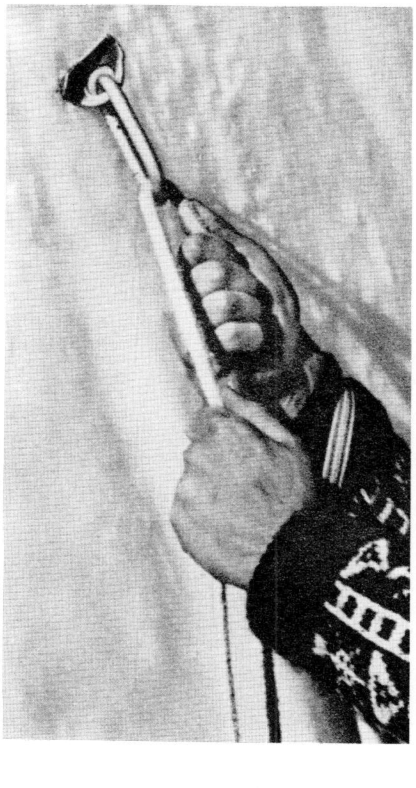

**Gehen auf überwächtetem Grat** Man geht deutlich unterhalb der Abbruchlinie der Wächte. Diese Linie liegt nicht senkrecht oberhalb des Grates, sondern gewöhnlich in der Verlängerung der Flanke, über die die Wächte hinausragt.

**Gehen auf Schneegraten** Wenn einer der Bergsteiger ausgleitet und auf der einen Seite des Grates hinunterfällt, ist es das beste, daß der andere sich auf der entgegengesetzten Seite hinuntergleiten läßt.

**Stoppen bei einer »Rutschpartie«** Vor allem den Pickel nicht loslassen und sich nicht mit ausgestrecktem Arm an den Pickel hängen. Im Gegenteil, man hält den Pickel mit zwei angewinkelten Armen fest an seinem Kopf, läßt den Stiel unter einem Arm durchschauen und legt sich mit seinem ganzen Gewicht auf den Pickel, um dessen Spitze in den Schnee zu bohren.

Die Füße talwärts lassen (oder sie wieder in diese Lage bringen). Wenn man ohne Steigeisen ist, kann man mit den Fußspitzen bremsen. Andernfalls darf man dies auf keinen Fall versuchen, die Steigeisen würden den Schnee berühren, und man überschlüge sich. In diesem Fall muß man die Füße hochhalten.

# Gefahren der Berge

Einige der besten Bergsteiger und Führer sind in den Bergen umgekommen: Michel Groz, Franz Lochmatter, Emilio Comici, Giusto Gervasutti, Louis Lachenal, Hermann Buhl. Die meisten Unfälle aber passieren doch Anfängern, und zwar eher beim Abstieg als beim Aufstieg. Im Fels ist meist nur der einzelne betroffen, bei Schnee- und Eistouren dagegen meist die ganze Seilschaft, weil der Stürzende die anderen mitreißt. Bergunfälle sind im Gegensatz zu denen anderer Sportarten meist sehr ernster Art. Beim Fußball verletzt man sich den Meniskus, beim Skilauf bricht man sich ein Bein. Beim Bergsteigen dagegen kommt auch der kleinste Fehler teuer zu stehen. Darum muß man sich unablässig die Spielregeln vor Augen halten: Sonne wie Schneesturm, trockener, griffiger Fels wie glatter, vereister Fels, der Nordwind, der Schönwetter verheißt, wie auch der Westwind, der das Unwetter bringt, der Riemen, der hält, wie der, der reißt, die drückende Hitze, wie der Frost von minus 20° zwei Stunden später. Nicht die Berge morden. Sehr oft bringt der Bergsteiger sich selbst um, weil er unbewußt aus Unkenntnis oder Unachtsamkeit zwingende Regeln mißachtet. Man darf vor den Gefahren der Berge die Augen nicht verschließen, man muß sie vielmehr sehr gut kennen, um in der Lage zu sein, ihnen aus dem Wege zu gehen, und, falls man überrascht wird, ihnen zu entkommen. Nur gegen den Blitz ist der Bergsteiger praktisch machtlos.
Man unterscheidet zweierlei Gefahren: Die objektiven, die von den Bergen und vom Wetter herrühren, und die subjektiven, deren Ursachen beim Bergsteiger selbst liegen.

## Objektive Gefahren

### Brüchiger Fels und Steinschlag

sind Ursachen vieler Unfälle, oft aber voraussehbar und vermeidbar.
**Brüchiger Fels** Felsstücke brechen heraus unter dem Gewicht des Bergsteigers oder dem von ihm ausgeübten Zug. Um dem vorzubeugen, muß man Griffe und Tritte sehr gründlich untersuchen. Keine ruckartigen Bewegungen. Unter Umständen das Gewicht auf mehrere Griffe und Tritte verteilen.
**Steinschlag** kann auslösen: ein Bergsteiger, der Frost, das Tauwetter, der Wind, der Regen. Auch in gutem Fels kann Steinschlag, aus höheren Zonen brüchigen Gesteins kommend, auftreten.
Die steinschlaggefährlichste Tageszeit ist die, in der die Sonne beginnt, die Wand zu erwärmen. Die in Eis und Firn eingebetteten Steine beginnen nun loszutauen und zu rutschen, zu fallen und weiteren Steinschlag zu verursachen. Im allgemeinen kanalisiert sich der Steinschlag in Rinnen. Man muß also früh aufbrechen und die Wegführung mit Bedacht auswählen, vor allem eher auf Graten als in Rinnen gehen.

Das Hochgebirge ist von großer Schönheit. Wenn der Tag sich neigt, erscheint es einladend mild. Hier der Montblanc im Abendlicht. Doch man sollte nicht vergessen, daß in den Bergen Gefahren lauern. Man muß sie kennen. Man muß in der Lage sein, auch schlechtes Wetter zu überstehen, wenn man in einer langen Tour von ihm überrascht wird. Das gehört zu den Spielregeln.

Ist das Durchqueren einer gefährlichen Zone unvermeidbar, so betritt sie zunächst nur einer, während der Seilgefährte ihn im Schutz einer Felsplatte sichert, beobachtet und bei Gefahr warnt. Wer gerade in der Gefahrenzone ist, muß genau beobachten, von welcher Seite die Steine kommen und versuchen, ihnen auszuweichen. Erst im letzten Augenblick schützt er dann seinen Kopf mit dem Rucksack, notfalls nur mit dem Arm.

## Schnee und Eis

Die häufigsten Gefahren sind Spaltenstürze und Lawinen.
**Bei Spalten und Schneebrücken** muß man nach der Technik verfahren, die wir im Kapitel »Gehen in Schnee und Eis« behandelt haben.

## Lawinen

Eine Lawine ist eine Schneemasse, die unter dem Einfluß ihres Gewichts oder einer Gleichgewichtsstörung in Bewegung gerät. Es gibt zwei Arten: die Oberflächenlawine, bei der nur die obere Schicht abrutscht, und die Grundlawine, bei der die gesamte Schneemasse sich in Bewegung setzt.
**Entstehung der Lawinen** Im Sommer gibt es Stein- und Eisschlag, aber nur selten Lawinen, weil sich der Schnee gesetzt hat. Immer mehr Bergsteiger machen aber Frühjahrs- und Wintertouren. Das erfordert außer ausgezeichneter Technik eine gute Kenntnis des winterlichen Hochgebirges, denn im Frühjahr und im Winter, wenn der Schnee noch nicht verfestigt ist, besteht manchmal Lawinengefahr. Die Entstehung einer Lawine hängt ab von der Form des Geländes, der Beschaffenheit des Schnees und der Temperatur.
**Geländeform** Glatte Oberflächen, wie Rasen oder niedergedrücktes Gras, Schiefer oder abgeschliffene Felsplatten, Unterlagen aus hartem Schnee oder Eis, all das begünstigt die Bildung von Lawinen.
Auch das Profil des Geländes ist wichtig. Gewölbte Hänge sind gefährlicher als konkave, die flach auslaufen. Unter 15° Neigung sind alle Hänge sicher, wenn nicht steilere Hänge über ihnen liegen. Schneebretter sind von 15°, Neuschnee ist von 25° an gefährlich. Gesetzter Pulverschnee und Firn sind bis 30°, harter Schnee ist in jeder Neigung sicher.
**Schneebeschaffenheit** Die Lawinengefahr wächst mit der Schneedicke, aber auch entsprechend der Schneebeschaffenheit. Neuschnee (pulverig, feucht und pappig) und nicht haftender Schnee (Pulverschnee auf Eis, Naßschnee auf feuchter Unterlage) sind am wenigsten sicher.
**Temperatur** Wenn die Temperatur steigt, wird der Schnee feucht und schwer. Damit wächst seine Labilität. Frost dagegen stabilisiert, weil er die Schneekristalle verbindet. Im Sommer muß man nach Neuschneefall zwei bis drei Tage mit einer Tour warten, bis sich der Schnee gesetzt hat. In diesen drei Tagen ist die Gefahr bei Föhn und Regen besonders groß.
**Auslösen von Lawinen** Lawinen lösen sich oft zu regelmäßigen Zeiten, oft aber auch ist ihr Abgang ganz unvorhersehbar. Sie werden ausgelöst durch eine mechanische oder thermische Gleichgewichtsstörung.
Mechanische Gleichgewichtsstörungen sind etwa die Bewegungen eines Bergsteigers oder Skiläufers, vor allem dann, wenn sie den Hang querend anschneiden, oder die Überlastung eines Hanges durch mehrere Skiläufer oder Bergsteiger sowie Wächtenabbruch, Eis- oder Steinschlag oder Vibrieren der Luft (Wind, heftiger Lärm, Luftdruck anderer Lawinen). Das gilt besonders für Pulverschnee.

Die Schneebrücken sind besonders im Herbst wenig tragfähig, wenn die Schneedecke dünn und noch nicht verfirnt ist. Unten die Spalte in der Vallée Blanche, in die Louis Lachenal gefallen ist.

Die Lawine, die um ein Haar Lager II an der Annapurna begraben hätte.

**Thermische Gleichgewichtsstörungen** treten auf bei Erwärmungen, wenn der Zusammenhalt zwischen den Schneekristallen herabgemindert ist oder bei erneutem Frost, und zwar durch Zusammenziehen der Schneemassen und Rißbildung alsbald nach Sonnenuntergang.

## Haupttypen von Lawinen

**Staublawinen** sind Lawinen, die vor allem im Hochgebirge auf steilen Hängen nach Neuschneefall abgehen. Sie werden erst durch einen heftigen Impuls ausgelöst, wie starken Wind, Luftdruck einer anderen Lawine oder Abbruch einer Wächte. Die Staublawine geht in Wirbeln ab und ist enorm schnell. Ein starker Luftdruck geht ihr voraus, sie macht einen ohrenbetäubenden Lärm. Eine Staublawine kann einen ziemlich großen Wald umlegen und durch ihren starken Luftdruck auch auf der entgegengesetzten Talseite Schaden anrichten. Beim Bergsteiger kann sie zum Ersticken führen, denn der Schnee dringt in die Lunge. Ist man von ihr erfaßt worden, so muß man Nase und Mund schützen.

**Feuchte Neuschneelawinen** sind oft Oberflächenlawinen, doch ihr Gewicht kann sie zu einer Grundlawine werden lassen. Sie sind Temperatureinflüssen gegenüber sehr empfindlich und gehen meist bei Wärmeeinbrüchen ab. Sie wälzen sich zu Tal und sind etwas langsamer als Staublawinen. Ihr Luftdruck aber ist ebenfalls beträchtlich, die Wirkung der der Staublawine ähnlich, aber ihres Gewichtes wegen haben sie noch verheerendere Wirkungen. Kommen sie zum Halten, so werden sie augenblicklich hart wie Beton. Man muß daher versuchen, sich durch Schwimmbewegungen an der Oberfläche zu halten und freizukommen, bevor sie hart wird.

**Naßschneelawinen** treten fast immer im Frühjahr auf und sind meist Grundlawinen. Sie können auch im Winter auftreten, dann aber nur bei Regen. Ausgelöst werden sie durch Sonne, Regen, Föhn oder auch durch die Kontraktionswirkung wieder eintretenden Frostes. Da sie im allgemeinen in jedem Frühjahr an der gleichen Stelle abgehen, sind sie einigermaßen voraussehbar. Naßschneelawinen fließen langsam, aber ihre Kraft ist ungeheuer. Sie erdrücken und zerstören alles, was im Wege steht. Man muß daher in kritischen Zeiten die Lawinenbahnen meiden. 1 $m^3$ Pulverschnee wiegt ca. 1 kg, 1 $m^3$ nasser Schnee fast eine Tonne!

**Schneebrettlawinen** sind deshalb so gefährlich, weil sie vorher nicht zu erkennen sind. Ein Schneebrett entsteht dadurch, daß Schnee, der wegen einer dazwischen liegenden Luftschicht noch nicht mit dem Untergrund verbunden ist, an der Oberfläche zusammenbackt (etwa Preßschnee). Im allgemeinen finden sich Schneebretter beiderseits von Graten, die meist mit Wächten behangen sind. Schneebretter sind besonders nach Neuschneefall zu fürchten, denn sie sind dann überdeckt und nicht zu erkennen, was übrigens auch sonst schwer ist. Man erkennt sie eventuell an einer matten, weißgelblichen Farbe und ihrer windgepreßten Oberfläche.

Sie sind möglicherweise auch am Klang zu erkennen: Sie klingen hohl, denn sie bilden über ihrer Unterlage, von der sie durch die Luftschicht getrennt sind, eine Art Gewölbe. Sie sind besonders im Winter gefährlich. Im Frühjahr setzen sie sich nach und nach und haften schließlich fest auf der Unterlage. Sie werden durch mechanische Gleichgewichtsstörungen ausgelöst, rollen nicht, sondern rutschen in Schollen. Man muß darum dort, wo man sie vermutet, sehr vorsichtig gehen, ganz besonders nach Neuschneefall.

**Wächtenabbruch** Besonders im Winter und Frühjahr droht diese Gefahr. Im Sommer sind die Wächten stabilisiert, wenn auch die Möglichkeit des Abbruchs immer gegeben ist.

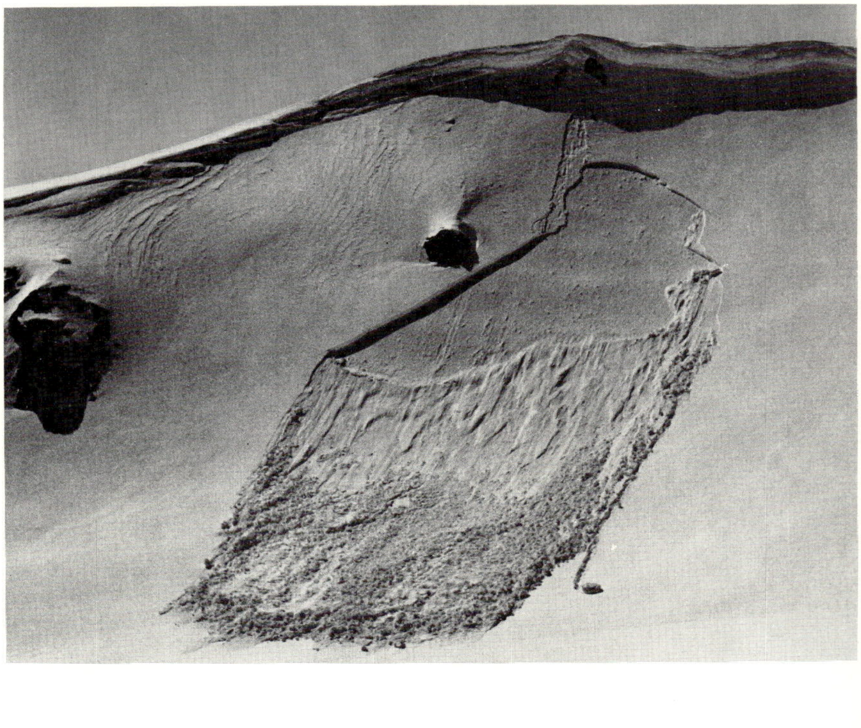

Schneebrettlawine an der Weißfluh

**Eislawinen** entstehen durch Vorrücken der Gletscher und können sich zu jeder Zeit – Tag und Nacht – lösen. Beim Queren einer solchen Gefahrenzone muß man sehr schnell gehen.
**Verhalten in lawinengefährdetem Gebiet** Man geht sicherer auf Kuppen und Rippen als in Mulden, hält sich besser oberhalb von Schneebrettern statt darunter, am Rand von Rinnen statt in deren Mitte. Man steigt Hänge in Fallinie hinauf, nicht schräg.
Bevor man ein lawinengefährdetes Gebiet betritt, muß man überlegen, was zu tun ist, wenn man von einer Lawine erfaßt wird. Den Pickel nicht verlieren. Versuchen, sich durch Schwimmbewegungen an der Oberfläche zu halten. Wenn man überrollt wird, versuchen, die Orientierung oben/unten nicht zu verlieren, und wenn die Lawine zum Stehen kommt, den Kopf oder mindestens einen Arm ins Freie zu bekommen. Man darf sich unter keinen Umständen gehen lassen, muß bis zum letzten Augenblick kämpfen.

Abbruch eines Hängegletschers am Trugberg im Berner Oberland. Daraus wird eine Lawine aus Eisbrocken, Eisstaub und Schnee.

## Schlechtes Wetter

Als *Unwetter* bezeichnet man das Zusammentreffen von Wind, Kälte, Regen, Nebel und Schnee, wozu manchmal noch Gewitter und Blitz kommen. Die Spuren verwehen, Schnee dringt überall ein, man verliert die Orientierung. Nun gilt es, ruhig, ohne Aufregung, aber sehr schnell die richtige Entscheidung zu fällen. Sie hängt ab von den Geländegegebenheiten, der Tageszeit, den geänderten Verhältnissen am Berg und der körperlichen und seelischen Verfassung der Seilschaft. Auf keinen Fall haltmachen und einschlafen.
**Nebel** kann sogar bei schönem Wetter auftreten. Er ist auf dem Gletscher gefährlicher als im Fels, weil dort Orientierungspunkte fehlen.
**Der warme Wind (Föhn)** Er weicht den Schnee auf, was Lawinen auslösen kann. Auch leidet die Festigkeit von Schneebrücken über Gletscherspalten.
**Gewitter und Blitz** Diese elektrischen Phänomene sind noch von manchen Geheimnissen umgeben. Der Amerikaner Alwin E. Peterson, Elektroingenieur am »Bureau of Standards«, hat im American Alpine Journal eine sehr gründliche Studie veröffentlicht. H. Adams Carter, Chefredakteur des l'AAJ, und Alwin E. Peterson haben mir gestattet, Auszüge daraus hier wiederzugeben, wofür ich ihnen sehr danke:

### Schutzmaßnahmen gegen den Blitz

1. Das beste Mittel, im Gebirge nicht vom Blitz getroffen zu werden, ist, sich während eines Gewitters nicht auf einem Gipfel oder ausgesetzten Grat oder an flachen, ungeschützten Stellen aufzuhalten. Droht ein Gewitter, so gebietet die Vernunft, nicht auf Tour zu gehen.
2. Wenn man sich an einer exponierten Stelle aufhält, so muß man, so noch Zeit dazu bleibt, möglichst schnell absteigen. Sich vor allem von allen freistehenden Punkten entfernen! Die Mitte eines Grates ist sicherer als dessen Ende. Eine tiefer liegende Geröllhalde mit einem kleinen, einzeln liegenden Felsblock als Sitz bietet eine gute Zuflucht, vorausgesetzt, daß man nicht aus einer einheitlichen Fläche herausragt. Hohe und einzeln stehende Bäume meiden.
3. Wenn Blitze unmittelbar drohen oder ringsherum einschlagen, muß man, ohne Zeit zu verlieren, einen Platz suchen, der vor direktem Einschlag und Erdströmen sicher ist. Eine kleine ebene Stelle, ein Hang, ja sogar eine leichte Anhöhe, die neben einem hohen Punkt liegt, bieten einigermaßen Schutz vor direktem Einschlag. Die Stelle, an der man sich zusammen-

Die Pfeile zeigen den Verlauf starker Erdströme, die von einem oberhalb liegenden Einschlag herrühren. Lehre: Nach Möglichkeit nicht unter Überhängen und in Rissen verweilen.

Eine Geröllhalde ist relativ sicher.

Sich von großen, einzeln liegenden Blöcken entfernen.

Beide Positionen sind gefährlich. Der Riß kann Wasser führen und Erdströme leiten.

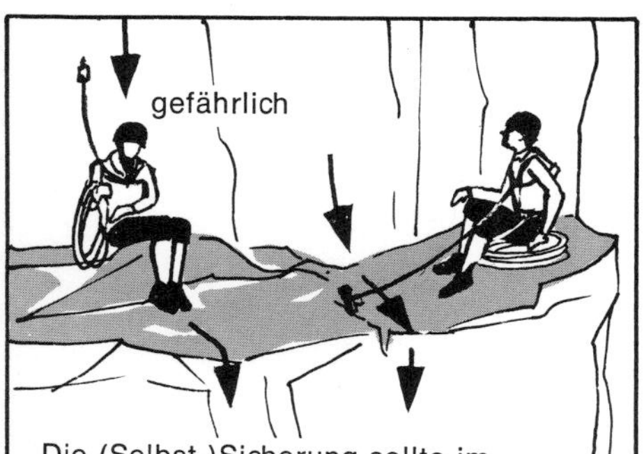


Die (Selbst-)Sicherung sollte im rechten Winkel zum Erdstrom liegen.

kauert, muß mindestens einen Meter von jeder senkrechten Wand entfernt sein. Diese muß mindestens fünf- bis zehnmal so hoch sein wie der Niederkauernde, und seine Entfernung vom Fuß des Vorsprungs sollte nicht größer als dessen Höhe sein.

In der Nachbarschaft einer spitzen Felsnadel beträgt der Sicherheitsabstand *mindestens* 15 m in der Höhe. Möglichst einen trockenen Platz, ohne Flechten und Moos, oder einen Geröllhang auswählen. Aufsteigende, erdige oder feuchte Risse soll man meiden, ebenso Höhlen und Überhänge, wenn sie nicht so geräumig sind, daß man sich in mindestens einen Meter Entfernung von der Wand hinsetzen kann und noch drei Meter über dem Kopf frei hat. Eine Grotte kann das Ende einer von oben kommenden wasserführenden Spalte sein. Das kann höchste Gefahr bedeuten. Man muß auch vermeiden, sich nahe am Eingang einer Höhle aufzuhalten, weil man dort eine Brücke für den Strom bilden kann.

Man muß auch vermeiden, sich in eine Mulde oder ein Loch zu setzen, deren Ränder nicht mindestens ein bis eineinhalb Meter auseinander liegen. Die Entladung des Blitzes könnte die Öffnung überspringen und durch den Körper des Bergsteigers verlaufen.

4. Die kauernde oder sitzende Haltung mit angezogenen Beinen und zusammengestellten Füßen scheint die beste zu sein. Je kürzer die Entfernung der verschiedenen Berührungspunkte mit Fels oder Erde ist, um so größer ist der Schutz. Man vermeide vor allem jede Haltung, in der Kopf und Rumpf Berührungspunkte sein können. Man berühre die Wand nie mit Händen, Schulter oder Kopf.

5. Ich empfehle, sich mit allem, was man zur Verfügung hat, gegen den Fels und den Boden zu isolieren. Ein aufgeschlossenes Synthetikseil ist dazu in trockenem Zustand hervorragend und sogar in feuchtem Zustand noch gut brauchbar. Schuhe mit Gummisohlen, ein gummierter Umhang, ein Schlafsack, eine »Kraxn« aus Holz oder ein gefaltetes Wollhemd kann man auch benutzen. Trockene Sachen sind wichtig, und man sollte nach Möglichkeit seine Kleidung und seine Haut unter dem Biwaksack trockenhalten.

Die Metallteile eines Rucksacks, flach auf den Boden gelegt, können sehr nützlich sein, denn die Erdströme werden diese dem Körper vorziehen, doch muß man sich ganz darauf setzen können, so daß die Beine nicht überhängen. Ein flacher Stein, der gerade groß genug ist, daß man sich darauf setzen kann, ist ebenfalls ein guter Sitz, vorausgesetzt, man ist von der benachbarten Masse, Fels oder Boden, abgehoben oder man befindet sich mitten in einer Geröllhalde.

6. Wird der Bergsteiger auf einem Band vom Gewitter überrascht, wo ihm bei Bewußtlosigkeit oder Muskelkrampf ein Sturz droht, so muß er sich unbedingt sichern. Eine Nylon- oder Perlonschlinge ist einer Hanf- oder Baumwollschlinge vorzuziehen.

Man muß sich kurz anbinden, um das Potentialgefälle längs des Seiles zu vermindern und der Schlinge, wenn möglich, etwas Spiel zu lassen, um die Isolierung zu erhöhen. Es wäre besser, so unglaublich es auch anmutet, sich *am Knöchel anzuseilen* als am Bauch, auf keinen Fall aber unter den Achselhöhlen.

7. In freiem Gelände soll man die Schutzzone einer Erhebung aufsuchen. Ist das nicht möglich, soll man sich zusammengekauert niederhocken.

8. Bei kurz bevorstehendem Gewitter abzuseilen, heißt, sich auf eine Wahrscheinlichkeitsrechnung zu verlassen. Es kann das schnellste Mittel sein, eine gefährliche Zone zu verlassen. Ist das Seil aus Nylon oder Perlon und trocken, so ist das Risiko nur klein, besonders, wenn beim Abseilen nur die

geschlossenen Füße Kontakt zum Felsen haben. Aber ein Einschlag kann das Seil abschlagen.
9. Der Autor stimmt nicht mit der allgemeinen Ansicht überein, daß man sich aller metallischen Dinge, wie Pickel und Haken, entledigen soll. Sie tragen nichts oder wenig zur Erhöhung der Gefahr bei, werden aber später beim Abstieg sehr vermißt, wenn das Gelände feucht und rutschig ist. Das Metall als solches »zieht die Elektrizität nicht an«. Der aufgerichtete Körper des Bergsteigers ist von geringerem elektrischem Widerstand und hat deshalb mehr Chancen, als Blitzableiter zu dienen als ein Pickel. Die Messungen an zwei normalen Pickeln (mit Holzstiel) haben in feuchtem Zustand zwischen Kopf und Spitze einen Widerstand von mindestens 500 000 Ohm ergeben, der in trockenem Zustand 1000mal höher war. Also bietet der Stiel eines Pickels 100- bis 500mal größeren Widerstand als der Körper des Bergsteigers. Außerdem kann der Widerstand eines nassen Pickels durch Einreiben mit Leinöl oder Wachs erhöht werden.
Man muß den Pickel ja nicht über den Kopf schwenken. Normal unter diesem Niveau gehalten, vergrößert er die Gefahr nicht. Das beste ist, ihn flach hinzulegen und die Haken in den Rucksack zu stecken oder sie in einiger Entfernung neben sich zu legen.
10. Es ist noch nicht vom Gelände und seinen möglichen Auswirkungen gesprochen worden. Der Autor mißt ihnen keinen oder nur sehr geringen Einfluß zu. Unterschiede im Eigenwiderstand des Gesteins zählen wenig gegenüber der Stärke der Entladung und der Nähe der Einschlagstelle.
Aus allem folgt: Die Blitzgefahr im Gebirge wechselt je nach den Umständen des Einzelfalles. Im Ernstfall gilt es, schnell zu handeln.
Der **Regen** macht Fels und Eis sehr glatt.
Die **Nacht** ist nicht eigentlich eine Gefahr, doch kann sie wegen ihrer Kälte, je nach der allgemeinen Situation und der körperlichen Verfassung des Bergsteigers, indirekt Ursache von Unfällen sein. Man muß versuchen, möglichst ein gutes Biwak einzurichten, bevor es stockfinster ist.
Die **Sonne** verursacht Verbrennungen (der Augen und der Haut) und kann auch auf das Allgemeinbefinden negative Wirkungen haben (Schwäche, Ermattung).

## Subjektive Gefahren

Sie haben ihre Ursache in der Person des Bergsteigers selbst. Mangelndes Training und der daraus sich ergebende Mangel an physischer und psychischer Kondition, der sich vor allem im Abstieg zeigt, zählen ebenso hierzu wie mangelhafte Kenntnis von Schnee und Fels, »Verhauer«, Verspätungen, Fehleinschätzung der Verhältnisse, der Schwierigkeiten einer Passage oder einer Tour, Mangel an technischer und physischer Qualifikation, sich zu viel vorgenommen zu haben und nicht beizeiten zurückzustecken. Zerstreutheit, die Verlust des Gleichgewichts zur Folge hat, ein falscher Tritt oder Stollen unter den Sohlen, ein auf einer Stufe schlecht plazierter Fuß und eine hastige Bewegung, um etwa einen Haken zu fangen, der einem entwischt, ein schadhaftes, oder für diese Tour nicht geeignetes Ausrüstungsstück. Gegen diese subjektiven Gefahren, gegen sich selbst also, gibt es nur eine Regel: Zum Bergsteigen braucht man zwar Muskeln, in erster Linie aber Verstand. Das Bergsteigen erfordert erhebliche physische Mittel: Kraft, Geschmeidigkeit, Widerstandkraft. Aber sie helfen nichts, wenn sie nicht vom Verstand gesteuert werden.

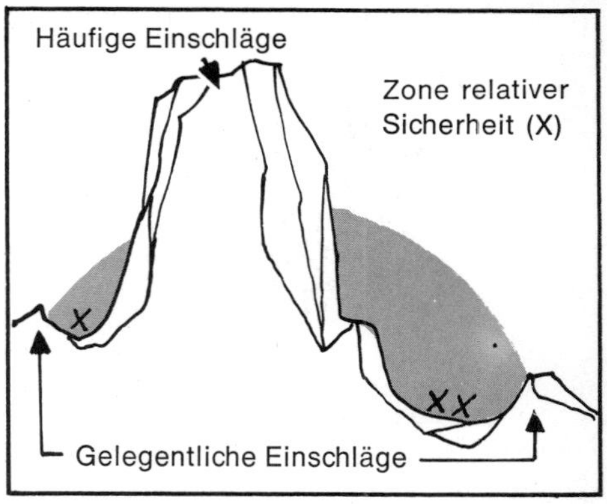

# Die Bergfahrt

So wie der Baum schon im Winter die kommenden Früchte in sich trägt, so läßt auch der Bergsteiger schon im Winter und Frühjahr die Pläne seiner Touren reifen. Eine Bergfahrt ist nicht nur eine Aneinanderreihung von Rissen, Platten und Kaminen. Sie ist zuallererst eine Stimme in unserem Inneren, der Name eines Gipfels, der in unserem Herzen widerklingt und dann eine Idee, die uns erfüllt, die Gestalt annimmt, um schließlich Aktion zu werden.

In meinen ersten Bergsteigerjahren hatte ich nicht das Glück, in Chamonix zu leben. Ich hatte nicht täglich diese zauberhafte Welt des Hochgebirges vor meinen Augen. So blätterte ich täglich in alpinen Zeitschriften und Bergbüchern und verschlang alles daraus, vom mitreißenden Bericht über eine große Tour, bis zur trockenen, schwer lesbaren Routenbeschreibung. Mehr noch als der Text interessierten mich die Bilder. Ich betrachtete sie lange und übte mich darin, die abgebildeten Gipfel wiederzuerkennen. Die Bildtitel las ich erst ganz zuletzt, und ich war glücklich, wenn ich die Aiguille Verte oder die Abseilstelle am Grépon wiedererkannt hatte, war ganz enttäuscht, wenn ich mich geirrt hatte. In der Stadt gibt es Fotografen, die auf Bergbilder spezialisiert sind. Ich stand immer lange vor ihren Schaufenstern. Heute lebe ich in Chamonix, von meinem Haus aus sehe ich die ganze Kette des Montblanc vor mir. Der Anblick hat seinen Reiz trotz der Gewöhnung nicht verloren. Bevor ich ans Klettern denke, träume ich, während das Hochgebirge je nach Tag, Stunde und Beleuchtung mir unbekannte Wände, neue Einzelheiten und ungeahnte Effekte zeigt. Die hohen Berge verstehen es so gut, Geheimnisse zu nähren. Ich habe fast alle Gipfel dieses Massivs erstiegen, und immer wieder finde ich sie neu. Diese Welt ist nicht leblos, sie spielt mit Wind und Schnee, Sonne und Nacht. Sie strahlt vor Licht, kracht vor Kälte, ein pulsierendes, aber geheimnisvolles Leben spielt sich dort ab.

Ich habe mit meinem ganzen Wesen daran teil.

*Eine Bergfahrt ersehnt man, dann bereitet man sie vor:* Erstes Erfordernis ist, daß die geplante Besteigung im Rahmen der Möglichkeiten des Bergsteigers liegt. Er darf keine zu harte Tour wählen. Er würde sich unnütz plagen und sich vielleicht schnell von einem herrlichen Sport abwenden. Auf jeden Fall hätte er nur ein mäßiges Vergnügen und angesichts des Risikos einen nur sehr relativen Gewinn.

Schon lange vor dem Aufbruch hat die Tour begonnen. Eine Tour vorzubereiten, ist immer schön. Man muß sich im Klettergarten, durch Märsche, vielleicht sogar durch Turnen in Form bringen und daneben vieles andere studieren. Der Bergsteiger muß jede Tour schon vorher genau erkunden. Er muß genau die Topographie kennen, den Gipfel, seinen Weg, auch die andereren Führen lokalisieren. Er muß die Verhältnisse einschätzen, sich über die Schwierigkeiten unterrichten, ggf. auch über die Gefahren (Steinschlag, zu welcher Tageszeit, an welcher Stelle, warmer, kalter oder vereister Fels, je nach Himmelsrichtung). Die sorgfältige Überlegung vieler Kleinigkeiten ermöglicht oft das Gelingen ganz großer Touren. Zu dieser

In Schnee und Eis wechseln die Verhältnisse viel häufiger als im Fels. Hier windgepreßter Schnee. Wenn der Schnee trägt, kommt man gut voran. Bricht man jedoch ein, so muß man sich mühsam vorwärtskämpfen. Außerdem muß man sich vor windgepreßten Schneebrettern hüten, die sehr gefährlich sein können.

Vorbereitung gehören: das Lesen von Karten, das Studium von Führen, die Lektüre von Bergbüchern und Tourenberichten, das Studium von Anstiegsskizzen und Fotos, Gespräche mit Freunden, die die geplante Tour schon gemacht haben.

Ich weiß noch genau, wie ich zu einer Zeit, als ich noch wenig Erfahrung hatte, ganze Tage damit verbrachte, ein Massiv zu studieren, einen Bergsommer vorzubereiten. Eine Karte zu lesen, ist etwas Herrliches.

Man muß dann auch an den Seilgefährten denken. Für mich ist er ebenso wichtig wie die Tour selbst.

Der Neuling wird entweder durch einen Bergführer oder durch einen Freund in die Welt der Berge eingeführt. Gewiß, er wird Touren machen, aber wenn es sein Ziel ist, Bergsteiger zu werden, dann wird er nicht nur Gipfel ersteigen. Er wird sich umschauen, Fragen stellen, probieren, lernen. Wenn er einen Führer verpflichtet hat, so wird er deshalb nicht darauf verzichten, der praktischen Seite des Kletterns Interesse entgegenzubringen. Im Gegenteil, während der Tour kann er seinen Führer bitten, ihn ab und zu auch als Seilersten gehen zu lassen.

Man sieht selten den Geführten vor dem Führer gehen. Man macht sich eben von einem Führer eine ganz bestimmte Vorstellung: »Ein Mann, der den Kunden gegen ein festgelegtes Entgelt auf einen Gipfel führt, manchmal sogar schleppt.« Nein – der Führer ist mehr; er ist ein sachkundiger Freund, der Vertrauen einflößt, der Interesse weckt, der einen teilhaben läßt an den Schönheiten seiner Welt. Der Führer ist glücklich, wenn er den Gefährten glücklich sieht.

**Die Hütte** Man sollte die Hütte so früh erreichen, daß man sich ausruhen kann und noch einen gemütlichen Abend vor sich hat. Wenn man zum erstenmal auf dieser Hütte ist, nimmt man die Karte zur Hand, um sich zu orientieren. Es ist manchmal nötig, das Gelände zu erkunden, wenn man am nächsten Tag schon zur Nachtzeit aufbrechen muß. Gut zu Abend essen, alles für die Tour vorbereiten und ohne viel Lärm schlafen gehen!

**Die Tour** Früh aufstehen, einen Zeitplan festlegen und sich bemühen, ihn einzuhalten. Man bedauert es selten, sich früh auf den Weg gemacht zu haben, man bedauert es aber immer, wenn man zu spät aufgebrochen ist. Zunächst der Sicherheit wegen – das Wort »es ist später, als du glaubst« gilt im Gebirge wirklich. Dann aber auch wegen der eigenartigen Schönheit der frühen Stunde. Der Tag löst die Nacht ab, die Gipfel beginnen zu leuchten, es ist eine geheimnisvolle Stunde, aber auch eine Stunde der Erwartung. Der nächtliche Aufbruch beim Schein der Stirnlampe ist hart aber doch herrlich. Der Tag rückt näher, man steigt an seinem Berg der aufgehenden Sonne entgegen.

Wenn man eine Steigeisentour in der Nacht beginnt, auf die dann ein ebenfalls kalter Morgen folgt, darf man nicht vergessen, von Zeit zu Zeit

Vor der Couvercle-Hütte von links nach rechts: Georges Tairraz, Gaston Rébuffat, René Claret-Tournier (der 300 mal den Montblanc bestiegen hat), Anderl Heckmair (Erstbesteiger der Eiger-Nordwand) und Hermann Buhl (Erstbesteiger des Nanga-Parbat).

Die Aiguilles von Chamonix

die Zehen zu bewegen, um sich zu vergewissern, daß sie durch die Kälte nicht steif geworden sind.
Während des Anstiegs wird man nicht rennen, man wird aber auch keine Zeit verlieren, damit man auf dem Gipfel Muße genug hat, sich umzuschauen. Was eine Tour verlängert, Verdruß bereitet und manchmal sogar eine Gefahr darstellt, ist das Trödeln, das häufige Anhalten wegen eines Nichts. Wenn die Seil-, Sicherungs- und Rucksackmanöver technisch richtig ablaufen, geht alles automatisch, ohne Hast und ohne Verzögerung, und vor allem, ohne daß der so wichtige Grundrhythmus gestört wird, der Kraft spart und das Steigen so angenehm macht. Man muß jedoch auch in der Lage sein, schnell zu gehen – manchmal sogar sehr schnell –, wenn man etwa eine lawinengefährdete Rinne überschreiten muß, oder wenn ein Gewitter droht. Wetter und Verhältnisse wechseln oft so schnell, daß die Sicherheit häufig unmittelbar von der Schnelligkeit abhängt.
Es ist wichtig, mit seinen Kräften hauszuhalten und zu wissen, wann und wo die Schwierigkeiten kommen, damit man sie in guter Form angehen kann. Dank der Schwierigkeitenskala von sechs Graden weiß der Bergsteiger vorher genau, welche Schwierigkeiten (bei trocknem Fels) auf ihn zukommen. Die Schwierigkeitsgrade haben nur den Zweck, die Tourenbeschreibungen klarer zu machen. Früher sagte man von einer Passage, sie sei schwer, ziemlich schwer, sehr schwer, gefährlich, ausgesetzt, heikel. Jetzt erklärt man sie mit größerer Präzision, etwa: eine »Viererstelle«. So hat der Bergsteiger eine zwar nicht vollkommene, aber doch viel genauere Angabe, die er zu bereits gemachten Touren ins Verhältnis setzen kann. Ein solcher Vergleich bezieht sich immer auf trokkenen Fels.

Während der ganzen Tour muß man die Verhältnisse am Berg deuten, die Führe nach dem Gelände festlegen, die Steigeisen an- und ablegen, nicht nach dem Wortlaut der Routenbeschreibung, sondern entsprechend dem Zustand von Schnee und Eis. Man muß die Verhältnisse in ihrer Wandlung registrieren. Firn, der zunächst durch Frost erhärtet, dann je nach Himmelsrichtung durch die Sonne wieder aufgeweicht wird. Blankeis an Steilstellen, Windpreß an zugiger Scharte. Der Bergsteiger leistet ganz persönliche Arbeit. Seillänge um Seillänge baut er seine Tour.
Es ist zweckmäßig, sich zu überlegen, wie das Unternehmen bei schlechtem Wetter weiterginge, wenn die Wolken plötzlich im Westen den Himmel verdunkelten, die Täler füllten, immer höher stiegen, bis sie schließlich die Bergsteiger einhüllten, und man schließlich in Kälte und Nebel allein wäre.
Es ist gefährlich, wenn ein Anfänger gleich bis an die Grenzen seiner Leistungsfähigkeit geht. Dies sollte er erst nach mehreren Bergsommern tun, wenn er ausreichende Erfahrung besitzt. So gesehen kann jede Tour als eine Prüfung betrachtet werden, wobei das der ästhetischen Seite des Bergsteigens keineswegs widersprechen muß. Man kann sich ein Heft zulegen, in dem man seine Touren vermerkt. Datum, erreichten Gipfel, Route, Verhältnisse und Schwierigkeiten, Zeit, Zusammensetzung der Seilschaft.
Weiter kann man versuchen, folgende Punkte über sich selbst zu erfassen: Autorität, Entschlußkraft, »Kampfmoral«, Orientierung, Sicherung und Seilbedienung, allgemeine Kondition, Tagesform im Fels, im Eis.
Diese Aufzeichnungen sind zwar kein objektiver Maßstab, aber man muß dennoch versuchen, gerecht zu sein. Ich vermute, daß die Note für die Seilbedienung – nie darauf getreten!? – nicht immer eine Eins sein wird. Hat der »Kriegsrat« immer die richtigen Entscheidungen getroffen und den besten Weg beschlossen?
Der Neuling muß alle Stufen des Bergsteigens durchlaufen. Wenn ich ihm rate, Notizen zu machen, wie wir es im Bergführerlehrgang tun, so nur deshalb, weil er dann jede Tour wie einen Test noch einmal überdenken kann. Eine als Zweiter hinter einem Führer ausgeführte Tour kann man vielleicht ein Jahr später als Führer einer Zweierseilschaft hinter einer Seilschaft mit einem Führer wiederholen, und zwei oder drei Jahre später als Erster überhaupt... Es ist schön, immer schwerere Touren zum eigenen Vergnügen zu machen, aber man darf nicht vergessen, daß auch das Führen von Kameraden eines der schönsten Dinge beim Bergsteigen ist.
Die Steigerung in der Wahl der Touren hängt vom Verantwortungsbewußtsein des Kletternden, aber auch von seinem Stil und seinem Geschmack ab.
Manche Touren sind schwer, werden aber doch häufig gemacht. Andere sind leichter, aber kaum bekannt. Hier muß man seinen Weg suchen, schult man seinen Orientierungssinn. So wird aus dem Kletterer allmählich ein Bergsteiger.
Die Charakteristik der Granitmassive ist ihre geometrische Struktur. Die Führe, die ziemlich leicht zu finden ist, folgt dem System der großen Risse. In anderem Gestein muß der Kletterer dauernd suchen, muß aus den viel zahlreicheren Griffen und Tritten, die sich aber verdeckt, unregelmäßig, verwinkelt und verdreht präsentieren, die richtigen auswählen. Man muß ein Gefühl für diese Griffe und Tritte haben. Es gibt welche, die sich wie Schubladen herausziehen lassen, wenn man sie in der fal-

schen Richtung anpackt, die aber, wenn man sie senkrecht zu ihrer Achse belastet, ihren Dienst tun. Vor allem im Kalk werden die Kletterstellen selten direkt angegangen. Man muß sie überlisten, neugierig sein, es rechts probieren, zurücksteigen, links weitergehen, etwas ansteigen, wieder queren ...

In der Hälfte der Anstiegszeit sollte man kurz Brotzeit machen, auf dem Gipfel dann die verdiente Rast.

Der Abstieg darf nicht zu spät unternommen werden, vor allem, wenn er über Schnee führt. Man sollte immer etwas Sicherheitsspielraum haben.

Typisch ist das Whympler-Couloir an der Aiguille Verte. Sobald die Sonnenstrahlen es erreichen und erwärmen, wird die Sache heikel und manchmal gefährlich. Der aufgetaute Schnee hält nicht mehr gut und kann als Lawine abgehen.

Wenn man einen Gipfel über eine schwierige Route erreicht hat, ist es gut, den Weg des Abstiegs schon genau zu kennen. Auch darf man in der Aufmerksamkeit nicht nachlassen, bis man die Hütte erreicht hat.

Wenn man abseilen muß, muß man locker bleiben und darf sich nicht an den Seilen festkrallen. Das Abseilen soll ebenso ein Vergnügen sein, wie eine Methode, schnell und sicher hinunterzugelangen.

Der Hüttenanstieg ist im allgemeinen der am wenigsten interessante Teil des Unternehmens. Es ist daher gut, mehrere Touren von der gleichen Hütte aus zu machen – wenn man sich noch nicht »aufgearbeitet« hat.

Wenn das Wetter zweifelhaft ist, rate ich dem Kletterer, trotzdem etwas zu unternehmen. Er kann eine leichte Tour ohne objektive Gefahren machen. In diesem Buch habe ich immer wieder auf den wichtigsten Punkt beim Bergsteigen hingewiesen: die Sicherheit. Wenn ich jetzt vorschlage, eine Tour bei unsicherem Wetter zu machen, so will ich ihn damit nicht ins tobende Unwetter jagen. Ganz im Gegenteil: das Wetter ist eine Schwierigkeit, die man gut kennen muß, und zwar bevor sie zur Gefahr werden kann.

Darum muß man sich darin üben, die Entwicklung des Wetters vorauszusehen, sie zu beurteilen und zu lernen, wie man sich z. B. vor und in einem Gewitter verhält. Nur so wird der Bergsteiger auch für ganz große Touren gerüstet sein, bei denen man in der Lage sein muß, sich auch bei schlechtem Wetter durchzuschlagen.

Man kann schlechtes Wetter unter Umständen auch zum Eiskurs benutzen. Während es in der Umgebung der Städte viele Klettergärten gibt, besteht kaum jemals die Gelegenheit, das Stufenschlagen und Steigeisengehen im Eis zu üben. Hier ein Programmvorschlag:

Übungen im Steigeisengehen, im Aufstieg, im Abstieg, im Quergang, einzeln und in der Seilschaft, auf jeweils steileren Hängen.

Übungen im Stufenschlagen, aus dem Stand und im Gehen, mit dem Pickel abwechselnd in der rechten, der linken oder mit beiden Händen.

Überwinden eines Bergschrundes im Anstieg, Sprung über den Bergschrund im Abstieg, Abfahren mit Pickel auf steilen Hängen, ohne Pickel auf flachen Hängen. Schließlich Sturzübungen auf einem flach auslaufenden Hang. Üben der dynamischen Sicherung.

Wenn das Wetter verhangen ist, kann man Karte und Boussole zur Hand nehmen und eine Marschskizze anfertigen und danach im Nebel »blind« marschieren. Man muß nicht darauf warten, in 4000 m Höhe ohne Sicht festzusitzen, um den Gebrauch der Magnetnadel zu erlernen.

Wenn dann das Wetter noch schlechter wird, kann man ruhig die Hütte einmal saubermachen. Auch das gehört zum Bergsteigen.

Die Ankunft vor der Hütte gehört zu den schönsten Augenblicken einer Tour. Links oben: Die alte Couvercle-Hütte. Links unten: Die Biwakschachtel am Col des Jorasses. Rechts die Solvay-Hütte auf dem Hörnli-Grat am Matterhorn.

# Schweigende Welt im Licht

Die Berge gewinnen Leben nur durch die Liebe der Menschen. Der zukünftige Bergsteiger hat es erraten. Aus vielen Gründen sind die Berge schön, nicht zuletzt durch die Begeisterung junger Menschen. Die Technik muß dieser Begeisterung dienen, will sie nicht diese erhabene Welt zur Turnhalle degradieren.

Der Weg zum Gipfel ist lang! Dort, wo die menschlichen Behausungen aufhören, wo die Bäume und schließlich auch das Gras sich nicht mehr halten, beginnt das unfruchtbare, wilde, mineralische Reich. In seiner äußersten Armut, seiner totalen Blöße spendet es einen Reichtum, der keinen Preis hat: das Glück, das aus den Augen dessen spricht, der hier heimisch ist.

Der Bergsteiger muß kräftige Muskeln haben und Finger aus Stahl, er muß die Technik souverän beherrschen. Aber das alles sind nur Werkzeuge. Er liebt das Leben überhaupt, und die Luft der Viertausender zu atmen, ist etwas ganz Besonderes, aber er muß es sich erst verdienen.

Während die Leute von Tag zu Tag anspruchsloser werden in dem, was sie vom Leben fordern, sollte der Mensch anspruchsvoll bleiben gegen sich selbst: er kann sich nicht mit einem Frieden begnügen, der nichts anderes ist als fehlendes Leben. Wo ein Wille ist, ist auch ein Weg. Es genügt ihm nicht zu existieren, er will leben. Nicht gefährlich leben. Das ist so einfach und so schal. Er hat Körper und Seele! Die hohen Gipfel sind zugleich Ort der Tat und der Beschaulichkeit. Sie helfen dem Menschen, Träume zu wecken, die in ihm schlummern.

Aber die Schönheit der Gipfel, die Freiheit des großen Raumes, die rauhen Freuden des Kletterns, die wiederentdeckte Verwandtschaft mit der Natur wären öde und schal ohne die Seilkameradschaft, die brüderliche Freundschaft, die aus Hilfsbereitschaft, gemeinsamem Kampf und geteilter Freude kommt und wächst.

Oft denke ich an Moulin und daran, wie er mich eingeführt hat.

Ich habe bis heute gut 1000 Bergfahrten gemacht, zu allen Jahreszeiten. Oft habe ich den Eindruck, die Berge gehörten mir. Doch fühle ich jedesmal, wenn ich die unsichtbaren Tore zu diesem Reich durchschreite, die ich doch sehr wohl spüre, einen ganz leichten Schauer der Ergriffenheit. Wie damals Moulin bin ich heute einer der »Wissenden«, aber wenn ich auch alle Gipfel auf allen Routen bestiegen hätte, ich könnte doch niemals alles in dieser meiner Welt. Ich wäre immer unterwegs.

# Inhaltsverzeichnis



---

**Bildnachweis**

Die meisten der Abbildungen im Text sind von Gabriel Ollive, die anderen sind von Maurice Baquet, Pierre Bonnant, René Caloz, Édouard Frendo, Ghedina, Jean Guillemin, Maurice Jarnoux, Jean-Jacques Languepin, René Mallieux, Janine Niepce, Pierre Périchon, Bernard Pierre, Gaston Rébuffat, André Roch, Georges und Pierre Tairraz. – Die Fotos der Seiten 42, 46, 48, 50 sind von René Bonnardel.


Titel der französischen Originalausgabe
»Glace, Neige et Roc«




Deutsche Ausgabe




Umschlaggestaltung: Franz Wöllzenmüller, München
Gesamtherstellung: Richterdruck Würzburg
Printed in Germany · ISBN 3-405-11103-X


Der Campanile di Val Montanaia